［監修］吉岡眞之／藤井讓治／岩壁義光

四親王家実録 43

有栖川宮実録

第十七巻

韶仁親王実録（三）

ゆまに書房

刊行にあたって

吉岡　眞之
藤井　讓治
岩壁　義光

さきに刊行された『天皇皇族実録』に引き続いて、その続編ともいうべき『四親王家実録』が復刻刊行されることとなった。

四親王家とは、中世後期に創設された伏見宮家を始め、近世初期から中期にかけて設立された八条宮（後に常磐井宮・京極宮・桂宮と改称）、高松宮（後に有栖川宮と改称）、閑院宮を総称する名称である。四親王家は、当初必ずしも皇統維持の観点で設立されていたわけではないが、遅くとも近世中期ころから、皇位継承の危機に備えるためとする認識が次第に広まっていった。各宮家の代々当主は天皇の猶子あるいは養子となって親王宣下を受けて親王となり、皇位継承に備えつつ近世末期に及んだ。

四親王家と天皇家の関係はこのように密接であり、『四親王家実録』もまた『天皇皇族実録』の一環として編修されるべき性質のものであった。しかし四親王家代々の親王およびその妃・王子女等の事蹟を、それぞれの祖に当たる天皇の実録に組み込むことになれば、実録の様態・内容がきわめて複雑なものになることは明らかであった。このため四親王家の実録については『天皇皇族実録』とは別に『四親王家実録』として編修することとなったのである。

『四親王家実録』の体裁は『天皇皇族実録』にならい、親王家ごとに編年綱目体で編修されている。すなわち日々の大意を綱として記し、その後に綱の典拠となる史料を目として配列している。引用史料は各宮家当主の日記、宮家の家職に関する日誌を始め、公家日記、関連寺社の記録類、また京都御所東山御文庫・宮内庁書陵部図書寮文庫・国立公文書館内閣文庫・近衛家陽明文庫などに所蔵されている信頼性の高い史料を広く収集し掲載している。引用史料はこれまで知られていなかったものも多く含んでおり、『四親王家実録』がとりわけ近世を中心とする公家社会史研究に資する点は少なくない。

『四親王家実録』は宮内省図書寮において一九四四年（昭和一九）に当初の紀事本末体の体裁から編年綱目体への組み替え作業が始められたが、一九四五年の第二次世界大戦敗戦にともない、編修事業は中断を余儀なくされた。その後、一九六五年（昭和四〇）に宮内庁書陵部編修課は『四親王家実録』の編修を新事業として開始することを決定したが、翌年明治百年記念準備会議が『明治天皇紀』の公刊を決め、宮内庁編修課がこれに従事することになった。このため同課では二つの大きな事業を並行して進めることとなり、当初の編修計画は大幅に遅延したが、一九八四年（昭和五九）三月にいたり『四親王家実録』は完成を見たのである。

『四親王家実録』には四〇七名の皇族の事蹟が二九四冊に編修収載され、総目次・系図一冊が添えられた。また別に実録本編より綱文を抄出した抄出本五部（一部三三冊）が作成されている。宮家ごとの内訳は以下の通りである。

総目次・系図一冊		
伏見宮家	二四七名	一二九冊
桂宮家	三七名	三五冊
有栖川宮家	七五名	九〇冊
閑院宮家	四八名	四〇冊

凡　例

一、本書は、宮内庁宮内公文書館所蔵の『四親王家実録』（本文二九四冊、総目次・系図一冊）を表紙から裏表紙に至るまで、完全な形で影印・刊行するものである。

二、『四親王家実録』は、昭和四〇年四月に編修事業が開始され、同五九年三月に終了した。『明治以後皇族実録』は、昭和五九年四月に編修事業が開始され、平成二年三月、二十五方の編修を終了して中断した。

三、『四親王家実録総目次』所載の凡例を以下に掲載する。

凡例

一　本実録ハ伏見・桂・有栖川・閑院四親王家ノ歴代当主並ニ其ノ配偶者及ビ王子女等ノ行実ヲ編修セルモノニシテ、昭和四十年四月之レガ編修ニ著手シ、同五十九年三月其ノ功ヲ終ヘタリ、

一　本実録ハ明治以前ニ四親王家ノ歴代当主ト為レル御方別ニ実録ヲ編修シ、配偶者並ニ王子女等ノ行実ヲ其ノ後ニ附載ス、但シ四親王家ヨリ出デテ皇位ニ即キ、或ハ后妃ト為リタル御方ニ就キテハ、単ニ名ヲ掲ゲルニ止メ、其ノ行実ハ当該天皇皇族実録ノ記述ニ委ネタリ、尚幕末維新ノ交ニ伏見宮ヨリ独立セル宮家ノ皇族ニ就キテハ、別ニ編修スル明治以後皇族実録ニ収載ス、

一　本実録ノ記載事項ハ概ネ誕生ニ始マリ葬送ニ終ル、其ノ間命名・元服・婚嫁・出産・任官・叙位・信仰・出家・教養其ノ他主要ナル行実ヲ努メテ収録セリ、

一　本実録ノ体例ハ編年体ニ依ル、初メニ綱文ヲ掲ゲテ事項ノ要点ヲ示シ、次ニ史料ヲ排列シテ依拠ヲ明カニセリ、

一　本実録ニハ四親王実録総目次及ビ系図一冊ヲ加ヘ、利用ノ便宜ヲ計レリ。

昭和五十九年三月

四、『四親王家実録』の原本は、原稿用紙に手書きされた稿本が製本されたものである。法量は、縦二五八㎜、横一八二㎜。

原稿用紙は三種類あり、すべて縦20字横10行の二〇〇字詰め縦書き原稿用紙で裏はシロである。詳細は左記のとおりである。

扉用原稿用紙は、罫線の色は濃紺。右下に「実録編修用紙」と印

字されている。

目次・綱文用原稿用紙は、罫線の色は赤。左下に「編修課」と印字されている。

編年綱目体の目にあたる原稿用紙の罫線の色は青。右下に「書陵部（三号）」と印字されている。

また、同一冊子内で人物が変わるところには水色の無地の用紙が挟まれている。本書では、その部分はシロ頁とした。

五、刊行にあたっては、手書きの稿本である事を考慮し、適宜縮小して、上下二段に4頁を配した。排列は上段右、上段左、下段右、下段左の順である。使用されている原稿用紙により縮尺が異なるが、綱文の原稿用紙で約55％、史料引用部分の原稿用紙で約57％である。
原稿用紙の罫線の枠外（上下左右）に手書きされた文字を掲載するために適宜同じ頁を上下ずらして二度掲載したところもある。

六、本書の各頁の柱は、奇数頁は実録名、偶数頁は各頁上段一行目の記載事項が該当する綱文の年月を示した。南北朝期については、綱文にならい北朝、南朝を記した。親王の妃、室、王子女の場合は、『天皇皇族実録』にならい、偶数頁は妃、室、王子女名とした。その際、漢字は現在使用されている字体を用い、複数ある場合は稿本にならった。

七、原文に訂正がなされた場合、原文の一部が透けて見えても、修正を加えず現状のままとした。とくに、典拠名の亀甲カッコの下の訂正が不完全なため、見苦しい箇所がある。また、原稿用紙の罫線が薄い箇所や欠けているところなどもすべて原本のままである。

八、挟み込まれた紙片があった場合は、当該頁の次に配置し、「（編集注）」をほどこした。折込は原本にあった位置に配した。

九、影印版『四親王家実録　第Ⅲ期　有栖川宮実録』第四回配本の構成は左記のとおりである。
第四十一巻
有栖川宮実録 六〇 韶仁親王実録 一～有栖川宮実録 六三 韶仁親王実録 四
第四十二巻
有栖川宮実録 六四 韶仁親王実録 五～有栖川宮実録 六八 韶仁親王実録 九
第四十三巻
有栖川宮実録 六九 韶仁親王実録 一〇～有栖川宮実録 七四 韶仁親王実録 一五

一〇、『四親王家実録第四十七巻』（『有栖川宮実録第二十一巻』）に有栖川宮実録目次及び有栖川宮系図（「四親王家実録総目次　附 四親王

家系図」〈識別番号75495〉）を収録する予定である。「四親王家実録」全体の解題は『四親王家実録第十九巻』（『伏見宮実録第十九巻』）に収録してあるので参照にされたい。

第四十三巻目次

有栖川宮実録　六九

韶仁親王実録　一〇

有栖川宮實錄　六九

韶仁親王實錄　一〇

有栖川宮實錄　六九

韶仁親王實錄

王女　某（萬宮）

王子　熾仁親王　有栖川宮第八代

王子　慈性親王　一

實錄編修用紙

韶仁親王實錄

王女　某（萬宮）

萬宮　有栖川宮日記

香蓮院　有栖川宮日記

韶仁親王ノ第一王女、母ハ有栖川宮諸大夫豊島勝文ノ女平勝子ナリ、文化六年七月十四日、有栖川宮家臣山名民部宅ニ於テ誕生ス、尋イデ十八日、胞衣ヲ今宮社御旅所地ニ埋納ス、

編修課

〔有栖川宮日記〕○高松宮家蔵

文化六年七月十四日、壬申、晴、

一、戌之一天、姫宮御誕生、御復（腹）志満（平勝子）上總宮御子、御産家山名民部宅ニ而、

右之趣民部参上言上、右ニ付田中舎人罷越、圖書頭同断、則御對面、随分御丈夫御機嫌克旨、即刻立帰り舎人申上ル、同明早朝義清相伺其旨言上、暮頃ゟ千勢相詰ル、田中孝安申刻頃ゟ参、後藤左一郎御誕生後参上、

書陵部（三号）

〔有栖川宮日記〕○高松宮家蔵

文化六年七月十八日、丙子、晴、

一、御新誕姫宮御蔵胞衣、甲斐守山名宅ヘ罷越

今宮社御旅所江被納

右ニ付金百匹御備、吉魁辰

守護人、村瀬平馬

為御祝儀銀三匁被下之、

中番田口外吉

為御祝義鳥目弐百文被下、

如例唐櫃ニ入為持納ル、大笑酒肴被下之、

為御祝儀鳥目百文ヅヽ下

部両人ヘ被下、

松二本植四方竹垣之事、鋤鍬持参、

〔有栖川宮系譜〕

韶仁親王―女王

御母家女房嶋（平勝子）又千里

（中略。）

文化六年七月十四日御誕生、号萬《カズ》宮

同月十八日納御胞衣于今宮御旅所地

文化六年七月二十日

七夜ノ儀ヲ行フ、乃チ韶仁親王ヨリ萬《カズ》宮ノ名字

書及ビ守刀一腰呉服一重ヲ贈ラル、又是ノ日、産

剃ノ儀ヲ行フ、

〔有栖川宮日記〕○高松宮家蔵
文化六年七月廿日、戊寅、晴、
一、新誕姫宮（韶仁親王御子）可奉称
萬《カス》宮旨被仰出、
一、萬宮御方御七夜如御嘉例御膳於御産屋上之、
圖書頭、
（略。図）
一、萬宮御方ニ就御七夜被進被下如左、
かちん　一ふた沓形
右中務卿宮御方、上総宮御方へ、

かちん　一ふた
金五百足　志万
するめ　二れん
かちん　一ふた
金百足　後藤丘〔之〕市郎
かちん　一ふた
金弐百足　田中慶安
かちん　一ふた
金弐百足　産姥近江
からん　一ふた　山名民部宿へ

右医師産姥并於御産屋御祝酒被下之、産姥者種々之したゝめ被下之、
一、萬宮御剃髪時巳、山本大炊勤之、和紙三束被下之、
侍座圖書頭、
一、萬宮御方へ被進如左、
御守刀　一こし
こふく　一かさね
御名　一つゝミ
右従上総宮御方、
するめ　一はこ

右従中務卿宮御方、
右
惣而御内々之儀故外ゟ御取かハし無之、
一、右御七夜ニ付御内御上御一統様御祝酒上ル、
御吸物壹ニ種御肴、
御内常番之輩恐悦申上、麻上下、
大宮様若宮様へ斗、

文化六年八月二十日
生母平豊島勝子ト倶ニ産所ナル山名民部宅ヨリ
本邸ニ帰ル、

〔韶仁親王日記〕○高松宮家蔵
文化六年八月十一日、晴、雨曇、
一姫宮産屋ゟ帰り廿日ニ治定、
廿日、晴、
一萬宮目出度山名ゟ帰ル、志摩（平勝子）も帰ル、
隨分機嫌能也、
内々鼻紙袋甲斐守きせる煙草入きせるツゝ蔵被
右ニ付祝酒出ル、千勢、貞壽院、元棟、
二百足千勢、外ニ側ゟ鼻紙袋、
綿三把　二百足貞壽院、烟草入二、盃一、枚扇三本

百足万津、鼻紙袋、煙草入、
百足元棟、内々きせる、きせるツゝ、煙草入、康女

〔有栖川宮日記〕○高松宮家蔵
文化六年八月廿日、戊申、晴、
一萬宮御方従御産屋山名民部宅御入殿卯半剋
（○御供略）
右局玄関ゟ被為入、

文化六年十一月二十五日
喰初ノ儀ヲ行フ、

編修課

〔有栖川宮日記〕○高松宮家蔵
文化六年十一月廿五日、辛巳、晴、
一、萬宮御方御喰初御祝御膳
（略○図）　　御扶持信濃豊瀬
図書頭
御陪膳、

書陵部（三号）

文化七年七月八日
去月下旬ヨリ驚風ニ罹リ、是ノ日、終ニ薨ズ、年二、
養生ノ體ヲ以テ家臣坂部左近宅ニ移徙シ、薨去
ノ旨披露ス、尋イデ大徳寺龍光院ニ於テ入棺ヲ
行ヒ、翌九日、葬送ノ儀アリ、龍光院内ノ有栖川宮
墓地ニ葬ル、追號ヲ香蓮院ト曰フ、

編修課

〔織仁親王日記〕○高松宮家蔵
文化七年七月八日
一上總宮息萬宮死去未剋過、養生下リ酉剋、院号
香蓮院宮、二丈、依驚風也、
坂邊左近方ニ而中陰勤事、

書陵部（三号）

〔有栖川宮日記〕○高松宮家蔵
文化七年六月廿五日、戊申、晴、
一、萬宮様御違例ニ付伺被仰付、直ニ御匕被仰付、
太田碩安
廿七日、庚戌、晴、
一、萬宮御方御違例ニ付診
森田主市郎　太田碩安
岡一安、　田中幸安、
〔意〕原田阿雲、
宿番
森田主市郎、

廿八日、辛亥、晴、
一、萬宮伺参上、　太田丹後介
田中廣安
山科元棟
荻野典薬允
廿九日、壬子、晴、
一、萬宮御方伺　岡一安　田中廣安
森主一郎　太田碩安
宿番
岡一安
七月七日、己未、雨、

一、萬宮御方辰剋頃ゟ御違例御勝レ不被遊御直
視度々被為在、依之追々参診、
宿退り番
岡一安
山科元棟　田中廣安
後藤佐一郎　森田主一郎
三宅大学　渡辺如水
石田東純
八日、庚申、晴、
一、萬宮薨　後藤佐一郎　山科元棟
森田主一郎　岡一安

一、万宮御方御違例御大切、本ノ下札、
一、万宮御方御大切ニ付御用掛り被仰附、
田中廣安　渡部如水
干時暇中　嶋岡造酒
同断　坂部左近
右暇中故田中舎人ヲ以被仰附之趣申達御
受申上ル、尤左近宅江今酉剋為御養生被為
出候旨申渡ス、御乳持きさまつ等可参旨も
申渡ス、
（例書略ス。）
一、内々龍光院へ　御用人
武藤左衛門　中嶋左守、

寛政十年十月五日玉相院宮御例ヲ以役者
掛合諸事及用意、七役者招寄可申候得共、手
間取候故此御ゟ（マヽ）両人罷越
附記、内々用意造酒へ渡ス、如左
白銀三枚者御葬（送）初願忌料
白銀三枚者御中陰中御法事料、
同　一枚者御廟地料、
一、萬宮御方為御養生酉刻坂部左近宅江被為移、
御輿包、諸大夫、御用人、御近習、御家来之醫師等御介抱申、御乳之者奉成
局玄関奥ノ間ニ而御輿、江奉移、御守刀御薬鍋

御茶碗等入、御近習各御輿舁出ス、御供青士両
人、田中舎人、山名民部、各服紗麻上下、醫師岡一
安、手明御灯燈七張押両人、
附記、御内麻上下ニて御見送り申ス、
一、　武藤左衛門
帰殿、下御大切無御別條、左近宅江御移被遊
候段、御届木工頭承及言上、
引續　中嶋左守
帰殿、御養生不被為叶薨去之旨、造酒ゟ御届
申上ル、木工頭及言上、右同人ヲ以造酒ゟ御

法号龍光院輪番へ申達勘進
香蓮院宮
右之段も同時木工頭及言上、御治定、
一、萬宮御方薨去、御悔惣代木工頭麻上下、御前江
罷出申上ル、青士方惣代定之進役所へ出ル、
一、御入棺無滞被為済候段、御届申上ル、則木工頭
承り置、翌朝言上、
一、於龍光院御入棺御世話として奥向ゟ女中如
左、
越後　萬宮御乳母　しま
千世濱　御乳持　きさ

九日、辛酉、晴、
一、香蓮院宮（萬宮）今晩御葬式、御供村瀬平馬（柳松左七郎）、前川右兵
衛、御輿者御手廻り相廻ル、御寺詰中嶋左守、松
浦監物、嶋岡造酒、坂部左近等皆々御供ニ候ス、

〔有栖川宮系譜〕

韶仁親王
　┗女王

（中略）

文化六年七月十四日御誕生、号萬宮《カズ》、

（中略）

文化七年七月八日薨、二歳、葬于龍光院、号香
蓮院宮、

〔陵墓要覧〕

霊元天皇

皇玄孫女萬宮《カズノ》墓

京都府京都市北区紫野大徳寺町、大徳寺中龍
光院内有栖川宮墓地

寶篋印塔　香蓮院宮

文化七・七・八薨

韶仁親王實錄

王子　幟仁親王

幟仁親王實錄ヲ見ヨ

韶仁親王實錄

王子　慈性親王

精宮　有栖川宮日記

大覺寺精宮　有栖川宮日記

明道親王　有栖川宮日記　禁裏執次所日記

大覺寺宮　有栖川宮日記

輪王寺新宮　有栖川宮日記

輪王寺宮　有栖川宮日記

輪王寺座主宮　有栖川宮日記

輪王寺准后宮　有栖川宮日記

大樂王院　有栖川宮日記

韶仁親王ノ第二王子、母ハ有栖川宮諸大夫豊島勝文ノ女、平勝子ナリ、文化十年八月二十六日、有栖川宮家臣前川茂徽太宰少監宅ニ於テ誕生ス、尋イデ九月二日、産剃ノ儀ヲ行ヒ、又、胞衣ヲ新玉津島社地ニ埋納ス、

〔韶仁親王日記〕○高松宮家蔵

文化十年八月廿六日、戊申、晴、

一卯ノ刻若宮誕生、前川太宰少監言上、

使　近江守

使　老女　越後

〔有栖川宮日記〕　○高松宮家蔵

文化十年八月廿六日、庚申、晴、

一卯上刻若宮御誕生、御腹志満、（平勝子）

中務御韶仁親王御子、御産家前川太宰少監宅、中立賣通室町西ヘ入

一若宮御誕生ニ付、幸徳井江雑事勘文之義申遣ス、則勘進如左、

陰陽寮

擇申今日卯上刻御誕生若宮雑事日時

御乳付并切臍緒日時

今月今日庚申時巳

御沐浴日時

今月今日庚申時午　可被流水、震方

御胞（蔵）衣日時

九月二日乙丑時巳　可埋丙方、

御剃髪日時

九月二日乙丑時巳

御着衣日時

九月五日戊辰時巳　可着御黄色御衣、

文化十年八月廿六日　権助兼暦博士賀茂朝臣保救

助兼近江守　賀茂朝臣保敬

九月二日、乙丑、晴、

一御新誕若宮御剃髪、吉刻巳、

山本大炊勤、

依例和紙二束被下之、

一新玉津嶋江御胞衣納、吉刻巳、

斉護人　太田但見、

為御祝儀銀二百被下之、

右ニ付御備金百疋　中番田口傳右衛門

為御祝儀鳥目弐百疋被下、

下部壱人

為御祝儀鳥目百疋ツヽ被下、

如例唐櫃入為持参ル、無滞印之松植、鋤鍬持参之事、土器酒肴被下之、

〔有栖川宮系譜〕

韶仁親王

女王

御母家女房嶋、又千里、

（○中略）

文化六年七月十四日、御誕生号萬宮、

（○中略）

光格天皇御猶子

幟仁親王

（○中略）

光格天皇御養子、御准母新大納言局

慈性入道親王、

御母御息所

實御母家女房同上、（圓明院）

文化十年八月廿六日御誕生、号精宮、

九月二日納御胞衣于新玉津嶋社地、

文化十年九月三日

七夜ノ儀ヲ行フ、乃チ織仁親王ヨリ精《タダ》宮ノ名字ヲ、韶仁親王ヨリ守刀一腰小袖一重ヲ贈ラル、

編修課

〔韶仁親王日記〕○高松宮家蔵

文化十年九月三日、癸寅、晴陰、

一此度誕生男子七夜祝

　名字　一品宮より被遣、精《タダ》

　守刀、小袖一重　韶仁より遣之、使越後、

　　寺家法印、一安、尾張介、

〔有栖川宮日記〕　○高松宮家蔵

文化十年九月三日、丙寅、晴、

一新誕若宮可奉稱精宮被仰出、中務卿韶仁親王御子、

右一統江申渡、

一若宮御七夜如御嘉例御膳於御産屋差上之、

（略・図）　但シ御配膳太宰少監

一精宮御方ヘ御七夜ニ付被進被下如左、

賀餅壹重ニ、一蓋ツヽ、皆形、

右中務御宮御方

一品宮御方江

賀ちんニ　一ふた

するめ　弐連

金　五百ひき

右産婦志摩江

一精宮御方江被進如左、

御守刀　一腰

御生衣　一重

鰑　一箱

右中務御宮御方ヘ

御名　一包

干鯛　一箱

右一品宮御方ヘ

右御使　老女　越後

文化十年九月二十七日

産所ナル前川茂徽宅ヨリ本邸ニ入殿スベキト

コロ、父親王ノ配慮アリ、暫ク茂徽宅ニ逗留ス、乃

チ是ノ日、生母平豐島勝子ノミ本邸ニ歸ル、

〔韶仁親王日記〕○高松宮家蔵

文化十年九月廿七日、庚寅、晴、夜ニ入雷厳ミ雨、

一産家より（平勝王）志摩帰ル、ふち附添、

祝酒煙草入三、巻煙草十遣ス、

精宮ハ暫前川（茂徽）宅・預置、

書陵部（三号）

〔有栖川宮日記〕○高松宮家蔵

文化十年九月廿六日、己丑、晴、

一精宮御方明廿七日従御産屋御入殿可被遊處、

思召有之、暫其儘太宰少監（前川茂徽）へ御預之御沙汰、其

段長員ゟ申渡、

書陵部（三号）

文化十一年二月十六日

有栖川宮家臣前川茂徽太宰少監宅ニ於テ喰初ノ儀

ヲ行フ、

編修課

〔有栖川宮日記〕・高松宮家蔵

文化十一年二月十六日、戊寅、晴、

一精宮御方御喰初、於前川太宰少監宅、

金頭　ひたらふくめ

青石弐ツ　耳かわらけ御ニ着

御配膳太宰少監

菱鰑　小豆飯高盛

山科言棟中山廣安前川宅江被召、御祝酒吸物

蛤重有鉢有等ニ而被下、

書陵部（三号）

文化十一年二月二十八日

誕生以来有栖川宮家臣前川茂徹太宰少監宅ニ逗留セシガ、是ノ日、本邸ニ入ル、

〔有栖川宮日記〕○高松宮家蔵

文化十一年二月廿八日、庚寅、晴、

一精宮御方御入殿、去酉八月御誕生、太宰少監宅ニ被為成、今日御迎青士両人、右兵衛外記参、木制局口ゟ被為入、御出迎諸大夫、御近習、但出羽守麻上下ニて恐悦惣代ニて申上ル、

一御有一折ツ、鯛蚫、

両宮様江

（中略）

右精宮様ゟ御入殿ニ附被進、

〔韶仁親王日記〕○高松宮家蔵

文化十一年二月廿八日、庚寅、晴、

一精宮入殿午刻、附ふち、乳持、

精宮□□(よりカ)土産　肴一折

文化十二年二月二十七日

髪置ノ儀ヲ行フ、

〔有栖川宮日記〕　○高松宮家蔵

文化十二年二月廿七日、癸未、雨、

一登美宮御方御深曽木　御歳十二

八穂宮御方　御歳四

精宮御方　御髪置　御歳三

〔登美宮深曽木ノ座〕

一御座其後ニ而八穂宮御方御髪置、

主人着御座給、

次八穂宮着御座給、扶持人従、

次上臈参進、

次老女越後煉粉臺居持参上臈江渡ス、上臈

御前ニ進ム、

次老女白髪綿松橘添ク、山、持参同上、

次主人進八穂宮御前給、

其儀煉粉ヲ取令押給、　復座、

次上臈令着白髪綿、

御式畢煉粉白髪綿次第ニ撤、

次八穂宮令入簾中給、

一精宮御方御髪置御座其後ニ而

主人着御座給、

次精宮着御座給、扶持女房、

右御次第八穂宮ニ同上故畧之、

一八穂宮御方

　精宮御方　御髪置御献如左、

先五十日物弐合

先（ママ）烹雑三献

次御盃土器

次御銚子

右上臈配膳、役送老女越後、

御献方　前川右兵衛

衣躰のしめ
麻上下

一右同断御祝義ニ付被進如左、

（中略）

一両御所ヘ

　八穂宮御方江　干鯛　一箱宛

　精宮御方

（中略）

一両御所江　干鯛　一箱宛

　登美宮御方

　八穂宮御方ヘ

　精宮御方

右之通奥向ニ而老女御使ニ而相勤、

文化十三年四月二十三日
去ル十九日ヨリ發熱シ、是ノ日、痘瘡ト診斷セラル、既ニシテ治癒セルヲ以テ、五月四日、酒湯ノ儀ヲ行フ、

〔有栖川宮日記〕○高松宮家藏
文化十三年四月廿日、己巳、晴、
一精宮様昨夜子刻頃ゟ御發熱ニ而御ヒクツキ等被為在候ニ付、出懸早々可相伺旨山科元棟へ以手紙申遣ス、其後則參診、
廿三日、壬申、晴、
一精宮御方御四歳、當十九日夜ゟ御發熱ニ而御痘瘡之御序熱ニ被為在、昨日ゟ少し御見点、御痘瘡御治定之旨御匕医師山科保養〔マヽ〕院元棟申上ル、依之御治定之旨奥老女ゟ申出ル、依之右御疱瘡之神祭り於精宮様御方如左、
上ニ床浦明神之懸地を懸ル、白木屋伊右衛門ゟ調進、備物目録臺ニ土器洗米少々、小キ神數小豆餅五ツ、茶碗へ水一はい、里芋二ツ三ツ、小德り神酒一對、ノ口赤紙外ニ蜘手ヘ三度土器ニ御燈一口、
右小豆餅洗米水酒ハ日々備替之事、
右前ニ猩々祭ル、荒こも二ツ折ニ敷、右こもの上ニ赤紙を壱枚敷、其上ニ軽キ猩々一躰起上り一對居エ、備物御酒小德り一對、口赤紙ニ而折、小豆餅五ツ、或ハ小豆飯、右日々取替備之、小キ紙ノ數ニ入ル、御燈一ツ、用意物小キ神ノ數二ツ、猩々手軽キ所一躰起上り一對、小德り二對、赤紙五六枚、油つた居蜘手二ツ、こも壱枚、臺ノ甲一枚、右備物あかこもの上ニ壱枚居之臺ノ甲置之、其上備物置之、外ニこまめ、塩水、南天ノ葉キヨメノタメつた上下、
右太宰少監麻上下ニ而設之、小岸外記手傳、
右祭り之後其旨及言上、
〔頭書〕五月四日御酒湯
五月四日、癸未、晴、

編修課

文化十四年十一月二十五日
大覺寺門主亮深近衛經熈男ノ願出ニ依リ、其ノ附弟
ト爲ルベキ旨内約成ル、

〔織仁親王日記〕○高松宮家蔵
文化十四年十一月廿五日、
一、廣橋胤定近衛頼使ニ入来、中書宮面會、
大覚寺附弟精宮所望、承知答、

〔有栖川宮日記〕○高松宮家蔵
文化十四年十一月十四日、癸丑、雪雨、
一參上　　出會圖書頭　　松室河内
先頃ゟ極御内ヽ御往復御座候大覚寺御門主、
御附弟之義中務卿宮御次男精宮御方弥御所
望被成度御頼之由、尤御内ヽ御領掌御返答御
座候得者、表向御世話卿廣橋前大納言殿を以御頼
可被仰進候間、先御内ヽ之所御頼被成候旨、但
し當御門主御里元近衛殿江茂彼御室ゟ御問
合御座候所思召茂不被為在候条御答ニ付此

度被仰進候由、
右之趣彼御方坊官三上民部卿ゟ被相頼候
ニ付申上候旨也、
右及言上、御答猶此御方ゟ可被仰入旨申聞退
出、
十五日、甲寅、晴、
一參上　　松室河内
右圖書頭ゟ以書面招寄出會圖書頭昨日申上
候大覚寺御門主御附弟精宮御方御所望之義
弥被進候儀御領掌被仰入候、尤右者御内ヽ之閑

院宮伏見宮江も御内談申候処何之思召茂不
被為在候趣ニ付則御答被仰進候旨申含
右奉畏候、猶早速嵯峨表江可申達旨申上退
出、
廿五日、甲子、晴、
一廣橋前大納言殿御参、未半刻
御廣殿南二ノ間江案内、青士火鉢たはこ盆出、
諸大夫江面會致度旨、圖書頭出會、麻上下着、
時節伺、扨此度大覺寺御門主ゟ精宮御方御
附弟御所望被成度御頼ニ付今日御日柄茂

宜敷被仰進候旨被申上、
但し右之儀御世話卿ヲ以御内之表向御頼被仰
進候旨兼而往復有之、則昨日松室河内参
上ニ而示談有之候事、
右御口上承り及言上、即刻於御書院中務卿
宮御方御對面ニ而御返答被遊、
大覺寺御門主ゟ精宮御方御附弟御所望
之義目出度御領掌被成候旨、入道一品宮
ニも御承知之旨御答被為在、
其後御手熨斗二表のし入ル被差、廣橋殿斗江被居之、
御近習麻上下ニ而、

但し精宮御方ニも御對面可被遊之所少
々御風気ニ付臨期御断被仰入、
右相濟御挨拶有之退出、表二ノ間ニ而今日
早速御對面御領掌之御返答被為在畏被存
候旨、仍両宮江御歓被申上候旨被申退出、
一精宮御方大覺寺御門主御附弟御内約被為在
候旨被仰出、一統江申渡、
當番之輩席々罷出恐悦申上、麻上下着、
非番之輩者追而出番之節可申上事、
但し二品宮様江者惣代ニ而恐悦申上候事、

文化十五年正月二十三日
大覺寺門主亮深、附弟内約治定ノ御禮ノ爲參邸
セルヲ以テ、對面ス、韶仁親王亦對面シ、盃事アリ、

〔有栖川宮日記〕○高松宮家蔵

文化十五年正月廿三日、辛酉、晴陰
一大覺寺御門主ゟ　御使野路井法印
　昆布五十本　一折
　右中務卿宮様江、
　　御文庫之内　御人形一臺
　　　　　　　　色々
　右精宮御方江、
先般精宮御方御附弟御内約被為整候ニ付、御
門主今日初而御成ニ付、御祝儀として被進候
旨、出會近江守、御茶御相應、猶後刻御對面之節

今日御前江出候節麻上下着用之事、
精宮御對面、扶持花女被進物之御礼被仰上、宮
御門主江御茶・多葉〔粉脱カ〕盆・御火躰〔鉢カ〕さし上ル、御門主
江御菓子三種被進、其後常盤木并越後・中﨟等
御取持申上ル、
時刻移候ニ付御膳　御中酒被進
　　　　　　　　　成之御用意也、
女房向御陪膳之事、
相濟暫ク御咄しニ而還御、大夫ゟ近衛殿江被
為成候御様子也、

御挨拶ヲも可被仰進旨申出ル、
一大覺寺御門主御成、巳刻過、先南廣御殿臺ノ間
江御成、御口状近江守罷出承ル、年始御祝詞・時節
御見舞且旧冬廣橋前大納言ヲ以精宮附弟御所
望申入候処早速ニ御領掌畏存候、右御礼被仰
進候旨、尤早々被為成候処御法用ニ而彼是御
延引被為成旨ヲも御断、委細及言上、
中務卿宮御小直衣於山水之御間御對面御挨
拶、畢而御式四種物御酌成甚、御返盃、畢而次第
ニ撤之、

文化十五年四月二日
大覺寺門主亮深ノ懇望ニ依リ、其ノ附弟ト爲ルベキ旨傳奏ニ願書ヲ提出ス、尋イデ五月十二日、御聽許ノ旨仰出サレシヲ以テ、六月五日、之レヲ披露シ、參邸セル同寺院家坊官諸大夫等ヲ引見ス、

有栖川宮日記　○高松宮家蔵

文化十五年四月朔日、戊辰、晴、
一、大覚寺御門主ゟ　御使三上民部卿
精宮御方御附弟御願書并御養子御願書等
被差出度、尤明日傳奏衆江被出度旨被仰進
委玉示談有之、　近江守出會
一、廣橋前大納言殿江　御使近江守
精宮御方大覚寺御門主御附弟且御養子御
願等之御内談被仰入、
二日、己巳、陰雨、

一、傳奏廣橋前大納言殿へ御使藤木近江守
奉書四折　大門様御使同道ニ而罷越ス
御口演之覚
有栖川宮御次男精宮六歳、此度大覚寺御門主御附
弟之儀御所望候、仍御願被成度候間宜御沙
汰被為頼入候、以上、
寅四月　有栖川宮御使
藤木近江守
山科前大納言様御内
小林左馬允殿

玉木主計殿
廣橋前大納言様御内
濱路雅楽権助殿
藤堂刑部丞殿
別紙同上、
御口演之覚
有栖川宮御次男精宮、此度大覚寺御門主御
附弟之儀、別紙御願被成候、且御養子之儀大
覚寺御門主ゟ追而御願被成候旨被為聞候、
於此御方も重而御願被成度思召候間宜御

沙汰被為頼入候、以上、
寅四月　有栖川宮御使
藤木近江守
山科前大納言様御内
小林左馬允殿
玉木主計殿
廣橋前大納言様御内
濱路雅楽権助殿
藤堂刑部丞殿
右両通持参、則落手、

〔欄外朱書〕
大門様方之御願書奥記

廣橋前大納言様御内
濱路雅楽權助殿
藤堂刑部丞殿

一大覚寺御門主方御願書如左、
有栖川宮御次男精宮六歳今般當御門主御
附弟之儀御願被成度候、尤有栖川宮内々御
領掌之御事候、此段宜御沙汰被為頼入候、以
上、
寅四月
嵯峨御所御使
三上民部卿
山科前大納言様御内
小林左馬允殿
玉木主計殿

廣橋前大納言様御内
濱路雅楽權助殿
藤堂刑部丞殿
（○御養子願之願書両通略）
右御願書此御方御使同道ニ而月番廣橋殿江
参り委細申入、非番山科殿江参り宜頼思召候
旨申入、
五月十二日、己酉、晴、
一非蔵人口江近江守罷出、則両傳山科前大納言
殿、廣橋前大納言殿御面會ニ而、
中務卿宮御次男精宮大覚寺御門主御附弟

之義御願之通被仰出候旨被申上、
右帰殿及言上、再御請使山科殿里亭江相勤、
一御出門申刻、右御附弟被仰出候御礼御参禁裏
御所、仙洞御所、中宮御所江、（○御供略）還御申半刻、
一大覚寺御門主御里坊江御使　近江守
精宮御附弟之儀御願之通被仰出忝思召候、
右御歓被仰進候、
一一品宮、精宮方ゟも御同様被仰進、御留主居面會
ニ而申置、
一大覚寺御門主方　御使木笠播磨介

精宮御方御附弟御願之通被仰出候御歓并
御吹聴被仰進且御歓被仰入候御挨拶も
御一統様江も、

〔有栖川宮日記〕○高松宮家蔵
文政元年六月五日、辛未晴、
一精宮御方大覚寺御門主御附弟被仰出候御弘
御祝儀今日於此御殿被催依之、大覚寺殿院家
并坊官諸大夫家司、御近習青士方昨日召前之
通早朝ゟ相詰ル、
一精宮御方御弘メニ付大覚寺殿院家始御近習
迄今日相詰候輩江於御書院宮御方御脇座、精
宮御方御出座ニ而御対面被仰付、御設宮御方
御座正面西面、御厚畳式帖、御板面御後屏風畫
双、精宮御方南面ニ而御脇座、御板面并御後屏
風片シ、一二ノ間南西二方巻簾、如例、諸大夫侍
御用人着座有之、
先院家室幢院少僧都柳原并殿弟、御対面、〔○中略〕
今日室幢院先ニノ間江入直ニ敷居際ニ而一
禮申上御前江〉被進御口祝昆布ニ枚、給之、夫
ゟ膝退ニ而平伏一禮、直ニ精宮御方江も一禮
被申上如元帰座退、
引續キ三ノ間ノ壁後へ出席、御用人数員壹
人々々不被露、
野路井刑部卿、勢多出羽守、渡辺左馬大允、石
塚図書、津崎左京、勢多蔵人、森左衛門、上野帯
刀、渡辺伊織、近藤主膳、
右各御口祝被下之、一ノ間敷居外へ膝退ニ而
一禮申上、直ニ精宮様〉江も御目見御禮申上
ル、
一大覚寺御室精宮ゟ　御使野路井刑部卿
今日御附弟御弘メ御祝義ニ付被進、
中務卿宮様江
御太刀　一腰

御馬代銀拾両　一疋
昆布　一箱
干鯛　一箱
御樽代金五百疋、
一品宮様江
御太刀　一腰
御馬　一疋
赤飯　一蓋
一大覚寺御門主ゟ　御使渡辺左馬大允
精宮御方御附弟御弘メ御祝義

御門主より
精宮御方江
御太刀　一腰
昆布　一箱
御馬代銀拾両　一疋
入道一品宮御方江
中務卿宮御方江
従御門主
昆布　一折宛　五十本宛
右御使御祝酒斗被下之、御引なし御返答少
監物、
一精宮御方江　御使山本少監物
今日御附弟御弘メニ付御祝義被進如左、此

御殿詰合之家司江申入、御答禮済
中務卿宮御方ゟ
御太刀　一腰
御馬代銀拾両　一疋
干鯛　一箱
一品宮御方ゟ
御太刀　一腰
御馬代銀拾両　一疋
一大覚寺御門主江　御使少監物
右精宮御方御附弟御弘メニ付

昆布　一折宛　五十本ツヽ、
右入道一品宮御方より被進之、御答禮旁此
中務卿宮御方
御殿ニ而相勤、
一同御門主江精宮御方ゟ　御使右同〃
御太刀　一腰
御馬代銀十両　一疋
昆布　一箱
氷蒟蒻　一箱
赤飯　一蓋
御樽代金五百疋

右も於此御殿目録ニ以相勤也、

【有栖川宮系譜】

（光格天皇御養子　御生母新大納言局）

慈性入道親王

（略、）

文政元年四月十二日（五〇）大覺寺前大僧正亮深御

附弟御願濟、六歳、

御願出四月二日、御弘六月五日、

文政元年八月二十五日

誕生日ノ八月二十六日ヲ八月二十八日ト改ム、

二十六日ハ將軍家世子徳川家慶室喬子女王（織仁親王女、樂宮、）ノ生メル竹千代ノ正忌（文化十一年八月二十六日逝去、）ニ當ルヲ以テナリ、

【有栖川宮日記】○高松宮家蔵

文政元年八月廿五日、辛卯、晴、

一精宮御方八月廿六日御誕日ニ被為在候處、少

ゝ依御差支ニ付、八月廿八日被改候旨被仰出、

実者御簾中様先年御誕生之関東ニ而竹千

代君逝去之御正忌日ニ付、當時御近キ御由

緒柄故ニ被改候也、

一精宮御方右御誕生八月廿八日被改候旨大覺

寺御門主御里坊留守居森左衛門右招寄於御

次近江守ヲ以書付申達、嵯峨御本坊江可申上

旨申入ル、奉畏早速可申上旨、
廿八日、甲午、晴、
一大覚寺殿御里坊江　御使長谷川内記
御附弟精宮御方江今日御誕生日ニ付寿御祝
儀両宮御方ゟ昆布一折宛三十本宛被進之候、

文政元年十二月二十五日
色直ノ儀ヲ行フ、

【有栖川宮日記】○高松宮家蔵
文政元年十二月廿五日、戊子、曇、
一八穂宮御方御深曽木御着袴、
精宮御方　御色直、
菊宮御方　御髪置、
右御祝儀依吉辰被催
御座儲如左、
（○図略）
一精宮御色直御式（○御献次第略）
着御地黒住吉呉服、役送老女越後

一精宮御方御色直ニ付
呉服住吉、　一重
干鯛　一箱
右文宮御方ゟ精宮江、
干鯛　一箱
右一品宮御方ゟ精宮江、
干鯛　一箱
右姫宮御方〻ゟ精宮江、
二　干鯛　一箱ツヽ
文宮御方江精宮菊宮ゟ

干鯛　一箱ツヽ

一品宮様江　精宮様
　　　　　　菊宮

干たい　一はこ

かわの宮様御初へ両若宮方

文政四年三月二十八日

深曽木ノ儀ヲ行フ、乃チ韶仁親王ヲ以テ鬢親ト為ス、

〔有栖川宮日記〕○高松宮家蔵

文政四年三月廿八日、巳卯、晴陰、

一八穂宮御方　御紐直し、

精宮御方　御深曽木、　勘文吉刻辰、

　　　　　　御着袴、

菊宮御方　御色直し、

右御祝依吉辰被催、

一御座備如左、

（〇御座図略）

御深曽木之次第

主人令着御座給、

次精宮令着御座給、〔朱書〕「扶持之女房左右ニ候ス、之女宮内卿讃岐」

次上﨟参進、〔朱書〕「一ノ間敷居際上﨟代成基持衣筥」

次諸大夫参泔器持参上﨟請進テ精宮御座前〔朱書〕「諸大夫代式進持衣」

餝、

次唐櫛匣、〔朱書〕「内ニ笄刀、鋏子、櫛弐ツ、橘藪カウジ山菅セうがひ竹海松根ノ小松」

次柳筥、〔朱書〕「檀紙ヲ居御鬢包紙也、御筆ニテ左右御記」

次碁盤、〔朱書〕「盤者御前唐櫛笥者左柳筥ハ右」

次精宮令立盤上給、〔朱書〕「令向生気方給令踏青石、女房扶持之」

次主人進精宮御後給、

次主人令理御鬢給、（家書「其儀先以櫛令撫御鬢給、次以鉄令除御鬢給、左右中三度梳、山菅・海松等持添給、上臈代以檀紙受御鬢」）

次取御令撫、御鬢給之後復座、

次精宮従盤上向吉方令下給、（家書「扶持之人従之」）

次精宮令入簾中給、

次主人令入簾中給、

次撤盤以下物、

父宮着御　御袍、御差貫、御草紅、御檜扇

精宮着御　御呉服、細根子、御半尻、御差貫、表袴、御檜扇

一右被啓清上精宮御呉服落滝津御引移被召替

御礼被仰上、

一精宮御着座（。御献次第略）

右御配膳　上臈代　戌基

諸大夫代　戎達

御献撰出し　多賀帯刀長裕

一御深曽木ニ付被進物

御半尻　一領

落滝津呉服　一重

干鯛　一箱

右父宮御方ゟ

緋縮緬　一反

干たい　一はこ

右実枝宮御方ゟ

干たい　一はこ

右登美宮、他宮ゟ

一精宮御方ゟ被進被下物如左

赤飯　一蓋

干鯛　一箱

御樽代金　三百疋

右御鬢親ニ付父宮御方江被進

赤飯　一ふた

御樽代金　弐百疋

右実枝宮御方江、

文政四年四月七日

習學ノ為内々大覺寺ニ移徙ス、

編修課

〔有栖川宮日記〕○高松宮家蔵

文政四年三月廿六日、丁巳、晴、

一閑院宮、伏見宮、鷹司殿、近衛殿、仁和寺宮、梶井宮、日光宮、知恩院宮、圓照寺宮、中宮寺宮、専修寺、貞操院宮、東本願寺、佛光寺、長州、藝州等江来月七日精宮御方、大覺寺殿江為御修学御内々御引移之旨為御知手紙差出ス、

四月七日、丙戌、晴ニ而後小雨、

一精宮御方大覺寺様御引殿江御内々御引移、御供大門様ゟ相廻ル、右御列如左、（第○略列次）

近江守御列外ニ而出ル、且右御供之内御詰合太田勘ヶ由、柳松主馬、杉岡多門、岡村小膳右於御本坊近江守始江御料理、御重肴ニ而中酒被下候、勘ヶ由主馬江御詰合ニ付金百疋ツヽ被下之候、青士両人江南鐐壱片ツヽ同様ニ代被下之、酉半刻勘ヶ由始帰殿言上御機嫌能巳半刻御本坊江被為成候事、精宮御方御出門戌刻被為成掛御吸物紙敷肴ニ而御祝酒被進、

一御引移ニ付被進物如左、

宮様江精宮御方ゟ

強供御　一蓋

御肴　一折

實枝宮様、登美宮様、八穂宮様江

強供御　一蓋宛

菊宮御方、他宮御方江

強供御　一蓋

一精宮御方江被進如左、

宮様ゟ

御呉服　壱重

昆布　壱箱

實枝宮御方ゟ
御肴　一
こんふ　一はく、
登美宮御方、八穂宮御方ゟ
御菓子たんす　一はゝ
昆布　一箱
菊宮御方、他宮御方ゟ
御硯蓋　一箱
昆布　一箱

〔有栖川宮系譜〕
光格天皇御養子　御准母新大納言局
慈性入道親王
（中略。）
（文政四年）
同年四月七日内々為御習学大覚寺殿江御移、

文政四年五月十二日
近衛家ノ儒臣某ニ入門シ、孝經ヲ讀習ス、

編修課

〔有栖川宮日記〕○高松宮家蔵
文政四年五月十四日、癸亥、晴曇、
一大覺寺御門主ゟ　御使　森左衛門
精宮御方一昨十二日近衛殿御家来儒者へ御
入門無滞被爲済、孝経御讀書申上候、此段被仰
進候由及言上、目出度御出精被爲在候様思召
候旨御答、

文政四年九月十六日
内々大覺寺ニ移徙後、初メテ有栖川宮邸ヲ訪フ、
又是ノ日、韶仁親王妃宣子女王ノ養子ト爲ル、

〔有栖川宮日記〕○高松宮家蔵
文政四年九月十六日、癸亥、晴、
一大覺寺精宮當四月七日御内々爲御習學御引移後今日初而御成、辰刻前也、御玄關ゟ御通り、直ニ御座之間江御通、宮御方ゟ御口祝被進、御昼御膳ニ汁五菜、右御精進、御茶御菓子御吸物三種御肴ニ而御酒被進、御夜食も被進、
（○中略）
今日精宮様初而御成ニ付被進物被下物如左、
宮様江　鰑　三連
精宮様ゟ　御内々御扇子料金　貳百疋
實枝宮様江　するめ　貳連
精宮様ゟ　御内々御扇子料金　貳百疋
八穂宮様江
精宮様ゟ　鰑　貳連
登美宮様江
精宮様ゟ　御文この内切半切紙
（○中略）
精宮様還御暮時、其前御側ニ而被進物如左、
宮様ゟ　黄羽二重　一疋
精宮様江　外ニ御筆箱御筆御水入御筆すゝき被進、
實枝宮様ゟ
精宮様江　御ほんほり五本　一箱
登美宮様御始ゟ
精宮様江　御包物
一今日精宮御方菊宮御方、實枝宮御方御養ニ被爲成、
右昨日御頼ニ而御領掌、今日被仰出候事、
右ニ付實枝宮様江　こんふ、一はこ

ひたい　一はこ　ツヽ
御樽代金　弐百疋
精宮御方・菊宮御方ゟ老女御使ニ而被進之、
精宮様御進物者嵯峨ゟ相廻り候事、

右両若宮御方江實枝宮御方ゟ御返禮如左、
こんふ　一はこ　ツヽ
ひたい　一はこ
右老女御使ニ而被進、

文政五年閏正月二日

紐直ノ儀ヲ行フ、乃チ養母宣子女王ヲ以テ紐親
ト為ス、

〔有栖川宮日記〕○高松宮家蔵

文政五年閏正月二日、戊寅、細雨時々、
一大覺寺殿江御使　近江守
今日精宮御方御紐直ニ付御祝詞御一統様
ゟ被仰進、
精宮御方へ被進如左、
宮様ゟ
干鯛　壹箱
外ニ御内々として御帯　二筋
實枝宮様ゟ
干鯛　壹箱
御帯　弐筋紅白

外ニ御内々御蝙蝠　三握
八穂宮御方ゟ
干鯛　壹箱
登美宮御方
菊宮御方
他宮御方
游亀宮御方
寄ゟ
同
壹箱
干鯛壹箱
常信院殿ゟ
同
壹箱
千里ゟ上ル、
以上
一大覺寺殿ゟ御使　石塚大和介
精宮御方御紐直しニ付

御一統様ヘ御門主ゟ御歓被仰進
且精宮御方ゟ為御祝儀被進如左、
宮様へ　干鯛　壹箱
昆布　壹箱
御樽代金弐百疋
、　外ニ　赤飯　壹蓋
實枝宮様へ　干鯛　壹箱
昆布　壹箱

右御同所様へ
御紐親様ニ付　干鯛　壹箱
御樽代金弐百疋
外ニ　赤飯　壹蓋
八穂宮様へ　赤飯　壹蓋
登美宮様御初へ　同　壹蓋
右常信院殿へ
赤飯　一蓋
同　一蓋　千里へ被下
金　百疋
南鐐壹片つゝ　御用掛り両人へ
被下、

以上

文政五年五月九日
大覺寺門主亮深トノ座次ニ就キ、御世話卿廣橋
胤定ヨリ通達アリ、乃チ山内他所共法席ニ於テ
ハ師弟ノ禮節ヲ守ルベキ事、御所向並ニ他所ノ
法席ノ外ハ、別刻別席ヲ以テ、出會セザル様ニ進
退スベキ事ト定メラル、

〔有栖川宮日記〕○高松宮家蔵

文政五年五月九日、壬午、晴、午後夕立、

一、廣橋一位殿雑掌濱路雅楽権助、平野外記ゟ来状、被申入度義有之候間、壹人罷出候様申来、則返書遣之、即刻甲斐守罷出候処、雑掌濱路面會ニ而書付被申上如左、

一山内他所共於法席者師弟之禮節可有之事、
但於他所法會出席之儀者其節内々届可有之事、

一、御所向并於他所法席之外者以別刻別席一所不出會様可有進退事、

一、得度灌頂等其節以次第可被伺事、

右等を以被相違、尤大門様江も御達有之候由、尚御心得ニ申上候由也、且又精宮御方御養子御願之儀此節何時ニ而茂御双方ゟ御願書被差出候様、則過刻嵯峨坊官野路井刑部卿参上之由、其節勧門様御例等委細申入置候由演説也、

右帰殿言上、尤御請使之義廣橋家ニ而相尋候処、不及其儀旨挨拶有之、

書陵部（三一号）

〔有栖川宮系譜〕

光格天皇御養子　御准母新大納局
熾仁性入道親王

（中略）

（文政五年）
同年五月九日御師弟御座次之事廣橋家ヨリ被達、

書陵部（三一号）

文政五年五月十四日

上皇光格ノ御養子ト為スベキ旨願書ヲ傳奏ニ提出ス、尋イデ二十一日、院傳奏ニ同ジク願書ヲ差出ス、既ニシテ六月二十八日、之レヲ聴許アラセラルベキ旨仰出サレ、更ニ七月二十五日、新大納言局藤原高野正子ヲ以テ母儀ト為スベキ旨治定アラセラル、仍リテ二十八日、有栖川宮邸ニ於テ之レヲ披露ス、

〔有栖川宮日記〕　○高松宮家蔵

文政五年五月十一日、甲申、終日雨、

一大覺寺御門主〻

一昨九日御世話卿廣橋一位殿〻御達被申候趣意則此御方江も被申上候由、

精宮御方仙洞御所御養子御願之儀御勝手ニ可被差出旨、且御門主と精宮御方と山内他所共於法席者御師弟之御禮節可有之旨、万事一昨日此御方ニも被申上候書付之写を以被入御覧候事、右御養子御願ニ付猶追〻御對面も御談御頼被仰進度候、則廣橋殿へハ今朝右御承知之旨御請被仰上候ニ付此段御吹聴被仰進候、

十四日、丁亥、晴、

一月番山科前大納言殿江御使　越前守

右者精宮御方仙洞御所御養子御願之御書附被差出如左、

御口上覺、小奉書四ツ折、上包美濃紙、

大覺寺精宮御方今度仙洞御所御養子之儀御願被成候ニ付、有栖川宮ニ茂御同様御願之事ニ御座候、此旨可然様御沙汰頼思召候、以上、

有栖川宮御使

午五月　豊嶋越前守

廣橋一位様御内

濱路雅楽権助殿

平野外記殿

山科前大納言様御内

松田兵庫殿

右御願済来ル六月廿八日被仰出候事、

院傳奏江ハ来ル廿一日ニ御願被差出、尤今十四日ニ而差出趣を以差出、廿一日ニ伺公、

一大覺寺殿〻茂御同様御願坊官御使同所江相勤、御口上書被差出如左、

御口上覺

精宮御方當御門主御附弟御願被成候砌被仰上候通、此度仙洞御所御養子之儀御願被成候格別之御室柄之御事ニ候得者、速ニ被為蒙御沙汰度願思召候、以上、

嵯峨御所御使

午五月　野路井刑部卿

廣橋一位様御内
濱路雅楽権助殿
平野外記殿
山科前大納言様御内
松田兵庫殿
右被差出候処、是ハ落手被致候旨、刑部卿参上
ニ而御届申上ル、
廿一日、甲午、陰雨、
院伝奏
一冷泉民部卿殿江　御使　越前守　麻上下着、
御口上覚　前武伝江八ツ半比、十四日御願被差出、

大覚寺精宮御方今度仙洞御所御養子之儀被
成御願候ニ付、有栖川宮ニ茂御同様御願之事
ニ御座候、此旨可然様御沙汰頼思召候、以上、
有栖川宮御使
午五月　豊嶋越前守
日野大納言様
冷泉民部卿様
雑掌御中
右明日山科殿ゟ被申上候ニ付、今日御願被差
出、尤十四日被差出候振也、

大覚寺御門主ゟも今日野路井刑部卿御使、則
過ル十四日被差出候通御書付被出候事、
六月廿八日、庚子、晴、
一非蔵人口江巳半刻　御使　近江守
昨日両伝奏ゟ被相招候ニ付罷出候処、則両伝
奏広橋一位殿胤定卿、甘露寺前大納言殿国
長卿、御面会ニ而被仰渡如左、
〔頭書〕
御願者去五月十四日伝奏江被上、
大覚寺精宮仙洞御養子御願之通被仰出候
右之趣被申上候旨胤定卿御演述、

（略）
大ゟ直ニ仙洞御所外様口江　近江守罷出、
則伝奏冷泉民部卿殿、為訓卿、御出会、
精宮御養子之儀御願之通被仰出候旨御申
達、但同役日野大納言殿資愛卿へハ故障引籠中ニ付無出席無之候、

〔有栖川宮日記〕○高松宮家蔵

文政五年七月廿五日、丁酉、晴、夕景雨、

一新大納言局　使小田右衛門

精宮御方仙洞御所御養子被仰出候ニ付新大納言殿御母儀被蒙仰候御礼御吹聴等被申上、

一精宮御方仙洞御養子被仰出候ニ付御母儀新大納言局江被仰出候旨、御世話御廣橋一位殿定御、ゟ大覚寺殿坊官江被申達、則其旨此御方江も御門主ゟ被仰進候、

但し新大納言局里元実者高野少将、表向園

頭中将基茂朝臣、

〔有栖川宮日記〕○高松宮家蔵

文政五年七月二十八日、庚子、晴、

一、大覚寺精宮御方仙洞御所御養子御弘メ被催、

尤先月廿八日被仰出、於此御殿被催之、

一、精宮御方御成辰剋、御輿網代、

一、知恩院宮御成巳剋、

御祝御酒御膳等被進、還御（アキママ）

一、宮様御初江

御一統様

御祝酒御吸物紙敷御肴御料理二汁五菜等

上ル、

一精宮御方ゟ御到来、御使野路井刑部卿、

宮様へ

御太刀　一腰

干鯛　一箱　御品入魂以下同断

御馬代銀　一枚　御引金百疋被下、

実枝宮様へ

昆布　一箱

干鯛　一箱

御樽代金　弐百疋　御引延紙五束被下、

八穂宮様へ
干鯛　一箱
御樽代金　弐百疋
登美宮御方・菊宮御方
他宮御方・游亀宮御方江
干鯛　壱箱宛
常信院殿へ
昆布　五十本壱折
（〇中略）
一金百疋　御実母千里

別段
同弐百疋
一今日御弘ニ付従此御方被進、御使肥後守、
精宮御方江
（〇中略）
宮御方分
御太刀　一腰
干鯛　一箱
御馬代銀　壱枚　為御引金百疋被下之、
実枝宮御方分
昆布　一箱
干鯛　一箱

御樽代金　弐百疋　為御引金百疋被下、
八穂宮御方分
干鯛　一箱
御樽代金　弐百疋
廿九日、辛丑、晴、
一精宮御方昨夜御止宿之処酉刻前還御、

〔仙洞御所詰所日記〕
文政五年六月廿八日、庚午、晴、
一、大覚寺精宮此御所御養子被仰出候旨傳奏衆被仰渡、御附衆江申入、上御所同役江為心得申達、

〔仙洞御所詰所日記〕

文政五年七月廿五日、丁酉晴、

一、大覚寺精宮

右新大納言局御母儀御治定被仰出候旨傳

奏衆以美作守被仰渡如左申達ス、

両御所御附衆御所ニて准后御殿執次中同役諸役

所申觸、

〔仙洞御所詰所日記〕

文政五年七月廿八日、庚子晴、

一、大覚寺精宮御方御附弟御養子今日御弘ニ付

為御禮

御太刀一腰、御馬代白銀拾両一疋、弐種壹荷、

倫宮江干鯛一箱、御人形一箱、

右精宮御方ゟ、

綿拾把昆布一箱、干蕨一箱、御樽壹荷、

倫宮様江綿弐把、昆布一箱、

右大覚寺御門主より、

倫宮様江　生鯛壹折

同断

右有栖川宮より

生鯛一折

右実枝宮御方より

右之通奏者所江御献上大覚寺御門主坊官御使

相勤候由奏者番届出ル、

一、精宮御方御附弟御養子等御弘ニ付為御祝儀

生鯛一折竪目録　御使　平岡長門守　狩衣着用

右被為進有栖川宮行向、大覚寺御門主諸大夫

林右衛門尉面會御口上申述、御返答承り帰参

以御末申上ル、御祝赤飯御祝酒吸物御引金弐

百足被下、但大覚寺御里坊狭少ニ付有栖川宮江相勤候様奥ゟ被仰出、

〔禁裏執次所日記〕
文政五年七月廿八日、庚子、晴、
一、真綿　五把　昆布　一箱
　　干蕨　壹箱、　御樽　一荷、
右今日御附弟精宮仙洞御所御養子御弘ニ付
大覚寺御門主ゟ御献上、
一、御太刀　一腰、　御馬代銀　一枚、
　　昆布　一箱、　干鯛　一箱、
　　御樽　一荷、
右今日仙洞御所御養子御弘為御礼精宮ゟ御
献上、奏者所江向持参、
一、生鯛　一折
右御養子御弘為御祝儀精宮江被進、御里坊江
向可相勤処挟少ニ付有栖川宮江向相勤、坊官
面會御口上申述、

〔有栖川宮系譜〕
光格天皇御養子　御准母新大納言局
慈性入道親王
（○中略）
（文政五年）
同年七月廿八日御養子御弘、
先是五月十四日御願、六月廿八日御願（清書）七月
廿五日御准母定、

〔御系譜〕○禁裏執次詰所本
光格天皇
精宮　慈性法親王　大覚寺、御母儀新大納言局藤原正子、園大納言基
理御猶子、高野故三位保季卿女、
實有栖川韶仁親王男、文化十年八月二十六
日生、（○中略）
文政五年六月廿八日仙洞御養子、

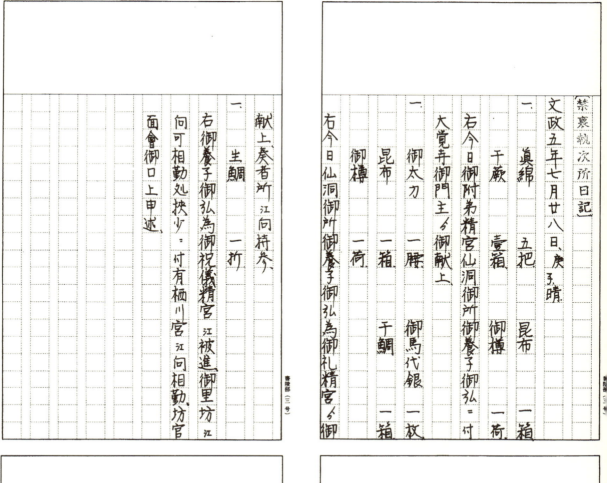

文政五年八月二十一日

是ヨリ先、親王宣下ノ儀來ル二十二日ト仰出サレシヲ以テ、去ル十八日、親王宣下ノ爲、有栖川宮邸ニ赴キ、是ノ日、寢殿代ニ於テ其ノ習禮ヲ行フ、又、上皇光格ヨリ宸翰ヲ以テ明道ノ名字ヲ賜ハル、尋イデ翌二十二日、親王宣下アリ、權中納言中院通知勅別當ニ補セラル、二十三日、嵯峨大覺寺ニ歸ル、

〔有栖川宮日記〕○高松宮家蔵

文政五年八月十日、辛亥、晴陰、

一入夜大覺寺精宮ゟ　御使井関兵部卿

唯今傳奏甘露寺殿ニ而親王宣下御願之通被仰出候旨被申上候、於廣橋家も同様御達被申上、尤日限者來ル廿二日辰刻被仰出候旨も被達候、非蔵人口ゟも園頭中将殿御招ニ付罷出候処同様御達被申上候、右宣下ニ付奉行頭中将殿被仰蒙候旨も被申上候ニ付御風聴御礼被仰上、尤御所表江御請者明朝被仰出候處宜敷旨御世話御廣橋殿被申上候旨被合

明道　三ツ折備中檀紙上包同紙

明道　小奉書三ツ折

右仙洞宸翰也、防城大内記勘出之由、

右於御小書院宮御方精宮御方御列座ニ而御對面、右御名字御硯蓋ニ入一位殿精宮御方江被上、御請取御頂戴、御硯蓋之儘御下ニ被差置、尤一位殿被退之節ニ之間敷居際迄御送り被為左、右御硯蓋は後刻御返上也、

一花園美作権介殿御参、依御習礼也、両宮御方於

之、有

十八日、己未、終日雨、

一大覺寺御附弟精宮御方巳刻御成、御輿網代、

（○中略）

右廿二日親王宣下ニ付従今日御逗留掛御成、猶還御之義者來ル廿三日午刻後早々御迎供可参旨被仰出申達置、

廿一日、壬戌、雨、

一廣橋一位殿未刻頃御参、

右者今日精宮御方御名字御拝領持参也、

御小書院御對面、一位殿・権介殿等御廣殿於北
一之間御習禮済候後御吸物壱三種御肴ニ而
御酒、且御菓子御夜食等被差出、
一於寝殿代御習禮被為在、精宮御出座、
廿二日、癸亥、雨、
一大覚寺精宮親王宣下時當御殿御借用ニ而宣
旨被為請御次第如左、
上卿
廣幡大納言 皇太后宮大夫源経豊卿
辨

柳原左少辨、隆光、
奉行
園頭右中将、基茂朝臣、
勅別當
中院中納言、通知卿、
家司
花園美作権介 従四位下藤原實路朝臣
林石見守 正六位下鴨庚朗、 衣冠、单、夏疊、扇紙、
下家司
石塚大和介 従六位下藤原元敦、 衣冠、单、夏疊、扇紙、
一宣旨使来着

被覧宣旨儀
勅別當着座、
宮御出座、
次史持参宣旨、筥入
着侍所座、
次家司出逢、
史授宣旨、
次家司覧宣旨於別當、
別當披見返給、
次別當参進寝殿

候宮御側、
次家司進庇候御氣色、
令目給、
次家司参進宣旨 乍筥進之
退候庇、
次御覧訖置宣旨於御側、
令目給、
次家司参上取空筥於初所返
授史、
史退出、

次供御献
先御盃
次烹雑
勧一献、無二加献、訖撤銚子、
次御盃　便撤初盃、
次前物　便撤烹雑、
勧二献、加一献、訖撤銚子、
次御盃　便撤二献御盃、
次一物　便撤前物、
勧三献、有二加献、訖撤銚子、

次逆上撤之、
右宣旨被為請次第、宣旨使壬生官務門前御玄関ゟ参上、御勝手御内玄関次之間ニ扣居ル時剋案内達し、四脚御間ゟ入侍所ニ着座、召使宣旨持参官務ニ渡ス、
勅別当着座并家司両人下家司共着座
宮御出座之上下家(司脱カ)座を起宣旨使着座ノ由を一揖シテ家司ニ告ル、家司花園美作権介座起テ宣旨使ノ前ニ進則授之、家司勅別当ノ前ニ宣旨を持参ス、別当宣旨披見家司ニ返し、家司宣

旨取持暫庇候、勅別当起座御側ニ参進候、家司宣旨御側ニ持参御前ニ取置之、
宮御覧了テ直ニ御懐中被遊、家司空筥を撤之、
官務返し受興壬官退出、右済宮一先入御、再御出座供御献、
右次第前ニ記ス、
伺公ノ間ニ御盤立ニ烹雑三献餅付有之、御献方勤之、今日之処高橋采女正勤之、
右烹雑三献従仙洞御所御拝領、尤魚物也、但シ御盃御銚子等此御方ニ而用意、

先御献方ゟ下家司石塚大和介江伺公之間縁座敷ニテ渡ス、役送下家司一ノ間ト二間ト間椽座敷迠持参、夫ゟ家司林石見守請取之御側配膳之、家司花園美作権介江渡シ、美作権介直ニ御前ニ供、右一献目ノ御銚子撤之直ニ二献目之御盃を上ル、右初献之御盃と引替ニ御前ニ上之、直ニ一献御盃撤来ル時二献目之豆腐《カベ》ノ献を上ル、如初烹雑を撤カベノ献引替供之、二献目御銚子上之、次ニ加ヒサゲを上ル、於御前一献上之候上林石見守ヒ提ノ酒を御銚子二度

加之、右次第ニ如初献撤之、三献目御盃を御銚
子と引替ニ出、如二献御盃引替ニ上之、次一物
御献引替ニ上ル、御銚子并ヒ提加を上ケ於御
前ニサゲヵ加一献、
　但し初献、二献銚子ニテ先加サゲなし、初献とも弐献、
二献、　加一献ヒサゲアリ、　二献、
三献、　二献有加、　三献、
　都合七献之数也、
右次第ニ撤之、尤三献目ニハ一ツ物撤之後御
盃を終撤之、

右御献御盃　三度土器一枚ツヽ、
　但し初献御銚子を出候節御志たみと申三
度土器壱枚を御銚子ニ左ノ手ニ持添
御前ニ右志たみ盃を置、右者御側ニ被
残三献とも右壱枚ニ而相済候事、
右御献済下郎立ニ而下家司ヵ退入、勅別当退
入後宮簾中江入御、
一精宮御方着御白御袷夏御童直衣、二藍花田色、
　御単　小葵地紋萌黄、
　御指貫　紫亀甲浮紋白浮紋浮線綾、

御横目扇、御畳紙、烏ノ子紙松重金泥絵枝引松
御髪　大すへらかし、
　　御夏衣紋御襖子なし、御衣紋ニ上大和守江被仰付、
一御世話御広橋一位殿江朝宮御方御着御袍、精宮御
方於御小書院御対面、尤精宮御方ニハ一位殿
初テ御対面、且御世話御労ニテ御盃事有之、
一精宮親王宣下宣旨之写　越前中鷹紙二枚重、
　　明道
左少辨藤原朝臣隆光傳宣
権大納言源朝臣経豊宣奉

勅宜為親王者、
文政五年八月二十二日
　修理東大寺大仏長官主殿頭兼左大史算博士小槻宿祢以寧奉
右宣旨被写之上写を以大覚寺師御門主江被
入御覧、猶本紙者精宮還御之節震翰之御名字
共御随身御封を被附候事、
一精宮御方ヵ　　御使野路井刑部卿
今日親王宣下ニ付為御祝儀被進、
宮様江　御太刀　一腰
　干鯛　一箱

御馬　一疋
　代銀拾両
実枝宮様江　こんふ　一はこ
　干魚　一はこ
　御たる代金弐百疋
八穂宮様江　干鯛　一箱
　御樽代金弐百疋
登美宮様
菊宮様
地宮様江　干鯛　一箱宛
游亀宮様

常信院殿江　こんふ　五拾本　一折
廿三日、甲子晴、
一精宮御方今日嵯峨表江昼後還御ニ付於奥向
御吸物百合根、三種之御重肴　御精進也、被進之
一精宮御方未半刻還御、
但し昨日御頂戴之親王宣下之宣旨御随身被
遊、御文匣ニ入御封を被附、并廿一日ニ仙洞ゟ
被進候震翰之御名字二重文匣ニ被入、則宮御
書判之御封を被附、右御供頭石塚大和介江相
渡シ、其子細申達し則御輿ニ被入還御之上大

御門主江被差上御開帳可被入御覧旨申達置

［仙洞御震翰］　○大覚寺所蔵
「明道親王御名字并訓書」
文政五年八月廿一日

明道安岐美知

明道

〔親王宣下宣旨〕○大覚寺所蔵

（包紙）

「文政五年八月廿二日

明道親王ゝゝ宣下ノ宣旨　本紙」

左少弁藤原朝臣隆光傳宣、

権大納言源朝臣経豊宣、奉

勅、宜為親王者、

文政五年八月二十二日

修理東大寺大佛長官主殿頭兼左大史算博士小槻宿祢以寧奉

〔禁裏執次所日記〕

文政五年八月廿二日、癸亥、雨、

一、今廿二日辰剋大覚寺精宮親王宣下、

上卿廣幡皇太后宮大夫、　弁柳原弁、

奉行職事園頭中将、

一、精宮御名　明道、安岐美知、

右四ッ折ニ書付御附衆江可相達旨ニ而議奏衆ゟ被出、則相達、

一、明道親王

勅別當中院中納言　家司花園美作権介

右議奏衆御達書面御附衆被為見、

一、御太刀　一腰　強飯　壹蓋

昆布　壹箱、　干鯛　壹箱

御樽　壹箱、　御馬代銀拾両壹足

右精宮様ゟ

昆布　壹箱、　氷蒟蒻　壹箱

御樽　壹荷

右大覚寺御門主ゟ

生鯛　壹折

右有栖川中務卿宮様ゟ親王宣下ニ付奏者所

江御献上、

一、大覚寺精宮親王宣下ニ付

勅使坊城大夫殿　副使高嶋兵部

干鯛　一折、　昆布　一折、

御樽　一荷、

右之通被為進、

生鯛　一折

右同断ニ付有栖川中務卿宮様江被為進、御使

御使番相勤、

〔仙洞御所詰所日記〕

文政五年八月廿二日、癸亥、雨、

一、今日大覺寺精宮御方親王明道宣下ニ付為御

禮、

御太刀　一腰　御馬　一疋代銀拾両

強飯　一蓋　鯣　一箱

昆布　一箱　干鯛　一箱

御樽　一荷　右精宮御方ゟ、

昆布　一箱　氷蒟蒻　一箱

干蕨　一箱　御樽　一荷

右大覚寺御門主ゟ、

右之通奏者所江御献上、御門主坊官御使相勤

候由奏者番届出、

一、大覚寺精宮御方親王宣下ニ付為御祝儀

院使東久世中將殿　添使西池数馬

綿　十把　昆布　一箱、干鯛一箱

御樽　一荷、

右之通被為進候、添使江赤飯祝酒吸物御引全

百足被下候旨届出有之、

文政五年十月十六日

是ヨリ先、入室得度ノ期ヲ來ル十二月五日ト仰出サレシヲ以テ、一昨十四日、有栖川宮邸ニ赴キ、是ノ日、上皇光格御養子、親王宣下、入寺治定等ノ御禮ヲ兼ネ、童借トシテ初メテ參院ス、尋イデ十八日、同ジク參内、仁孝又、御母儀ナル新大納言典侍藤原高野正子ノ局ニ參入ス、既ニシテ二十一日、嵯峨大覺寺ニ歸ル、

〔有栖川宮日記〕○高松宮家藏

文政五年十月二日、癸卯、晴、

一大覺寺殿御家来參上　衣笠備中守

院説

只今傳奏甘露寺殿ゟ御招ニ付罷出候處、精宮

御方御入室御得度之義御願之通被仰出候旨、

且御日限来十二月五日是又御願之通被仰出

候旨被申上候旨、尚又院傳奏日野殿ゟも御招

ニ付参上候處御同様御入室・御得度并御日限

等御願之通被仰出、且御出立之儀院中ゟ御出

立被成度旨是又御願之通被仰出候旨被申上
候旨、
右ニ付不取敢此段御届申上候旨也、
三日、甲辰、晴、
一大覺寺殿ゟ　御使衣笠播磨介〔備中守〕
精宮御方御入寺御得度之義来ル十二月五日
御願之通被仰出候御吹聴、且来ル十六日御養
子親王宣下御礼、御童惜等ニ付御参院之儀被
仰出候旨廣橋一位殿ゟ被申上候、右之御吹聴
も被仰進候旨、

四日、乙巳、晴、
一大覺寺殿ゟ　御使衣笠備中守
精宮御方御養子并親王宣下且御童惜御参内
来ル十八日午刻と被仰出候而廣橋一位殿ゟ
被申上、則於里亭被申達候、此段御届被仰進候
由、
十四日、乙卯、晴、
一精宮御方酉半刻御成、御止宿、
十六日、丁巳、晴、
一大覺寺精宮御方午刻御出門、

御養子親王宣下御童惜等御礼被相兼御参
院、尤御初而御参之御事也、
（御供等略）
精宮御方着御紅梅花丸地紋呉服、御帯白倫子、
〻御童直衣、白小葵紋、御指貫、亀甲浮線綾二重織
〻御襪、御横目、御畳紙、
御輿之内江御守刀御帙文匣ニ御手道具類
入、
御出門之節御輿廻シ青士四人、院御所ニ而御
輿寄ゟ御昇降、御輿御供之使番四人舁上舁下

ス、（○略）
還御酉半刻、
一今日御参ニ付御献物并御送物等如左、
仙洞御所江
生鯛弐尾一折
大宮御所江
同断
右精宮御方ゟ奉者所江以御使被献、
御手土産
仙洞御所江

錫御花生　一箱
御薄板　一箱
御硯箱　一箱
大宮御所江
御菓子箱　一はこ
倫宮様江
御文匣のうち　御小人形御手遊もの
右奉者所ニ而御母儀江向ケ相廻ス、
御母儀新大納言殿へ
真わた　五把

軆　弐尾　一折
一今日御拝領物且御みやけニ御拝領等如左、
仙洞様ゟ
御きぬ　二疋　壱臺
御卓　一箱
御香爐　一箱
御文匣の内　御硯箱壱ツ　御水入弐ツ　御人形三ツ
右御拝領、
（略〇中）
大宮様ゟ

御つくへ　一箱
右精宮江御拝領、
御文匣の内　御紙入弐ツ　御文ちん壱ツ　毛植犬壱ツ　御水入壱ツ
右御母儀新大納言殿ゟ精宮江被上、
十八日、己未、晴、
一大覺寺精宮御方午刻御出門、
御養子親王宣下御童惜等御礼被相兼御参
内、尤御初而御参之御事也、
精宮御方着御
御貝服御帯御童直衣御指貫御襪御横目御

畳紙等去ル十六日之通依而略、
御輿之内江御守刀并御帙文匣ニ御手道具
類入、
御出門之節御輿廻ニ青士四人、尤奏者所江向
御参御昇降、御輿御供之使番四人昇上昇下ス、
直ニ御供帰申〔伴〕刻無遅ニ御迎参上候様、依而石
見守始御里坊江引取、使番以下者御所ニ相残、
右使番四人、仕丁八人江弁當相廻ス、
還御戌刻、
一今日御参ニ付御献物并御送物等如左、

禁裏御所江　生鯛　弐尾　一折
准后御方江　同断
右精宮御方ゟ奏者所并御内玄関江御使
を以被献、津崎筑前介相勤ル、
一御拝領物如左
禁裏御所ゟ　御見臺　一箱
御きぬ　弐疋
外ニ御手つから
御末廣　一柄
御小文匣之内　五品入

准后御方ゟ　御花瓶《セントリ》　一箱
廿一日、壬戌、晴曇、
一精宮御方今朝辰刻還御、

禁裏執次所日記
文政五年十月十八日、己未、曇、
一大覚寺精宮御方院御養子済并親王宣下御入
寺御治定并御禮今日御参内、奏者所江向御参、
御母儀新大納言殿江も被参、

文政五年十二月五日
去ル二日ヨリ有栖川宮邸ニ逗留シ、是ノ日、仙洞
光格ニ参入シ、同御所ヨリ行粧ヲ整ヘテ大覚寺ニ
入寺、亮深前大僧正ヲ戒師トシテ得度シ、法諱ヲ慈性
ト曰フ、既ニシテ十二日、参賀回禮ノ為、大覚寺宮
里坊ニ入リ、翌十三日、御禮トシテ参内仁孝ニ参
院、十七日、嵯峨本坊ニ歸寺ス、

〔有栖川宮日記〕〇高松宮家蔵
文政五年十二月二日、壬寅、晴、
一大覺寺精宮御方巳刻御成、御供例之通、
右者来五日仙洞御所ゟ御入寺御得度ニ付
今日ゟ此御方江被為成御滞留ニ而、来五日
卯半刻迄ニ御参院被為在候事、
中務卿宮御方
美枝宮御方　江
八穂宮御方御初へ
井籠　壹組

井籠　壹組
諸白　二斤　常信院方へ
五日、乙巳、昨夜ゟ大雷雨、
一大覺寺精宮御方今日御入寺御得度之事、
尤精宮御方過ル二日ゟ此御方江被為成御
逗留、
一卯半刻御出門ニ而精宮御方御参院、御板輿、
〔〇筆略〕御供
精宮着御御童直衣、御指貫、
一宮御方御出門午刻大覺寺殿江御成、

〔〇筆略〕御供
被為成懸御室院家尊壽院御小休、
還御
着御　御衣冠、
一御入寺御得度ニ付被進物献上物如左、
宮御方ゟ
御太刀　一腰
御馬　代銀十両　一疋
昆布　一箱
氷蒟蒻　一箱

御樽、代金三百疋　一荷
外ニ
筆物二ツ　一臺　但高橋若狭守ゟ調進、
被為成候ニ付
御花生　一箱
實枝宮御方ゟ
こんふ　一はこ
かんひやう　一はこ
御たる　代金三百疋　一か
若宮御方ゟ
御太刀　一腰
昆布　一箱

御馬代銀十両　一疋

登美宮御方ゟ　他宮御方

游亀宮御方ゟ

菊宮御方ゟ　実種宮御方

昆布　一箱宛

右　御使圖書頭

一精宮御入寺御行粧如左、

仙洞御所唐御門通北江、南門大路ヲ東江、万

里小路家門前ヲ北江、飛鳥井家門前ヲ西江、

有栖川宮御門前ヲ北江、近衛殿御門前ヲ南

江、唐御門通中立賣御門ヲ西江、室町ヲ三条

通西江、山、内村太秦廣隆寺ニ而御小休、夫

ゟ安堵橋八軒村御門前令入大覺寺御室給

候事、

御行粧如左、

（○行粧略）

十七日、丁巳、晴、

一大覺寺宮（マヽ）御得度後御参賀、并此御方江も被為

成、昨十七日所々御廻初御成ニ付去ル十二日

ゟ御里坊江被為成御逗留、今日昼後自御里坊

峨（嵯）峨御本坊江還御、右昨日此御所御時宜御伺

之上還御、則野路井刑部卿江申達ス、

慈性親王法諱　○大覚寺所蔵

慈性	文政五年十二月五日	戒師前法務前大僧正亮深

御出家次第　○大覚寺所出
當日早旦堂荘厳見差図、
時刻戒師着堂中座、法服平袈裟、
従僧二人進壇前置居筥香呂筥、
親王着御々座、御直衣、
扶持公卿相従殿上人取脂燭、
唄師着座、鈍色小袈裟
参會僧綱着座、同、
公卿着堂前座、
戒師登礼盤、

親王着御出家御座、
僧綱参進奉扶持之、
戒師塗香護身洒水等、
打磬、二度、
三礼如来唄啓白等、
親王御拜、宗廟國王母儀、
僧綱参進奉教導之、
役送輩持参御出家什物、
御帷子、脇息、手洗、在数打水瓶二口、湯各入
剃刀四柄、菊葉、小机等、

剃手僧綱参進結令御髪奉剃之、
唄師発音、唱左右各一反
剃除事訖撤什物等、剃刀一柄置脇机（西）
親王起座入御西面之簾中、僧綱役御簾、
脱御直衣令着改法衣御、
親王持袈裟着御公家座、
教導之僧綱相従、
戒師除周羅髪授御袈裟、
戒師奉授御法名弁沙弥戒、
神分廻向、

親王復御本座、
教導之僧綱奉扶持、訖復座、
戒師降礼盤復座、
公卿退出、
参會僧綱退出、
但教導之僧綱候御座邊、
唄師退出、
親王経本路令出堂給、
僧綱相従、殿上人取脂燭、
戒師退出、

右、

〔仙洞御所詰所日記〕

文政五年十二月五日、乙巳、雪、

一、大覚寺精宮御方今日御入寺、御輿寄より御乗輿、唐御門より御出門巳半刻、御輿下而非蔵人相勤、太秦にて御小休、御本坊江申半刻被為入、

一、精宮御方江　役使　冷泉新少将殿　添使　山下司馬

御太刀　一腰　　御馬代黄金十両、一疋

綿　　十把　　昆布一箱　干蔵一箱

氷蒟蒻　一箱　　御樽二荷

右御入寺御得度為御祝儀被為進、

〔以下行列次第等略〕

〔仙洞御所詰所日記〕

文政五年十二月八日、戊申、晴、

一、未十三日巳刻大覚寺宮御得度後始而御参院之旨評定衆被仰渡候八〻（ママ）阿衆へ申達、

〔洞中日次案〕
文政五年十二月五日、乙巳、曉来雨雷夕景晴、
今日精宮入寺大覺寺也、巳半刻過乘輚御輿寄、令
出立給、扈從公卿皇太后宮大夫経豊、醍醐大納言
權中納言重能、源中納言通知、左兵衛督永雅、前駈
殿上人保右朝臣實仲朝臣、益季朝臣實路朝臣、隆
光、光宙、大江俊常、各衣冠直衣相交、着衣單大江俊常束帯、下北面重
弘宿禰親之、光寧景文、光邑、清瑚大石弘隆藤原重
名　已上騎馬　召次賀茂志顕源紹儀等左右相分前
行、各狩衣單、帯劔、

今夜得度云々、
御祝儀御使為全朝臣勤仕、賜物如左、
御太刀　一腰　御馬代黄金十両　一匹
綿　十把　昆布　一箱
干蕨　一箱　氷蒟蒻　一箱
御樽　二荷
賜大覺寺前大僧正如左、女房沙汰、
綿　十把　昆布　一箱
狗脊　一箱　岩茸　一箱
御樽　一荷

十三日、癸丑、陰晴、戌刻地震、
（中略）
大覺寺宮参入同上（被伺御気色）御得度、御礼并入寺、得度御祝儀
御使品々賜物等被畏申、
於御賀宴間御對面、賜御盃、女房沙汰、訖退去、更召
御前、

〔禁裏執次所日記〕
文政五年十二月五日、乙巳、雪、
一、大覺寺宮御入寺御得度也、
一、精宮御方院中御出門巳刻過、
一、精宮御入寺御得度ニ付
勅使姉小路中將殿　副使野村左馬允
眞綿拾把　折櫃五合　御樽五荷
右宮御方江被為進、但折櫃五合者御厨子所調進ニ而御厨子所付添御本坊江拝参
一、大覺寺明道親王得度、

着座公卿廣幡皇太后宮太夫中院中納言、
高倉左衛（兵）督、
脂燭殿上人高丘中務大輔六角右馬頭北小路
極﨟、
戒師脂燭殿上人慈光寺左馬権頭勘解由小路遠江
権介小森丹蔵人、
奉行職事園頭中将、
右之通議奏衆御達書面御附衆被為見、

〔禁裏執次所日記〕
文政五年十二月十二日、壬子、晴、
一明十三日大覺寺宮御里坊ゟ初而御参内ニ付
先拂六門両人御頼之旨例書差添北村作次郎
伺出御附衆江申入被聞届候ニ付同人呼寄申
渡、
十三日、癸丑、晴
一大覺寺宮御入寺御得度後今日初而御参内、参
内殿（疑）御車寄御昇降ニ付御出迎見送例之通渡
邊主計罷出、尤服紗麻上下着用、

文政七年九月二十八日
改衣ノ聴許ヲ蒙ル、乃チ参院、上皇（光格）ニ御對面、御
禮ヲ言上ス、

〔有栖川宮日記〕○高松宮家蔵
文政七年七月廿三日、甲申、晴、
一依招参上　　大覚寺宮御留守居森左衛門
出會越前守、先達ゟ内々申入置候大覚寺宮一
昨年冬御得度之節ゟ今ニ御法衣白衣御着用
ニ被為在候、此義是迄之御寺格ニ被為在候哉、
又御年限も被為在御色衣等御着用之義被仰
立候事哉、此御方ニ者御法中之義御不案内ニ
被為在候得とも右御改衣等之御様子内々被
為聞度其趣意申述、〔略〕下

九月十八日、丁未、晴、
一大覚寺宮ゟ　御使　森左衛門
今日御世話卿ゟ御家来被招候ニ付、則被差出候処、先日御願被仰上候御改衣之儀、来ル廿八日御改衣被遊候様被仰出候ニ付、御風聴被仰進、且御請之儀者直様被差出候様との儀ニ付、今日御所々并関白殿ニも御挨拶等被仰入候、右御改衣之儀ニ付先達ゟ段々御世話被進候御挨拶も被仰上、

廿八日、丁巳、晴、
一大覚寺宮　御使　石塚内匠
昆布　一折、御品入魂、
右今日御改衣ニ付為御祝儀被進之、

洞中日次案
文政七年九月廿八日、丁巳、晴、大覚寺宮参入、被伺御気色、今日改衣之事被聞中、召御前、

文政九年二月十六日
十八道加行ヲ開始ス、尋イデ五月二十三日、結願ス、

〔四度加行并加行後雑記〕○大覚寺所蔵

（白紙）

禁他見四度ヨリ汀前後雑記極秘後日見分之上投火之事」

（原本外題）

「禁他見四度并加行後雑記」

十八道加行

文政九戌年二月十六日、亢宿金曜

前日御傳授

日取　奉書三折包紙ミノ

十八道加行所作　タカ紙三折同紙包紙

閼伽作法　奉書三折包紙ミノ

遶道次第　奉書四折同断

加行中用心書付　奉書切紙

右御傳受畢為行用十八道所作、奉書四折包紙ミノ、閼伽作法、チイサキ奉書四折、包紙ミノ、遶堂次第、扇子一本渡シ賜へり、

御傳授作法

（○圖略）

先大阿御方塗香、次受者ミ々塗了、讃真法三部被申了、大阿御気色シタマウ時三礼、訖御傳授了、如前又三礼畢了、唐御礼申上退出、

二月十六日、晨朝寅刻掛湯後小食粥畢

汲閼伽水、初日故大阿御方被為成、

但シ閼捅ハ供頭重役勤之、行燈ハ近習ノ輩勤之、

加行壇場荘厳ノ麁圖道場五大堂東南ノ間

（○加行壇場荘厳ノ麁圖略）

壇半畳ハ掃除節タリトモ初行壇習迄ハ動カサス、若動カセハ法成就セス、四度共同断、其外都テ別行等同断之事、

掛物掛方今度四度共ニ如是ノ順ニ被為命、但シ恵果ト大師御影ノ外向ニ□（アキマヽ）ニアラコラニ掛ルナリト御沙汰ナリ、

當室住職ノ仁ハ孔雀恵果ノ二尊用ル由、其外ハ二尊不用御命ナリ、

右荘厳九如是道場ノ内十七ヶ條ツキ也、刑部卿盤ニ書、ミノ紙一枚申上、刻開白、掛湯後入堂、大阿御方被為成、

開白ハ通シテ初夜如行、

先備花佛供畢到半畳丁三礼、五躰投也、着座撞念誦全三打、如次第誦真言了撞念誦祈願、

次降半畳礼拝、三度、如前、大師所作礼拝百度了着座所作了念誦祈願礼拝三度出堂、

但シ朝夕ハ勤行アリ、

一、供物并備之事日中大佛供二杯ツヽ後夜粥二杯ツヽ初夜無供物

但シ後夜小豆粥本式ノヨシ略シテ洗米ヲ
用ユ、
開白ハ雖為初夜始行必備供物、日中ノ通ナリ、
普通一七ヶ日ト云ハ開白日数八日ニナル、
初一七箇日後ハ金大日ヨリ恵果和尚所作迠
花斗カエル、
佛供二杯ハ其儘是略スル也、
後夜粥二杯、日中大佛供二杯也、
大師所作之節後夜粥日中大佛供二杯、二杯備之、
一、三時々剋之事。

初夜 申刻 酉刻 戌刻 後夜 丑刻 寅刻 卯刻 日中 辰刻 巳刻 午刻
但予四度共□（ムシ）用ユ、但申上剋、寅上剋、辰
上刻ナリ、
一、三時撒湯之事、
一、裝束之事、白布裘付、同五條袈裟、同浄衣等、尤晝越
但シ本式ハ寝時モ着用ノ事ナレトモ略シ
テ浄衣斗袈裟裘付ハ枕本ニ置ナリ、
一、七个日持齋、コレハ全ク加行故ニイタスニア
ラス、得度後ハ七日持齋ナレトモアル
幼年故初行ノ節イタスヨシ、尤本儀行中持齋タルヘシ、後日可伺置

ナリ、
後夜時畢光明真言 廿一反 理趣経 一巻
讃廻向
初夜時畢光明真言 廿一反 金剛界礼懺一巻
讃廻向
一、朝夕ノ勤行
一、遠堂之事、初日大阿御方被為成、
但シ開白ヨリ遠堂始メハ満行ノ日無之由
云〻、予ハ翌十七日ヨリ始故満行ノ日アリ、
四月廿日御傳授、以上今日ニ而六十四日ニナル、
十八道念誦次第、
四度加行念誦私記、余ハ十八道斗御傳授、其御封アリ、

表白勧請發願等ハ奉書四ツ折ニ御認渡シ賜ナリ、
右御傳授作法如前、但シ大阿御方御念誦アリ、後御傳授作法、
廿一日ヨリ毎日於閑所暗誦スルナリ、
次第可書写之旨被為命、予ハ四度ノ次第先
ニ書写スルナリ、夕分十八道、
五月朔日、立卯、
但シ於加行道場勤之、師御方被為成、
二日、初夜開白、十八道一七个日、
佛具 金剛盤 鈴 五古 又水器 散杖
柄香呂ハ樒ノ枝ナリ、右加ル也、

一、供物開白日中ハ大小佛供三杯ツヽ、汁三杯、餅二杯、菓子三杯、後夜粥ニ杯、略シテ洗米ナリ、
大師所作供物等是迄通、
一、壇場之圖
瓶花樒今日改替ル也、日々水ヲサスコト
忘ルベカラス、若花枯ル時ハサシ添ル由、
予ハ四度共ニ枯レズ、
（〇壇場之圖略）
孔雀惠果二尊アリ
御ニハ表□金□散杖ノ用方口イ之事御沙汰ナリ、
五月九日、蒙御傳授、尤院家輩ニ打タルヘキ御滴印可相済仁御免許ナ三打ノ事、
不動法折紙　四折同紙モ包紙同紙、
但シ十八道次第引合蒙教、御授作法如前、
今初夜時ヨリ不動法前行、同法修行、
別ニカハル事ナシ、供物明日中ヨリ大佛供
二杯、
五月十六日、初夜開白、瓶花改替ルコトハ開白ノ彪ナリ、
不動法初行、但シ不動法ヨリ後鈴用ユル事、
大阿御方御用被為在ニ付、寶幢院侍座、
一、供物等如十八道初行、
大師所作、
同月廿三日、十八道加行遂堂ニ至迄無障満行畢、
九日数九十三日、
大阿御方御礼申上ル、
大佛供四杯小佛供二杯差上也、是先例評席先ヨリ披露ナリ、
但シ三寶ニ六杯共ノセル、
先例ニ付蒸物等アリ、母儀等迄モ送之ナリ、
別段大阿御方ヨリ成満ニ付袈裟地賜ナリ、
内々重組内献云々、
但シ四度共准之、

〔有栖川宮日記〕〇高松宮家蔵
文政九年二月七日、乙未、小雨、
一大覺寺宮ヘ　（御使）同　森左衛門
今般御加行来十六日ゟ御開闢之旨為御知被
仰進、
十一日、癸亥、晴、
一大覺寺宮ヘ　御使森左衛門
御加行御開闢前御参内御伺之処、明十二日午
被仰出候ニ付、明晝後御所々々江御参被為在
明後十三日辰剋比比御方江被成度由被仰進

候処何も御承知之事、

十六日、戊辰、晴、夜雨、

一大覚寺宮江　同（御使）嶋岡将監

御加行御開闢ニ付、御歓被仰進、御一統様ゟも、

尤今日御当日也、

四月十二日、癸亥、晴、

一大覚寺宮江　御使大舎人頭

蒸籠　壹荷

御加行中御見舞として御目録之通被進候事、

宮ゝ御方ゟ御口上斗、

五月廿三日、甲辰、晴、

一大覚寺宮ゟ　御使森左衛門

御加行御満行ニ付、為御祝儀赤飯一蓋被進之、

且又御行中者為御見舞御菓子被進忝思召候、

右御挨拶も被仰進、

文政九年八月二十二日

金剛界加行ヲ開始ス、尋イデ十一月十六日、結願ス、

編修課

〔四度加行并加行後雑記〕○大覚寺所蔵

金剛界加行

（文政九）同年秋八月廿二日開白、

兼日最前行折紙御授与、廿一日京都ヨリ日取御渡シ、廿二日還御後折紙御授与、

金剛界加行日取　奉書　四折包紙ミノ

八月廿二日　鬼宿　土曜

金剛界加行次第　奉書　三折同包紙

不動法　三時

大師所作　三時

文政九年八月廿二日

授與慈性親王
大阿闍梨亮深
先丑剋汲閼伽水、如十八道ノ節、
申上剋入堂開白、十八道不道法ナリ、
大阿御方被為成、但シ道場等如前、
一七个日供物後夜洗米二杯、日中大小佛供汁餅菓子各二杯、初夜無供物、
大師所作、後夜洗米二杯、日中大師供二杯、
十月六日、蒙御傳授、以上今六日ニテ四十五日、
金剛界念誦次第、成身會迄、

翌七日羯磨會ヨリ終迄、短日故ニ丙日ニナル、
八日ヨリ日々暗誦、
十一月八日、立卯、如前、
大阿御方被為成、
同月九日、初夜開白、
折紙御授与
金剛界初行　奉書四折包紙
供養法一七个日
大師所作三時
但礼拜、初後七反、日中廿反、

文政九年十一月九日、
大阿闍梨御名
申上剋入堂、
大阿御方被為成、
供物等如十八道初行、大小佛供汁餅菓子各二杯、
大師所作供物前ノコトシ、
同月十六日、遶堂畢満行、万事無滞相済ナリ、
大阿御方御礼申上、且ツ供物等差上ル也、余事
モ十八道加行満行ノ節ノ通、
但シ御上洛中故使評席共申付後日袈裟地

賜ナリ、

〔有栖川宮日記〕○高松宮家蔵

文政九年八月廿三日、壬申、晴陰、

一大覚寺宮江　　御使多賀帯刀

昨日ゟ御加行御開闢ニ付御歓御見舞被仰

進、

御一統様ゟも、

廿八日、丁丑、晴、

一大覚寺宮ゟ　　御使森左衛門

御行万端無御滞被為済候ニ付御祝詞被仰

進且又此間者為御歓御使被進御満足思召

候右御挨拶被仰進候事、

〔有栖川宮日記〕○高松宮家蔵

文政九年十月廿六日、甲戌、晴陰、

一大覚寺宮御本坊江　　御使右京少進

御行中御見舞御歓被仰入、羊羹三棹被進之、

十一月十六日、癸巳、陰雨、

一大覚寺宮ゟ　　（御使）同　森左衛門

御加行無御滞被為済候ニ付為御祝強飯一

蓋被進之候事、

十二月二日、乙酉、晴、

一大覚寺宮御成巳刻、御加行済後御成也、御昼御

膳御中酒等如例被進之、午半刻頃還御、

韶仁親王実録　一一

有栖川宮實錄　七〇

韶仁親王實錄　一一

有栖川宮實錄　七〇

韶仁親王實錄

王子　慈性親王　二

文政十年三月二十七日

護摩加行ヲ開始ス、尋イデ四月二十五日、結願ス、

四度加行并加行後雑記　○大覚寺所蔵

護摩加行

（文政）同十年丁亥春三月廿七日開白、

前日最前行折紙并御授与

金剛界ノ不動法次第ニ引合御示教家ナリ、

三月廿七日　張宿 日曜　（奉書）四折包紙ミノ

護摩加行次第　（多紙）三折同包紙

不動法　三時

大師所作　三時

以上

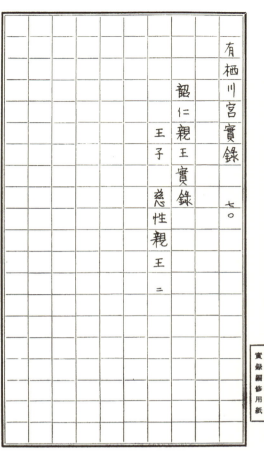

文政十年三月廿七日

授與

慈性親王

先丑半剋掛湯後汲閼伽水如前、

申上剋掛湯後入堂開白、金界不動法ナリ、

道場荘厳等如前、

一七ヶ日供物等如前、

後夜洗米二杯、

開白日中大佛供小汁餅菓子各二杯、

七ヶ日後後夜如前、日中大佛供二杯、

大師所作前ノコトシ、

四月十日蒙御傳授、

恴炎護摩次第ニテ今日ヨリ暗誦閑処

同月十八日

折紙御授与、

大師所作但礼拜、初後三反日中七反
寶号五百反

開白未半剋入堂

大阿御方被為成、

道場宸殿鶴之間大途如圖、

（○道場宸殿鶴之間
大途略図畧）

同月廿五日遶堂等迄無障時満行、

大阿御方御礼申上供物等差上ル、

事全如前、余事モ前同断、

袈裟地拜受前同断、

〔有栖川宮日記〕○高松宮家蔵

文政十年四月二十七日、壬申、晴、

一大覚寺宮江　　同　　同　　人（御使）（竹内治部）

御加行満ニ付赤飯壹蓋被進候、為御答礼宮

御方ノ昆布三拾本料銀三匁被進之、且日光

新宮御入寺御得度ニ付被進物為御答礼昆

布壹箱被進候事、

文政十年八月十四日
胎蔵界加行ヲ開始ス、尋イデ十一月八日、結願ス、

編修課

〔四度加行并加行後雑記〕○大覚寺所蔵
胎蔵界加行
同年（文政十）丁亥秋八月十四日開白、
前日日取折紙并御授與、
八月十四日（木曜壁宿）　奉書四折（包紙ゝハ）
胎蔵界加行所作　多紙三折（包紙同紙）
不動法　三時
大師所作　三時
文政十年八月十四日、
授　慈性親王

大阿闍梨御名、
一、大師所作ハ　礼拝（初夜後夜三反、開白日中七反、）
寶号五百遍、
先丑半剋、掛湯後汲閼伽水、如上、
申上剋入堂開白、（金剛界不動法本儀ハ護摩ノ（ムシ）□シニモ同ナリ、）
道場荘厳金界不動法ノコトシ、
五大堂東南間ナリ、
従開白一七ケ日間供物等如初行、
一七ケ日後（ムシ）□如前、
大師所作之節供物四度トモ同断、

十五日、丑剋掛湯後湯漬又ハ粥等食シ了、閼伽井ニイタリ汲閼伽水、夕ハチニ入堂ニテ後夜時大師所作勤修、畢朝ノ勤行、夫ヨリ五大堂御影堂拝礼了、朝飯後掛湯即剋入堂日中時大師所作畢出堂、（手水夕）ニ入チ遶堂、（今日ヨリ始行ニ付満行ノ日モアリ）帰坊後（中食了刻休息）暫未半剋後掛湯入堂初夜時大師所作了、夕座勤行後五大堂御影堂拝礼ナリ、（初夜食後寝ナリ、浄衣著スルナリ、）ソ四度共日々如是、但シ十八道前行初メ七日ハ持斎ナリ、
八月廿一日、後夜時畢、少々（ムシ）□瀉ニ付
遶堂後

立座作法用言作法蒙《抜》御傳授、
此作法御授與蒙トイヘトモ快方ニ付一
度モ不ル用ナリ、
十月三日、御傳授ヲ蒙ルナリ、以上今三日ニテ四十五日、
胎蔵界次第御ニハ吽字次第ト云々、
四日ヨリ於閑処日々諳《暗》誦ナリ、
同月晦日、立卯、
大阿御方少々御違例ニ付閑處ニテ勤修御覧
ナリ、
十一月朔日、初夜開白、

大阿御方被為成、
供物等如金界初行、大小佛供汁餅菓子各二坏、
大師所作如上、但シ礼拝三時共三礼、
同月八日遠堂畢四度加行共聊ノ無障時満行
畢、遠堂迄一日ニ不閣ニ相勤ナリ、
師主御方江厚御礼申上ナリ、
佛供献呈等如前、
余事祝儀等モ全如前、
御賞誉トシテ袈裟地又賜也、
四度加行ハ一生根源之初行之事故万事入念丁

寧ニ修行アルヘク旨被為命、但シ所作ノ百礼寳
号斗追々減少之外ハ略スルコト不可然旨御命
ナリ、下去上中下根ニモヨルベシ、備物等同断、是ハ貧富ニモヨルベシ、
文政九年二月十五日ヨリ私ニヒソカニ記之、（慈性親王自筆）
（花押）
行中後日早々可書改者也、
合圖之事、
御次ハ半鐘法螺、
御用部屋ハバン木、
表ハ拍子木、

先毎暁丑半剋御次ヨリ半鐘打ト掛湯ヲマハス、
同時目覺手水等了掛湯後湯漬餅等食シ、又粥御次ヨリ螺
吹合圖ニテ閼伽井夫ヨリタンチニ入堂後夜修
行了朝飯□《ムシ》御次ヨリ半鐘打、掛湯マハス、即刻掛
湯ニテ日中時修行了弁手水等ノ内御次ヨリ螺
吹合圖ニ遠堂、々々ヨリ帰坊後中食後暫刻休未
半刻御次ヨリ半鐘打、掛湯マハス、即刻掛湯入堂
ニテ初夜時修行畢ヲ夜食等ニ寝ナリ、
但シ十八道初メ七日ハ持齋ナリ、七日後日
々

右カクノコトシ、
四度加行中日々如□
行中ニ□（ムシ）風邪ニテ掛湯丙日闕ノミ、是
師主御方御免許ナリ、其余煎藥ハ度々
用ユナリ、

〔有栖川宮日記〕○高松宮家蔵
文政十年十一月四日、乙巳、曇、
一大覺寺宮御本坊江　御使木工頭
宮御方御加行中ニ付御歓御見舞等被仰進、
御一統様江も御同様被仰進候事、
大御門主江も時候御見舞且宮御方御加行
中段々御世話被成進候御挨拶等被仰進、
右御使被進候ニ付、尤御省略中御内々ニ而如
左被進之、
大御門主江　水餅　五丁

宮御方江　山椒餅五棹
中務卿宮御方ゟ被進候事、
於御室御両方様御前江候間御直答之事、
表ニ而御酒飯等被下之、
八日、乙酉、晴、
一大覚寺宮　御使森左衛門
御加行御満行ニ付左之通被進之、且御行中
御見舞御使御進物之御挨拶も被仰進、
宮様へ　昆布三拾本一臺
赤飯　壹蓋

御裏様へ　赤飯　壹蓋
以上
廿四日、乙丑、晴、
一大覺寺宮辰半刻御成、御昼御膳被進、午半刻還
御、但御加行被為済候ニ付被為成候也、御成ニ
付為御土産御酒壹樽被進、

文政十年十二月十一日

和歌稽古ノ爲、韶仁親王ニ入門ス、乃チ有栖川宮邸ニ到リ、親王ニ對面入門ノ式ヲ行ヒ、詠草ニ批點ヲ請フ、

〔有栖川宮日記〕○高松宮家蔵

文政十年十二月八日、乙卯、晴、

一大覺寺宮ヘ御使　林石見守

今度御哥道御門入之儀御頼被仰上、

出會僧章

則言上、直ニ御領掌之旨御答、且御題被成直ニ被進之、且右御門入ニ付来十一日昼後御成被為在候様其節御詠草御伺可被成旨、尤堅御詠草并御誓状等先大門様ヘ先達而被追之候御通りニ而御宜被為在候故別段御

案文等不被進之候旨共御答、

外ニ大門様ヘ御頼被為在候今度御実毋御年賀和歌御詠進候事、則御認手、

十一日、壬午、晴、

一大覺寺宮御成午半刻、御供帰り、今日和歌御門入、委細去八日被仰進可見合、

於御小書院御式、

四種物御銚子陽御杓成基、

御陪膳御近習、

御詠草御伺、直ニ御点被成進、於奥向御膳御酒

等被進、還御戌半刻過、

文政十一年六月十六日

月見ノ儀ヲ行フ、

編修課

〔有栖川宮日記〕○高松宮家蔵

文政十一年六月十六日、甲申、陰雨、

一大覚寺宮御本坊江、　御使河内守麻上下

今日宮御方御月見ニ付為御祝義御目録之

通被進之、

月見饅頭、五ツ土器盛　一包

昆布　五拾本

実枝宮御方ゟ

こんふ　五拾本

上総宮御方ゟ

書陵部（三号）

同　三十本

登美宮御方ゟ

同　三十本

他宮御方精宮御方ゟ

同　三十本

（○中略）

右ニ付御内々被進、

中務卿宮御方ゟ宮御方江

晒　壹疋

実枝宮御方ゟ

白縮　壹端

上総宮御方ゟ

御扇子十本入　一箱

常信院殿ゟ

御帯地　壹筋

右御直答有之、御祝酒御認メ御引金百疋被下之、

（御使）同　森　左衛門

一大覚寺宮ゟ

今日御月見ニ付為御祝御目録之通被進之、

宮御方江

赤飯　一蓋

書陵部（三号）

昆布　三十本

実枝宮御方江、

赤はん一ふた

若宮御方御初宮々御方江、

赤はん一ふた

常信院殿江

御文庫之内

赤はん一ふた老女初惣中江

天保八年九月一日

是ヨリ先、大覺寺門主亮深、病ノ故ヲ以テ隱居ヲ願出シガ、是ノ日、聽許アリ、乃チ寺務ノ讓渡ヲ受ク、

〔有栖川宮日記〕○高松宮家蔵

天保八年正月廿九日、戊未、晴、

一、大覚寺御門主へ　御使上野若狭介

従来御病症ニ被為在候ニ付、此度宮御方江御讓職、御隱居被成度旨、明日（三十日）月番傳奏衆へ右御届被差出候間、此段御噂被仰進候旨也、

〔有栖川宮日記〕○高松宮家蔵

天保八年九月朔日、丙子、晴、

一、大覺寺宮へ　御使野路井刑部卿

此度二品宣下御願被仰立候ニ付、御吹聽、且大御門主昨日御願之通御隱居被仰出候ニ付、御風聽被仰進候事、

廿四日、丁亥、曇、

一、圓照寺宮　御使関大蔵

大覺寺宮御住職ニ付、御歓被仰進候事、

〔有栖川宮系譜〕

光格天皇御養子　御母新大納言

慈性入道親王

（中略）

天保八年九月一日、御受職、二十五、

〔有栖川宮日記〕○高松宮家蔵

天保八年九月朔日、丙子、晴、

一、大覚寺宮ゟ　御使野路井刑部卿

此度二品宣下御願被仰立候ニ付御吹聴、

十月二日、甲午、晴、

一、大覚寺宮ゟ　御使野路井刑部卿

今般御願之通昨日以勅使来ル十五日辰刻

二品宣下被仰出候、仍而御吹聴被仰進、

上総宮御方・宮々御方江茂、

天保八年十月十五日

二品ニ叙セラレ、又格別ノ叡慮ヲ以テ、牛車宣旨ヲ蒙ル、乃チ二十日、御禮ノ為、禁裏仁孝・仙洞光格ニ参入ス、

〔有栖川宮日記〕○高松宮家蔵

天保八年十月十四日、丙午、晴、

一、大覚寺宮ゟ　御使野路井刑部卿

来ル十五日、牛車宣下被仰出候、仍而御吹聴被仰進候事、

〔有栖川宮日記〕○高松宮家蔵

天保八年十月十五日、丁未晴、

一、大覺寺宮御本坊江　　　御使近江守狩衣着

右者今日二品宣下并牛車宣下ニ付為御祝

義被進物如左、

宮御方〻

御太刀　　一腰

御馬代銀壱枚　　一足

昆布　　一箱

実枝宮御方〻

こんふ　　一はこ

御樽代金弐百疋　　一荷

上総宮御方〻

御太刀　　一腰

御馬代銀壱枚　　一足

〔○中略〕

已上

〔有栖川宮日記〕○高松宮家蔵

天保八年十月十八日、壬戌雨、

一、大覺寺宮〻　　　御使森舎人

来ル廿日、二品牛車宣下御礼として御参内ニ付、

五位之諸大夫壱人御語合之儀御頼被仰進

候処御領掌之事、

〔有栖川宮日記〕○高松宮家蔵

天保八年十月廿一日、乙丑雨、

一、大覺寺宮御成、申刻、直ニ御輿江御通り、還御亥刻前、

右者過ル十五日二品宣下、牛車宣下被為済

昨日御礼御参も被為済候ニ付御風聴御礼

旁々被為成候事、

依之御膾附御膳三種御核ニ而御祝酒被

進之、

還御之節御内々御反物被進候事、

一、大覺寺宮〻　　　御使野路井刑部卿

過日二品宣下牛車宣下之節為御歓御目録
之通被進候為御答礼如左被進之、
宮様江　御太刀　一腰
昆布　一箱
御馬代銀拾両　一足
実枝宮様江　こんふ　一はこ
御樽代金　弐百足
上総宮様江　御太刀　一腰
御馬代銀拾両　一足

（中略）
右従大覚寺宮様

（禁裏執次所日記）
天保八年十月十五日、己未、晴、
一、今日辰剋大覚寺慈性親王叙品宣下、消息、
上卿園中納言　奉行職事坊城弁
一、大覚寺宮江
上卿廣橋中納言　奉行職事坊城弁
勅使葉室侍従殿、副使三宅大膳
綿十把　弐種一荷
右叙品宣下ニ付被為進候事、

（禁裏執次所日記）
天保八年十月廿日、甲子、晴、
一、大覚寺宮二品宣下後初而御参内、午剋、唐御門ゟ参内殿江御昇降、御出迎大判事、参内殿前江
相廻ル、服紗麻上下着用、御退出之節同断、

〔仙洞御所詰所日記〕

天保八年十月十五日、己未、晴、

一、大覺寺宮江

院使　清水谷中將殿　副使　德岡典膳

昆布一箱、干蕨一箱、氷蒟蒻一箱、御樽一荷、

右二品宣下ニ付被為進、副使江御祝酒吸物御菓子御引金百疋被下之、

十九日、癸亥、晴、

一、明廿日大覺寺宮二品并牛車宣下濟御礼として御参院之旨傳奏衆ゟ是迄御達之廉ニ者無之候得共、御鳴之旨ニて申出御門與力江以下番心得ニ相達、

廿日、甲子、晴、

一、大覺寺宮二品宣下牛車宣下ニ付左之通御献上、

昆布一箱、氷蒟蒻一箱、干ひた〔たひ〕御樽一荷、

右二品宣下ニ付、

昆布一箱、干蕨一箱、御樽一荷、

右牛車宣下ニ付、

〔洞中日次案〕

天保八年十月二十日、甲子、晴、大覺寺宮參入、被窺御氣色、過日叙品并以格別叡慮牛車宣下等之事、且御使賜等被畏申、於御賀宴間御對面、賜一献、女房沙汰、將召御前、再謝退出、

〔柳原隆光日記〕

天保八年十月十五日、己未、晴、略〇中大覺寺入道親王叙品二品、宣下、消息、上卿園中納言基茂、奉行藏人左少辨俊克、

〔日野西資愛公武御用日記〕
天保八年十月十五日、己未、晴
一、入門二品宣下、牛車宣下等之切紙坊城弁被附之、

天保九年七月二十五日
来ル九月二十三日、勅會灌頂ノ儀ヲ行フヲ以テ、是ノ日、灌頂前行ヲ開始ス、尋イデ八月十六日、一身阿闍梨ノ宣下ヲ蒙ル、

〔有栖川宮日記〕○高松宮家蔵
天保九年五月八日、戊申、曇
一、大覚寺宮ゟ　御使野路井刑部卿
當秋九月勅會御灌頂被相〔催〕度旨御願書今日
傳奏月番日野家江被差出候ニ付、此段御知
セ被仰進候旨也、
九日、己酉、晴
一、大覚寺宮　御使野路井刑部卿
當秋九月勅會御灌頂御願之通リ被仰出候
ニ付御吹聴被仰進候事、

〔有栖川宮日記〕○高松宮家蔵
天保九年五月十六日、丙辰、晴
一、大覚寺宮　御使野路井刑部卿
當秋九月勅會御灌頂御定日同月廿三日与
被仰出候、御吹聴被仰進候事、

〔有栖川宮日記〕○高松宮家蔵

天保九年七月廿四日、癸亥、晴、

一、大覺寺宮ゟ　　御使森舍人

当九月御灌頂ニ付、明廿五日ゟ御前行御開闢、九月廿三日迄御行被為在候、依而御風聴被仰進、

〔有栖川宮日記〕○高松宮家蔵

天保九年八月十六日、乙酉、晴、

一、大覺寺宮　　御使野路井刑部卿

御灌頂ニ付今日一心（身カ）阿闍梨被蒙宣下、右御吹聴被仰進候事、

天保九年九月二十三日

大覺寺前門主亮深ヲ大阿闍梨トシテ、勅會ノ儀ヲ以テ傳法灌頂ヲ受ク、尋イデ二十七・二十八兩日、結縁灌頂ノ儀ヲ行ヒ、十月二日、御禮ノ爲禁裏仁孝並ニ仙洞光格ニ参入ス、

〔大覚寺宮慈性親王傳法御灌頂之記〕

〔内題〕
「大覺寺宮入道二品慈性親王傳法御灌頂之記

出納中原職寛記、

天保九年九月廿三日、辛酉、陰晴不定、或時雨、

一、大覺寺宮入道二品慈性親王傳法灌頂御布施為役送丑半剋予麻上下、發家嵯峨御本坊江令参向召具如左、

侍二人　北川求馬　西川秀次　　下部二人　多助　幸助

長持一棹　　笠籠一荷

奥田丹波目　召連也、

編修課

（中略。）
一、宿坊寶幢院江着後、予并御蔵所衆等之長持三
棹切戸ヨリ庭前江舁入、南東等之縁側江舁上
之、夫々取出之、笠籠者下部休所ヘ遣之、
（中略。）
一、未剋被始鐘撞之三下、是奉行職事仰従儀師鐘也、其後鐃鉢
螺聲等聞宿坊也、色衆等上堂、受者親王上堂、令
着座給後、執綱蓋役衆僧前等退還之、後予宿坊
江案内有之、（略。註）仍予以下束帯着用、申剋前御
本坊江出仕、初之休所江相通、

予束帯把笏、　召具　雑色蘇芳上下萌黄単細五烏帽子二人、
沓傘持各白丁、
御蔵　則能束帯、生春束帯、
所衆　清直束帯、政敬束帯、
御蔵所衆召具各雑色白丁朱笠等具之、
職敬狩衣、　麻上下供　下部
初ノ休所ニ而食事、（略。註）被出之、林石見守宮諸
大夫也、面會、被物被渡之、白木辛櫃ニ一重納之、舁人白丁
二人、廊下階下迄宮御方之人豫被相廻有之也、
（略。註）

一、黄昏之比案内有之ニ付、被物辛櫃白丁二人令
舁之、予以下前行、御寝殿南東ヲ経、幔内ニ入、西
側幢之外ヲ経、灌頂堂南階西方ニ相進、被物辛
櫃砌下江令舁居之、（略。註）此比誦経導師持寶院
権僧正浄聖石山寺、着礼盤所作之比也、誦経鐘
惣在廳最紹長尾、進出正面仰之、三下之後導師
續誦經文、堂達真性院少僧都覺寶東寺、進退相濟
復座之後、新藏人小槻輔世衣下襲、自南簀子西方
正面階上江被進出、于時御藏則能下襲、開辛櫃
（略。註）唐織一重取出之、正面階下ニ而予御藏相

互ニ跪、被物取直而被渡之、予裾、兼下取之、脱沓舁
階、副西欄不歴階、為先左足、階上一階ハ跪舁、如例被物取直
杜方向新藏人上方當同人左方、且渡テ新藏人平直ニ下階、為先右足、
着沓、經本路退入、辛櫃令舁之、初之廊下江令舁上也、其後一統退
入之趣也、
廿四日、壬戌、晴、臨夕陰昏黒雨下、
一、巳剋御本坊江予以下五人各束帯、付添職敬狩
衣、等昨日之通召具ニ而出仕、御玄関舁之、昨日
之休所屏風仕切江相通、茶烟草盆等被出之也、
一、午剋過後夜之儀相濟、

（〇中略、）

一未剋還列被催之、予以下於庭上御列令拜見新
阿闍梨堂上執綱執蓋、以下還列幔門駕腰輿到于歎德
所給昇南階著御南面御座、此間色衆群立幔門東方幔中、次色
衆列立于前庭薦上二行、惣在廳最紹引頭佇立
幔邊色衆發讚、了嘆德師前法務僧正淳心醍醐山報
恩院、離列進出、敷淨砂引設其所、兩三步飛砂走進演嘆德
詞、畢三拜衆僧應之、次新阿闍梨御返答之後衆
僧一拜、先是嘆德師西庭、ニ被物唐櫃舁居之、如昨
日、白丁貳人自宮御方被出之、予所衆等在其傍、衆僧一拜之後

園黄門下南階直沓、前駈新藏人褫、不下自庭上西方被
進出、于時所衆清直下褫、唐織一重取之、下立授
予、ゝゝ下褫、取之庭中江進出、下立傳新藏人、ゝゝ
ゝ取之少進授園黄門、所衆予新藏人各取直渡之也、園黄門取
之四五步進出被歎德師了昇本階嘆德師下被
布施一拜了兩三步退賜從僧、了復列、次南正面
簾下之次衆僧自上臈各經列前退入、次正面簾
上之新阿闍梨下南階駕輿還御昇於寢殿南階
此間猶堂上執綱蓋也、令入奥殿給、于時申剋也、

（〇歎德所嘆德師布施役送之圖等略、）

大覺寺宮灌頂

着座公卿（朱書、以下同ジ）「衣冠單」

「中院」正二位權大納言源　朝臣通知　六十八

「園」正二位權中納言藤原朝臣基茂　四十六

「持明院」參議從二位兼右兵衛督藤原朝臣基延　四十七

布施取殿上人「束帶」

「樋口」正四位下右馬權頭藤原朝臣保康　三十五

「慈光寺」正五位下左京大夫源　朝臣家仲　二十五

「竹内」正五位下治部大輔源　朝臣惟和　十七

「高野」從五位上左衛門佐藤原朝臣保美　二十二

堂童子

保康朝臣　保美

執綱

家仲　惟和

執蓋「束帶」

「小森」正六位上典藥助兼左近衛將監丹波朝臣頼永、二十

布施取手長「束帶」

「壬生」正六位上兵庫權助小槻宿禰輔世、二十八、

衆僧前「束帶帶劔、文倉帶劔之事自大覺寺宮御願有之由無傳承也、」

「粟津」從五位上美濃守藤原朝臣清毅、二十二、

「中ツ」従五位下壹岐守藤原朝臣長平、十五、
出納「束帯」
「平田」従四位下内藏權頭兼豐後守中原朝臣職寅、五十二、
御藏「束帯」
「真継」従五位上能登守齋部宿彌則能、二十九、
「山科」従五位下筑前守紀朝臣生春、二十一、
所衆「束帯」
「藪」従五位上兵部少丞平朝臣清直、四十二、
「村井」従五位下参河守藤原朝臣政敬、十八、
一會奉行「束帯」

「甘露寺」正五位上右中辨兼皇太后宮大進右衛門權佐藤原朝臣愛長、三十二、
大阿闍梨
瑜伽乘院前大僧正亮深、五十四、大覺寺前門主近衛故經凞公男、
持金剛衆
十四口
讃衆
六口
威儀師
「長尾」法印最紹、三十九、
従儀師

「芝築地」法眼文煥、三十、

〔慈性法親王傳法灌頂一會〕
（内題）
「天保九戊戌年九月廿三日
大覺寺宮
二品慈性親王灌頂参向圖賴書附等
花押」
勅會傳法灌頂次第
三昧耶戒儀、庭儀、
當日早旦大阿闍梨有調支具之儀打衆僧裝束鐘、
巳一點、
従儀師立標於僧座、
剋限已剋、打衆僧集會鐘、

公卿以下参集于灌頂堂便宜処、
衆僧参集于集會所、
奉行職事仰従儀師打鐘、三下、
引従僧列、従儀師引頭、
従僧到灌頂堂置香爐筥於僧正并散花師座、
衆僧起集會座、
威儀師整列、
先衆僧前立莚道外、次螺吹威儀師従儀師、次衆
僧、次持幡童、此間於寝殿有受者加持儀畢訖大
阿闍梨駕輿到幔門給、執綱執蓋五位雲客六位職人、受者親王

相従給、自是以前執綱蓋之雲客等俳佪于寝殿前庭、
大阿闍梨於莚道南端下輿立莚道上給、執綱蓋同上、十
弟子相従、
受者親王令立莚道上給、
威儀僧相従、
讃頭発音、
衆僧上堂群立簀子、
大阿闍梨上堂入壁代内給、
受者親王上堂令着座給、
執綱蓋役人衆僧前経本路退還、

公卿着座、経西南簀子着堂前座、
持金剛衆行道、三匝、
衆僧着座、
惣礼三度、
教授参入壁代内、更出引入受者親王、
大阿闍梨振鈴、
堂童子着座、経西南簀子着堂前座、
打磬、二度、
教授出壁代復座、
唄師発音、

堂童子賦花筥、先散花師、次諸僧、自上臈、但除唄師、
聞唄師発音起座、各就散花机下取之、次第賦之、
賦畢復座、
散花師進立壁代邊発音、進退有序、
諸僧起座取次第、
申對揚、
對揚畢散花師復座、
堂童子収花筥退去、
散花師復座之後起座次第収之、先散花師、在壁代邊、
次諸僧、自上臈、収畢経本路退去、

大阿闍梨説戒、
打磬二度、
教授入壁代内、
受者親王令復座給、
教授復座、
大阿闍梨出壁代着平座給、十弟子移置法具於平座、
上壁代、
誦經導師起座着礼盤、堂達授諷誦文於導師、打鐘三下、威儀師仰之、
導師讀誦經文、

堂達参進礼盤下返取諷誦文呪願立正面披誦之復座、
賜被物、
公卿一人起座到正面間取之、六位藏人經西南簀子到正面階上取之、傳之、置礼盤左邊、
導師降礼盤復座、
先是從僧撤被物、
公卿起座、經本路退下、下﨟前、
衆僧自腋退出、下﨟前、
受者親王令起座給、

大阿闍梨起座給、
以上三昧耶戒儀畢、
後朝并嘆徳儀
刻限上灌頂堂格子、
先是衆僧前執綱蓋等参集庭上、
職衆降南階立列、
新阿闍梨出内陳令降立庭上筵道給、執綱蓋五位雲客六位藏人、
讃頭發音、
新阿闍梨於筵道南端駕輿給、執綱蓋同上、
到嘆徳所南階下降輿昇同階令着座給、

先是公卿一人参儲嘆徳所便宜処、
持幡童二人立階下左右、
衆僧列立前庭、威儀師引頭、
讃頭發音、
嘆徳師進砌下演嘆徳詞、衆僧三拜、
新阿闍梨御返答、衆僧一拜、
公卿降南階於砌下取被物、藏人傳之、
授嘆徳師了昇同階退去、
衆僧退去、
新阿闍梨降南階駕輿、執綱蓋同上、還御于寢殿、

次大阿闍梨以下看布施座

大阿闍梨　五重

僧　正　各二重

以上公卿取之、六位蔵人傳之、

法印以下　各一重

雲客取之、出納傳之、

教授護摩師別加一重、

（禁裏執次所日記）

天保九年九月廿三日、

一今日大覺寺宮灌頂、

着座公卿

中院大納言、園中納言、持明院右兵衛督、

布施取殿上人

樋口右馬権頭、慈光寺左京大夫、竹内治部大輔、高野左衛門佐、

堂童子

樋口右馬権頭、高野左衛門佐

（略）

奉行職事

甘露寺辨

（禁裏執次所日記）

天保九年十月二日、庚午、晴

一大覺寺宮灌頂後始御参内、午剋参内、殿上ゟ御昇降、御出迎出雲守相廻ル、

〔洞中日次案〕
天保九年十月二日、庚午、晴、（○中略）大覺寺宮參入、被伺御氣色、過日灌頂被遂無異、御使賜物前行中恩賜、将瑜伽定院門跡被免紫鈍色等被畏申、於御賀宴間御對面、有御加持、賜一獻、女房沙汰、訖退下、再召御前、謝申退出、

〔有栖川宮日記〕○高松宮家蔵
天保九年九月廿三日、辛酉、陰雨少し
一、今日大覺寺宮御灌頂ニ付、衆僧前大夫
参勤　粟津美濃守清毅、
中川壱岐守長平、
右寅刻出立、卯刻参集、支度済、巳刻参堂、束帯、
帯釼、召具、雑色一人ツヽ、白丁傘持、壱人ツヽ、
衣紋者三上大和守相頼、狩衣、供壱人相廻ス、
小長持壱棹持人弐人、
右後朝之義も参勤ニ付、持人明夕迄参候様
与之義ニ而差返し、廿四日七ツ時過ニ参ル、
一、大覺寺宮江
今日御灌頂御歓被仰進、御招請ニ付可被成　御使木工頭狩衣
之処、御断被仰入、為御祝義被進物、
宮御方ゟ
御太刀一腰　御馬壱匹、代銀壱枚、
昆布　一箱　氷蒟蒻一箱
実枝宮御方ゟ
御樽代金弐百足
こんふ一はこ、　氷こんにやく一はこ
上総宮御方ゟ
御たる代金弐百足、
御太刀一腰　御馬一匹、代銀壱枚、

精宮御方ゟ
こんふ一はこ

〔有栖川宮日記〕○高松宮家蔵

天保九年九月廿八日、丙寅曇、

一、大覺寺宮御本坊江　　御使木工頭

　昨日今日結縁灌頂被催候ニ付御歓被仰進、

　御方ゝ様よりも

　　右ニ付御見舞被進もの如左、

　　　宮御方江蒸籠　　三組

天保九年十月二十五日

護持僧ト為ル、

〔平田職寅日記〕

天保九年十月廿五日、癸巳、陰臨夕雨下、

一、極﨟使剪紙三通持参也、如左、

　来三十日護持御用小舎人衛士辰半剋可

　有参集随心院門跡里坊任例可被沙汰候也、

　　十月廿五日、

　右者来月護持法務前大僧正勤修候為心得

　申越候也、

　　　　　大覺寺宮

　　　　　妙法院宮

　以上為護持僧、

右被仰下候、仍為心得如此候也、

〔有栖川宮日記〕○高松宮家蔵

天保九年十月廿六日、甲午、雨、

一、大覺寺宮ゟ　御使野路井刑部卿

今般護持僧被為蒙仰候、依御吹聽被仰進候

事、

〔大覺寺相承〕○大覺寺所藏

第十九世

○慈性親王

（中略）

（天保九年）

同十月廿五日、護持僧被仰出、

天保十一年十一月十九日

上皇光格御病篤キヲ以テ、仙洞ニ參入シ、御前ニ參

進シテ御機嫌ヲ候ス、既ニシテ崩御アラセラレ、

十二月二十日、御葬送ノ儀アリ、乃チ舊院ニ參入

シテ御棺前ニ燒香ス、

〔洞中日次案〕

天保十一年十一月十九日、乙巳、晴、（中略）頃日御不

豫、典藥少允有裕朝臣献御藥、然而有御増氣及今

夕頗令重御、

関白入道准三宮仁和寺宮座主宮知恩院宮大覺

寺宮勧修寺宮妙法院宮長吏宮圓滿院宮曼殊院

宮内大臣左大將等被馳參被窺御容體、各召御前、左大

臣右大臣兵部卿宮中務卿宮上野宮上總宮彈正

尹宮前内大臣久我前内大臣一條大納言二條大

納言中納言中將等同上、

御悩逐時厚醫術無効驗、終令及御危篤給、酉剋前御、

（柳原隆光日記）

天保十一年十二月二十日、丙子、晴陰不定、未半剋著衣冠奴袴参舊院、於門前巻纓、今夜酉剋可有御葬送、依可候留主也、八條三位以下各参集、予觸議奏、此事兼示院自議奏院傳へ相傳云々、院傳奏、爲脩、實久、予面會、御出車相濟之後、早々中段菊燈臺二基令撤之、以上北面下供奉取次、可渡泉涌寺侍者、又御香爐三ッ可方付山云々、（中略）此間人々群参、院中騒動如鼎之沸、予以下相替候御車寄、以前案御棺於車中、殿下以下法親王仁門・座主宮・知門・大覺寺宮・勧修寺宮等有燒

香云々、予不見之、黄黒供奉輩下殿列立南庭、北上西面、公卿一列、殿上人列其西、（下略）

天保十三年八月二十八日

天皇孝仁ノ格別ノ御内慮ヲ以テ、東大寺別當ニ補セラル、

〔嵯峨廳日記〕○大覚寺所蔵

天保十三年八月十九日、曇、

東大寺別當職御内意被仰出候義ニ付、野路井法印上京、於非蔵人口御世話卿廣橋殿へ御出會、

東大寺別當職之事、御例不被為在候得共、今度格別之御内慮兼而被仰合御持病之節候得共、即然御差支ノ御法要も不被為在候得者、御請可被仰上御心中ニ候、乍併一向是迄御例格も無之、即今御取調も難出来候ニ付、御自由被為恐入候得共、暫日御請之儀御猶豫御願被成度思召ニ候間、先此段御談被仰入候旨演述之処、中納言殿被申上候ハ、今度御内慮之義ハ格別之御事ニ候得者、早々御請被仰上候方可然、御調向之処ハ表向宣下迄ニ精々御調可被為在候様ニト被存候旨ニて被申上、

廿六日、雨、

盛彰出京、右者東大寺別當職欤状被附候様、昨廿五日世話卿ゟ御達之趣御承知被為在候旨被仰上、右之儀欤状案ヲ以御内々御同卿へ御内談被仰入、其前大御所様御在京中ニ付、御所様ゟ御談被仰進候後、御世話卿へ御内談、盛彰罷出ル、委細別ニ記載有之、

廿七日、

在京盛彰迄東大寺別當職欤状差出、川辺丹下持向、

廿八日、雨、

禁中御執次小佐治石見守ゟ坊官宛来状如左、

御用之儀候間只今非蔵人口へ御参候様坊城辨殿被命候、仍申入候、以上、

八月廿八日、

大覺寺宮様

坊官御中　　　小佐治石見守

戌刻頃盛彰非蔵人口へ罷出、坊城辨殿面會被申上候ハ、

今度東大寺別當職仰賜候、此段御達申上候、

但官牒ハ御神事後之事ニ相成候、

右之趣被申聞候ニ付早々申上候

九月十五日、

明十六日東大寺別當官牒持參、右ニ付一統ヘ
達方如左、
壬生官務
副使三宅刑部少丞
使部大崎遠江掾
右參上ニ付官務新建間、副使牡丹之間、使
部御内玄關、
一右ニ付取次方両人熨斗目長上下、其餘
一統服紗麻上下着用之事、
但シ天保九年九月十三日一身阿闍

梨官牒持參之節之振合之事、
十六日、降雨、
東大寺別當官牒使壬生官務、副使三宅刑部少
丞、使部大崎遠江掾等已剋過參着、

〔有栖川宮日記〕○高松宮家蔵
天保十三年八月廿九日、乙巳、晴、
一大覺寺宮ヘ　御使　森　舍人
東大寺別當被為蒙宣下候ニ付御吹聽被仰進
且御封中壹上絲宮ヱ被進候事、

天保十五年二月十六日
韶仁親王ノ勸進ニ依リ、織仁親王ノ二十五回忌
追悼ノ和歌ヲ詠進ス、

〔嵯峨廳日記〕○大覺寺所蔵

天保十五年二月二日、雨午後烈風、
○有栖川宮様ゟ御使藤木木工頭、
右ハ文聚院宮様二十五回御忌来ル二十日
就御相當和歌御勧進被催候依之御詠出ノ
儀御頼被仰進、於御領掌ハ来十六日中被取
重度候事、大御所様へも御同様、
十六日、曇、
○文聚院宮様廿五回御忌ニ付両御所様ゟ御勧
進和歌御詠出被為進、御使舎人相勤候、

弘化二年二月二十六日
父韶仁親王、俄ニ中風症ヲ發ス、仍リテ存問ノ為、
有栖川宮邸ニ参入ス、既ニシテ親王薨去、二十八
日内々枕直アリ、三十日入棺ヲ行フ、乃チ之レニ
臨ム、尋イデ三月十日、葬送ニ當リ、宮邸ノ出棺ノ
儀並ニ大徳寺龍光院ノ葬儀ニ参列ス、

〔有栖川宮日記〕○高松宮家蔵

弘化二年二月廿六日、丁巳、晴、
一、宮御方御出門午刻、一事御傳授御請御礼とし
て御参内、（○伏奉略）還御未刻過、
一、宮御方今日御退出後於御座間御卒倒、卒中風
之御様子也、早速醫師被召呼候事、
一、仁和寺宮　御本坊
大覺寺宮　同　　御使　松浦内膳
宮御方御急症之旨被仰進、即刻被為成候様
被仰入候所御承知之旨也、
一、知恩院宮へ　　御使　坂部大蔵
同上被仰進候所御留守中ニ付御成先江可
申上旨坊官申候事、
一、同御三方入夜各御成之事、
一、子刻比医師ゟ御様躰書内々差上、如左、
中務卿宮様御様躰早春已来餘寒ニ被為中
御疝氣御發動、時々御腹痛御腹浮等被為在
候得共各別之御事も不被為在候ニ付、當帰
温中湯調進仕候、其後御微熱御胸痛被遊候
ニ付紫胡枳桔湯調進仕候、夜分御熟睡難被

遊候、御膳等御平日ゟ者被為減候得共、御氣
先等被為変候御事も不被為在候、御藥加味
温膽湯調進仕候、十七日并今廿六日御参内
被遊候處、御退出後卒然与御顛倒被遊、御膝
頭御損傷甚敷、御痰延壅盛被遊、御昏〔睡〕睡被遊
卒中風之御症被為發候与奉診候ニ付、三生
飲加竹瀝調進、烏犀円御兼用ニて少ゝ者御
聞之御様子も被為在候得共、御手足御微冷
被遊御虚候奉恐入候、以上、
二月廿六日

福井典薬少允　高階美濃守
山本安房守　中山佐渡介
高階清介　鎌田庸吉
秋吉雲助　同　大年

〔有栖川宮日記〕○高松宮家蔵
弘化二年二月廿八日、己未、晴、
一、一品宮御違例之所御養生不被為叶今日酉剋
薨去之事、
一、今日申剋内ゝ御枕直し之事、
御終焉之間より水鳥之一ノ間江御移之事、
尋常御疊壹枚中央南北之行ニ鋪之、御尊體北
枕ニ奉安置候事、
上総宮御方　大覺寺宮御方　實枝宮御方
歡宮御方　線宮御方

御焼香被為在候事、
〔三十日〕
晦日、辛酉、雨、
一、御入棺戌剋、
此儀御厚疊表引へきニ致し敷之、其上白羽
二重御蒲團弐帖、尤最初御棺中白晒袷大風
呂鋪凡壹丈四方斗敷設置、右ニて御惣たい
を包ム、但し其前御入棺ニ而御上ニ御小直
衣着御之如く延之置、御烏帽子御首かみの
邊ニ置之、次ニ御指袴、次ニ御末廣納之、次御
木太刀御杖等納、又御枕御夜着御小袖壹具

等并ニ御座所邊ニ有之候御調度向其外御
書付類書写御経類等夫々被納之、
御剋限依御便利巳剋頃被催、
上総宮御方　大覚寺宮御方
圖書頭　玄蕃頭　治部権少輔
（以下五名略）
右
御尊骸奉舁之御棺ニ納之、
次ニ
寳枝宮御方　讃岐　因幡　長濱
御進ミ　御附随参ル、
右前段御納メ物被納之、老女向随而夫々御
納物納之候事、
仁和寺宮　知恩院宮
右者御入棺之節御傍ニ被為立御誦経等被
為在候事、
相済御剋限迄假覆被成置候事、
御剋限戌剋、　御拝禮之式被催、
先　上総宮御方　寳枝宮御方
仁和寺宮御方　知恩院宮御方
大覚寺宮御方　歓宮御方
線宮御方
圓照寺宮御方御代拝　大眞
中宮寺宮御方御代拝　同人勤之、
（中略）
右相済御棺蓋覆之、
（中略）
次ニ上総宮御方御始御焼香被遊候事、
但し御方々如前記、
三月十日、辛未、曇、
一、今夜戌刻御葬送御出棺酉刻、依之早朝ゟ諸事
被催之、
一、御出棺之儀、但仮之御次第也、
先朝ゟ徒便宜御暇乞御拝礼御焼香之儀被
催、
先上総宮御方
実枝宮御方
大覚寺宮御方
次諸大夫侍御用人近習中奥末勤迄不残、
（中略）

次老女若年寄惣女中、
一、巳下剋御棺新廊下江奉出、近習中奥役之、依便利職方之者麻上下着従之、
宮々御方并諸大夫侍等守護之、
新廊下簾中ニ御棺奉置、東西之行、
御前ニ御香爐置、諸大夫壹人、近習両人ツヽ守護、
未下剋新廊下前西ノ方蕢屋根仮屋設置、
御車代御轅居置右御轅ニ奉移、右者大工力者手傳之者懸り奉移、
御棺御上ノ方御轅之後御足ノ方御轅之前

御轅前ニ御香炉置御香焼之、守護車副之近習烏帽子白上下着用両人ツヽ相詰、
其前此儀仮屋中央ニ榻四脚直シ置御轅居置、右江力者手傳之者作廻奉移之候事、
御轅後方新廊下上ニ御机御香炉設置御出棺前御焼香之設トス、
（朱書）申剋許剋限前依御時宜宮々御方御焼香被為遊候事、
一、御出棺之儀
一番拍子木申剋、　供奉相揃、
二番拍子木申半剋　供奉并御名代御見送使各如場所江列立、

三番拍子木酉剋、
此時終焉之御枕火紙燭ニ移シ圖書頭新廊下ゟ持出而炬火之松明ニ移シ、亦其火ヲ御先火廿隊ニ移ス、
此時輿丁六十人、力者廿、
直ニ御出棺（朱書）御出棺之節御本列通行之節御門竹にて仮門設之、持人両人、尤今出川門同様、
于時宮御方大覚寺宮御方御ワラ沓被召、御杖新廊下仮橋ゟ御降、
御供之諸大夫坊官松明持供奉、
近習両人ツヽ奉従、　此御方近習壹人、

御太刀持
御門迄御見送、但堺重門也、
廣御殿階ゟ御昇直ニ御玄関ニ而御乗輿、
大覺寺宮御方御同様、壹岐守大和守御手燭ニ候、
先是御供之輩相揃御玄関前ニ候、
御道筋
今出川御門　石橋町　烏丸　柳圖子
室町　風呂屋圖子　安楽小路　妙覺寺
圖子　天神圖子　野道
大徳寺勅使門ゟ被為入、御休所養徳院被

為成、于時宮崎縫殿御待請、
一、実枝宮御方新廊下於簾中御見送、
歓宮御方線宮御方御同様、
御出棺之後
実枝宮御方於御小書院椽御乗輿
同所西之切戸外ニ御供相揃候、
切戸内ニ中山佐渡介伺公、
御道筋同上大徳寺龍光院江被為成、
一、御轅大徳寺江被為入候節前以注進有之、
宮御方大覺寺宮御方於養徳院門前御待請、御
歩行ニ而御供被遊、
（○御列書略）
右両宮御方龍光院唐門迄御供被遊、夫ゟ龍光
院南圖子墓地江被為入客殿西之階ゟ被為上
小書院江御通り暫御休足、其後客殿西北之間
ニ南面ニ御着座、御供諸大夫両人近習両人ツヽ御後ニ候、
一、御出棺酉刻御道筋、
表御門ヲ北江今出川御門ゟ今出川通室町
ヲ北江上立賣ヲ西江報恩寺町寺之内ヲ西
江大宮通ヲ北江大徳寺江被為入、

（○御列次第略）
御列寺之内大宮東江入於妙蓮寺門前御轅榻
ニ奉休、暫時ニ而御列ヲ進メ、御道筋通大徳寺
四脚門江被為入亥刻前、夫ゟ養徳院於門前御
待請、
宮御方大覺寺宮御方御歩行ニ而御供被遊、右
御列立前記ニ有之、
龍光院役者四脚門迄御出迎、則御案内、六門之
後ニ随甲門内ニ僧侶拾弐三口出迎導經ヲ誦
ス、
（○中略）
客殿中央廣椽之上ニ御轅安置、
足場敷板設置、
（○図略）
其後
引導法語
同諷經　楞嚴神咒
御闍維出頭僧衆
（○僧衆等略）
右御葬式御法事中

宮御方大覚寺宮御方客殿西北之間南面ニ御
着座、
実枝宮御方簾中ニ被為成、
客殿西椽座敷東面ニ御名代并炬火之諸大夫
焼香者等着座、
実枝宮御方御名代　伊勢守
輪王寺宮御名代　正教坊前大僧正
専修寺御門主御名代　芳川右兵衛権大尉
図書頭　木工頭
玄蕃頭　治部権少輔

左京権亮　對馬守
雅楽少允　右衛門大尉
但シ持火舎者車副近習等者ワラ沓之候沓
脱段ニ蹲居、
右御葬式卒御焼香之次第、
和尚座元御焼香相済役者進出着座之諸
大夫江依氣色御前江進御焼香之儀申上、
宮御方大覚寺宮御方御焼香御拝礼、
次実枝宮御方御名代輪王寺宮御名代、専修寺
御門主御名代、

次図書頭初右衛門大尉迄御焼香拝礼、
但シ実枝宮御方簾中ニ而御焼香被遊、女房
向も簾中ニ而御焼香之儀在之、
次宮御方大覚寺宮御方供奉諸大夫弐人ツヽ各松明近習弐人ツヽ
客殿西之階ゟ下御、御ワラ沓御杖、
（○中略）
天鵞絨門内ニ而御轅之屋形ヲ徹シコロニテ
門内江奉入、其後御廟所迄奉舁、
宮御方大覚寺宮御方御廟所北ノ方ニ御着座、
御仮家出来、尤御床机設之御供諸大夫近習御側ニ候ス、御

前ニ而松明ヲ焼ク、御廟所ニ大篝焼之、二ケ所
次御棺ヲ力者万力二挺ニカケ静ニ奉下御椁
者先ニ御石椁之中ニ入レ置則御棺ヲ御椁中
ニ奉納四方共炭ヲ以詰之、御椁之蓋大工源七
締之、御石椁之蓋四枚万力ニ而下之、則手傳方
石工等下ニ而右御石椁之蓋ヲシメ石合七メ
油石灰ヲ入リ土ニ而詰之、右蓋之上ニ銅板弐
枚ニ而挟ミ、油石灰ヲ以詰、針金ニ而カラム、
右出来之上及言上、
宮御方御廟正面ニ被為成、钁ヲ以土ヲ三通被

遊御掩、右相済　丑半剋過、於小書院御休息、

（中略。）

御廟所諷經大悲神咒

着座　木工頭

一、寅剋頃於客殿

安牌諷經　光明真言　隨求陀羅尼　大悲神咒

着座　木工頭

御代香勤之、

一、御廟所御葬相済

宮御方大覺寺宮御方実枝宮御方御燒香、御水

向被為在、夫々圖書頭初一統参合居候者并女

中向等拜礼献香之事、

宮御方大覺寺宮御方実枝宮御方於小書院巳

剋頃御夜食差上ル、一汁五菜、

仁和寺宮　巳半剋、

知恩院宮　巳剋、　御成

大覺寺宮　卯半剋、

右御葬送ニ付御成、御晝御膳一汁五菜御夜

食一汁三菜被進之、

但し仁門様知門様清大仕立ニ而被差上

候事、

御夜食御献立如左、

（献立略。）

一、仁和寺宮、知恩院宮御出棺之節於新廊下御見

送、其後北御物見　江　被為成、御葬送御列御覧、万

端被為済御休息之上還御、

弘化三年四月二十五日

客年九月、弟ナル輪王寺宮公紹親王薨去ス、然レドモ喪ヲ秘シ、病氣ノ態ヲ以テ、慈性親王ヲ先代舜仁親王（織仁親王王子、自在心院ト號ス、）ノ附弟ト為シ、同寺ヲ相續セシムベキ旨奏請ス、乃チ是ノ日、傳奏ヨリ附弟竝ニ輪王寺ニ轉住スベキ旨仰出サル、尋イデ五月二日、輪王寺入寺前ハ輪王寺附弟宮ト稱シ、入寺後ハ輪王寺新宮ト稱スベキ旨、重ネテ仰出サル、

〔有栖川宮日記〕○高松宮家蔵
弘化二年十月七日、乙未、晴、
一、在府藤木近江守ゟ去ル朔日出之書状今七日
巳ノ刻頃到着、
九月晦日（三十日）上野御殿（輪王寺宮御殿）江近江守参上之処、当門様（輪王寺宮公紹親王）
御違例以之外之御容躰之由敬承、右ニ付御容
躰書急便を以為差登候旨、御内実ハ晦日御太
切ニ被為及候由、委曲申来ル、
（○容躰書略）

〔有栖川宮日記〕○高松宮家蔵
弘化二年十一月十三日、庚午、陰晴、
一輪王寺宮　　御使　万里小路式部卿
（○中略）
輪王寺宮（公紹親王）先頃ヨリ御違例之処、追々御勝レ不
被為成候ニ付、今度大覚寺宮御附弟に御頼被
成度、近日御所向被仰立候間、御里御殿之義ニ
茂被為在候間、緒〔諸〕向万端宜御取扱被進候様、御
頼被仰進候、尤自在心院宮（舜仁親王）御附弟之御次才ニ
御願被為成度思召候、此段宜御頼被仰進候事、

〔有栖川宮日記〕○高松宮家蔵
弘化二年十一月廿九日、丙戌、陰晴、
一輪王寺宮坊官ゟ来状、
以手紙得御意候、寒冷之節弥御安全被成御
凌珍重奉存候、然者御附弟宮様御伺書別紙
之通、一昨日徳大寺大納言殿江差出申候、猶
又御精力之儀偏ニ奉頼候、且昨日御廻し可
申上処取込居延引仕候、此段可得御意如斯
御座候、以上、
十一月廿九日

万里小路式部卿
粟津甲斐守様
別紙式通如左、
輪王寺宮昨年以来御所労之処、当時之御様
躰ニ而者御勤向甚御不安心思召候ニ付、御
附弟宮被仰請度思召候処、御年令等御相応
御童形之宮方不被為在候ニ付、大覚寺宮御
附弟ニ被仰請度思召候、乍然兄宮之御事故
自在心院宮御附弟ニ被仰請当門御継跡ニ
被成度思召候得共、御所御養子之宮ニ被為

在候間無左与御里坊江御内談も被仰入兼
候ニ付、御内々御所表御時宜被成御伺候、何
分ニ茂速に被為整候様御執成之程偏ニ御
頼思召候、

輪王寺宮御使
万里小路式部卿

大覚寺宮御義御病身之由御承知被成候得
共、輪王寺御門室御職務甚御繁多与者乍申
無御據御差支之節者臨期御名代、又者御乍
替にて茂被為濟候、且右宮御在職之御事ニ

者御座候得共、偷伽定院御方茂被為在候得
者何分右宮御附弟被仰出候様被成度、尤於
武辺茂御改宗之義御配慮之趣ニ御座候得
共、右宮御附弟被為成候得者御都合宜趣被
成御承知候、且又御改宗之義者言家に不拘
御他門ニ御座候得者御同様之義ニ思召候、
往古寛平、昌泰之年間左大臣魚名公之後胤
幽仙律師一端言家御門室御相続ニ而其後
御改宗、山門座主同様別当ニ被任候先蹤も
御座候哉ニ御傳承被成候、尤言家之蒸門者

根元台宗之蒸散一致ニ有之、早速ニ茂御勤
向被為出来候旨、山門大衆始関東諸国之御
門流一統致懇願候義に御座候、極々之処叡
慮ヲ以被仰出候儀於言家茂異論可申出様
無之儀与思召候間、何分ニ茂大覚寺宮御附
弟被仰出候様御執成之義偏御頼思召候、

十一月　輪王寺宮御内
万里小路式部卿

右返書ニ何ニ茂承知、猶早速可及言上旨申遣
候事、

〔有栖川宮日記〕○高松宮家蔵

弘化三年正月八日、甲子、陰晴、
（大覚寺宮里坊）

一、御同所より　御使野路井近江守
輪王寺宮御附弟之義段々公武より茂御頼ニ
付明日御世話卿廣橋大納言殿参向被致、何
分ニも御請被為在候様被申上候趣、右ニ付
先明日御自分之御請被仰上候思召ニ付此
段不取敢御内々被仰進候、且御違例御容躰
兎角御六ヶ敷被為在候得共、深く御案事不
被為遊候様呉々茂被仰進、尤妙勝定院宮様

へも御同様被仰進、

三月廿九日、甲申、晴

一、参上　出会太宰少監　万里小路式部卿

此度御附弟御願之儀弥御内〻之処大覚寺宮御治定ニ相成、一昨廿七日被仰出、昨廿八日御請ニ相成候、尤来月四日表向御願書被差出候筈、且明三十日ニ者大覚寺宮江輪門〻之御使相勤候旨、

右之趣御心得迄申上候旨也、

四月四日、戊子、快晴

一、大覚寺宮諸大夫野路井近江守ゟ来状、

以手紙━━━━、然者過日参上仕候砌相伺候御書取之写御手許迄差出候間宜御沙汰可被下候、右御頼得御意度〻━━━━、以上、

四月四日

右者過日戊文ゟ示談申入置候ニ付下官迄相廻し候旨ニ而別紙一冊子差越し候事、則落手猶可申上旨返書ニ申遣し候事、

輪王寺宮御重病ニ付当宮江御移転可被仰出之旨御請可被成外無之候得共、訳而御憐察ニ被為預度者既依勅被為遂傳法灌頂候大阿闍梨之御職位ニ而、法皇御流之御正脈御門室御相承之秘教等御傳持之御事ニ候得者、於法外御室江決而御移転難相成御身分殊ニ高祖大師管見之御懼不少、当門御中興法皇御遺告之御旨も被為在、且密灌已上ニ而改宗之事古今未曽有之御初例、其亀鑑とも可相成儀、後代一宗江被対御瑕瑾不容易、右者御門室御荒廃之基ニ有之、眞俗共ニおいて之御難儀ニ相極り候得者仮令被換御身命候而も堅御断可被仰上程之御決志ニ者候得共、此度之御沙汰公武無御據御趣等御内所ニ候得者、是亦未曽有超格之御事被為恐入候ニ付、後代一宗ニ拘り候御門室之瑕瑾始被差置是非なく御請可被及候得共、何卒御兼学ニ而彼御室御住職有之迄ニ御附弟御取立八九ヶ年之内御得度も相済、輪門御室御譲り渡ニ而又大覚寺江御

還住之儀兼而御領掌被仰出候様幾重ニ
も御願被成度思召候事、
一大覚寺宮ニ而御下向、其上輪王寺御住職
被仰出ニ相成候様御願被成度候事、
一御住職中万〻一御重病之時者大覚寺御還
住被仰出候様、瑜伽定院御方万〻一御重
病之上者御上京、大覚寺ニ而御看護被成
度候事、
一御多病身之儀ニ付平常御遣馴之御家来
暫年被召連度候事、

一殿下様厚御憐察を以大覚寺永世御興隆
筋御相續方等之御儀御規模相付候様宜
御取扱之程御頼被仰上候事、
一大覚寺右宮ニ而被蒙一品宣下、其上輪王寺
御住職被仰出ニ相成候様御願被成度候
事、
一大覚寺御空室ニ相成候而瑜伽定院御方
御再住等被仰出而者御老躰殊ニ御心痛
被為在候御義御坐候、旁宮御室之儘ニ而
御還住迄被差置候事、

当宮御方輪王寺御門室江御移轉可被仰
出哉之儀ニ付兼而御歎願被仰上置候得
共、過日従殿下様瑜伽定院御方江御内諭
之御儀も被為在、早速御返答被仰上之処、
宮御方先達而之御所労、當節御持病御肱
量御強、御諸問難被成甚恐入思召候得共、
何卒来春迄之処御猶豫被仰上度、此段宜
御領掌之程偏ニ希思召候、以上
嵯峨御所御内
井関兵部卿

十二月
野路井刑部卿
輪王寺宮為附弟大覚寺宮移轉改宗儀ニ
付歎願之趣何レも御差支之儀有之難被
及御沙汰候、素より移轉改宗之事御本意ニ
ハ有之間敷候得共、此度無御餘義次第有
之禁中関東御一致ニ而御人撰之上御内
意被仰出候所、萬〻一歎願之成否ニより
自然御違背之儀ニ相成候而者大覚寺宮
始附属之者共ニ至迄甚以不容易次第ニ
可致進退御興廃ニ関候義深思慮被在之

候様ニト存候、尤年寄共ゟ申越候次第も
有之候ニ付此段及御内證候間其筋御示
談有之候様ニと存候事、

三月

一、大覺寺宮歎願之内兼学ニ而御住職との
儀無御餘儀次第ニ候得共、品〻御差支之
儀も有之、御許容難相成候、併御一已ニ言
家相承御意味不被捨御内佛被成置候儀
ニ候得者御差支有之間鋪哉之事、
一、御移轉之後者出格之訳を以瑜伽定院へ
廷関東御心附之儀厚御沙汰之品も可有
之哉之事、
一、瑜伽定院方〻一重病之上者上京、大覺寺
ニ而御看護之儀時宜次第御差支有之間
鋪哉之事、
一、平常被遣馴候家来暫年被召連度との義
ハ日光御門跡御相談之上近習之者共両
三人程被召連候儀者苦ヶ間鋪哉之事、
右書附類内〻御廻しニ相成候ニ付御覧ニ
入之後為後勘書記いたし置候事、尤右御返
答御請之儀者明日係有之候事、

廿五日、庚戌、晴陰、
一、大覺寺宮ゟ　　御使野路井刑部卿
出會木工頭
傳奏御両卿大門御里坊江御参向ニ而別紙
之通被仰出候ニ付御知セ被仰進、

大覺寺宮
輪王寺宮依所労願自在心院宮為附弟富
宮継跡彼門室江移轉之儀被仰下候事、
右御返答御承知之旨被仰進、

有栖川宮日記　○高松宮家蔵

弘化三年五月二日、丙辰、晴、
一、坊城前大納言殿ゟ　　使長谷川左門
觸書壹通來ル如左、

口上覺

大覺寺宮様御事、輪王寺宮様御附弟之義
被仰出候、就而者大覺寺御門室に被為入
候内者輪王寺御附弟宮様与被稱、御里坊
江御入寺、即日より輪王寺新宮様与可被
称候、此段可申入旨両傳被申付候、以上、

両傳

五月朔日　雑掌

有栖川宮様

諸大夫御衆中

寛永寺日記〇寛永寺所蔵 御附弟宮御用記

弘化三年四月七日

一、今朝執當中ゟ来書如左、

在京萬里小路式部卿ゟ三月廿九日出四日限之書状川支ニ而延着、今朝卯半剋相達致披見候處、大門様御一條御内意御請被仰上候ニ付、来月四日表向御使相勤候様関白様御殿ニおゐて御達有之候旨、別紙之通申来候ニ付、去ル四日表向之御使相勤候儀ト存候、右ニ付於此表も明八日伊勢守殿江表向御願之御使凌雲院并自溪共同道相勤候心得ニ付、今朝御同家役人中へ剋限問合申遣置候、

一、同日於表御用部屋掛り大隅守侍座席ニ而申達如左、

大覺寺宮様御附弟御契約被為済候ニ付、右之段明八日公辺江被仰立候間、此段敬承可仕候、

一、今朝執當中ゟ来書之別紙、

一筆致啓達候、然者関白様御指圖之通大覺寺宮様御附弟御契約為御使別紙御口上書写之通昨晦日嵯峨御殿江罷越相勤候處、井関兵部卿野路井近江守出會委細御領掌被遊候、何れ明日御使を以御返答可被仰進与之御返答ニ御座候、

一、　大覺寺宮様御使

野路井近江守

右今朔日御使を以別紙御口上書之通御請被仰進、且被進物御挨拶成被仰進候ニ付、式部卿出會早速江戸表江可申上旨申置、一汁

三菜支度中酒肴三種被下之候、
一、有栖川宮様江
右昨日嵯峨御殿江御使相勤候旨并今日此
御方江御使を以御請被仰進候趣為御吹聴
被仰進候御使拙者相勤候、且同断ニ付自分
御礼申上候、
一、金弐百疋　　野路井近江守
右御返答御使相勤候ニ付為御引被下之候、
表向御願書今日徳大寺殿入御内覧置候間
来ル四日表向御使相済候ハヽ猶又可申入

且伝奏衆所司代江御行向御日限相分り候
ハヽ猶又四日限を以可申入候、
右為御承知申入度如斯御座候、恐々謹言、
萬里小路式部卿
四月朔日　　猷倫
龍王院法印
楞伽院法印
矢田陪治部卿
一、右別紙如左、
輪王寺宮御儀昨年以来御所労之処追々不

被遊御勝日光其外御法務筋之儀甚御不安
心思召候ニ付当宮様御儀自在心院宮御附
弟ニ被仰請輪門御継跡ニ被遊度段御所表
向江御願被仰立度思召候間何卒御領掌被
進候様幾重ニ茂御頼被仰進候、瑜伽定院様
江御同様被仰進候御事、
午三月
右壱通
其宮様御儀昨年以来御違例之処追々不被
遊御勝日光其外御寺務之儀甚御不安心思

召候ニ付当宮御方自在心院宮様御附弟ニ
被為仰請其御門室御継跡ニ被遊度段御所
表江御願被仰立度被思召候間御領掌被進
候様以御使御頼被仰進候趣被成御領掌候、
且瑜伽定院御方江も御同様被仰進候旨是
又被成御領掌候、仍而此段以御使被仰進候
事、
午四月
右壱通
四月十六日

一、卯半剋過御使戸田山城守を以御附弟宮様被
仰立之通被仰進之、先御書院二ノ間ヘ相通シ
夫〻御同所御下段ニおゐて御對顔、御直答可
被仰進之處、御不例ニ付為御名代龍王院御口
上承之、御代答之儀相勤之、

（〇中略）

右御口上書如左、

日光御門主

大覺寺宮御事、御相應ニ付自在心院宮御
附弟、御門主御継跡ニ被成度旨御願之通

被仰出候、依之御使を以被仰進候、

一、坊官中〻被相渡書付如左、

御入室被為濟候迄者日光御附弟宮様与
奉稱候事、

右之趣夫〻ヘ申達、

四月十七日、

一、執當中〻来書如左、

去ル八日青山大膳亮殿江差出置候書面江
別紙壹通御附札を以昨夜於御同家御達有
之候間此段宜言上被成候、以上、

四月十七日

（〇中略）

龍王院

御用人中

一、別紙如左、

御門主御方御附弟之儀、前〻御童形宮方之
内御契約ニ相成候節者、御得度済之上ニ而
日光新宮与被称候處、此度大覺寺宮御契約
ニ相成候得者、右御方之儀者最早御得度被
為済候儀ニ付、御願之通御附弟被仰出候ハ
ヽ直ニ日光新宮与被称候様被成度候得共

御宗旨も被為替、彼是御不都合之御儀も被
為在候ニ付、御願相済候而茂彼御室ニ被成
御座候内者先日光御附弟宮与被称、御改
宗之上御入室相済候者即日〻日光新宮与
被称候様、御門主御方思召候、此段申上候、

四月

龍王院

楞伽院

〔輪王寺宮年譜〕

大樂王院前天台座主准三后一品慈性法親王

（○中略）

弘化三年丙午四月二十五日、更為舜仁親王御附弟、公紹親王御繼跡、

〔大覺寺宮元坊官 野路井家所藏文書〕○野路井盛孝藏

今度輪王寺へ移轉ハ互ニ令存知候通リ無是非次第也、然とも移住之上早〻附弟取立、得度法義向も濟し、拾年ほと過候ハヽ公武へ及歎願帰住可致候、心底ニ候、右等六ヶ敷事も有へく候へ共、如何樣ニも申立、帰京再住之積ニ候、尤当所を終焉の地と心中相定、祖師并中興法皇へ奉誓置候上ハ更ニ無違変候、暫年雖（隔）西里君臣之縁無忘却一同門室へ可抽忠誠頼候、依て所与置一紙也、

〔弘化三年〕七月九日　〔舜仁親王〕（花押）

院家評席始一統へ

弘化三年五月二十七日

東大寺別當ヲ辭ス、

〔輪王寺宮年譜〕
大樂王院前天台座主准三后一品慈性法親王
（○中略）
（弘化三）同年五月二十七日東大寺別當御辞職、

〔有栖川宮系譜〕
光格天皇御養子 御准母新大納戸
慈性入道親王
（○中略）
（弘化三年）同年五月廿七日辞東大寺別當、

弘化三年七月十一日
嵯峨大覺寺ヨリ輪王寺宮河原御殿輪王寺宮御隠殿トモ云ニ入室ス、

〔御引移御次第書〕○大覚寺所蔵
（弘化三年七月十一日）
七月　日、
一、御引移ニ付卯半剋迄ニ御迎之面々嵯峨御所江参集、中奥以上御目（見脱）被仰付、御祝酒斗被下候事、
一、辰上剋嵯峨御所御出門、御衣躰御素絹御五條御差貫、興隆寺ニ而御小休被為在、三條通遠見ニ而御門内北之方江山科御寺中惣代諸大夫御用人御出迎、御玄関向テ左之方江山門、御出御後御式臺ニ付双厳院龍城院御内佛出家坊

官以下中奥以上御出迎申上、御輿ハ臺上ニ而御
下輿、御戸前前大路治部卿役之、御先立御素絹
御裾御側役之、御座之間江御案内御安座、御三
方乘御長昆布、榧、勝栗、万里小路式部卿御跡ゟ
駈抜上之、退去御近習撤之、御床江直置、右相済
御口祝昆布御近習上之、龍王院双厳院万里小
路式部卿御目見相済次第着座、南光坊御留守
居御内佛出家江戸方御用人岩井陸奥介御近
習吟味役中奥迠御目見、披露御用人御昆布被
下之、吟味役以下龍王院御代昆布役之、次山科

御寺中坊官諸大夫、中奥迠御目見、次第全如前、
相済御休息江入御、御先立御近習役之、暫時御
休息、
一、坂本坊人詰合候ハヽ御目見被仰付、尤御代昆
布無之、
一、御祝赤飯御雑煮御餝御膳、引續御服沙御膳ニ
汁五菜、御臺引香外御酒御吸物御核上シ御配
膳御近習、龍王院双厳院万里小路式部卿御相
伴、配膳中奥相済御休息被為在、御様子相伺御
書院江出御、山門惣代三執行代御目見、次御口

祝昆布御近習上之、（○中略）名披露御用人役之、献
上物出撤中奥役之、
但御衣躰今朝ゟ是迠御素絹被為召候事、
一、有栖川宮様御成被進候得者於奥御料理御酒
等被進候事、

〔有栖川宮日記〕○高松宮家蔵
弘化三年七月十一日、甲午、晴、
一、輪王寺御附弟宮今日嵯峨御殿ゟ河原御旅館
江御移轉、土手町御里坊、南隣元御隠殿也、觸穢中ニ付惣而假
之御沙汰也、御引移御行粧等も至而被略之、御
進物御贈答是亦後日之御仕構ニ相成候事、
但大覺寺御門室辰上剋御出門、巳剋過御入
室也、今日於輪門者被称御入寺与候事、
御同所江
御使治部権少輔 染帷子麻上下
右者今日御移轉御入寺御歓被仰進、尤觸穢

中ニ付御進物等之儀後日御仕向ニ相成候旨申入置、

〔寛永寺日記〕○寛永寺所蔵 御附弟宮様御用記

弘化三年七月廿一日

一在京本間相模守方、去ル十一日御入寺御規式萬端無御滞被為済候趣来書ニ付即日返書差出ス、

一同日、去ル十一日無御滞新宮様御入寺被為済候ニ付恐悦有之候旨、坊官中ヘ御達ニ付、右之趣席々并浅草御別当代御隠殿番中ヘ申達ス、

〔輪王寺宮年譜〕

大楽王院前天台座主准三后一品慈性法親王

（○中略）

（弘化三）同年七月十一日、移于河原御隠殿、

弘化三年七月十三日

輪王寺入室後初メテ有栖川宮邸ヲ訪フ、

〔有栖川宮日記〕○高松宮家蔵

弘化三年七月十三日、丙申、晴、

一、輪王寺新宮午剋御成、過ル十一日御里坊江御引移後初而御成也、御内々御用談等被為在、今日被為成候御次第也、直ニ大奥向江御通、御書御膳御酒肴并御夜食等被進之、直ニ御供帰り、御迎六半時、還御戌剋也、

（中略）

今日御成ニ付御内々被進物如左、

晒　弐疋ツヽ

右宮御方
妙勝定院宮御方　江被進候事、

御菓子　一箱ツヽ　敏宮御方
緑宮御方　江被進候事、

一、妙勝定院宮四ツ時御出門ニ而芳井御殿へ還御、新宮御対面、御用談被為済候上ニ而再芳井御殿江御成、戌剋前、

弘化三年七月十四日

天台座主妙法院宮教仁親王ヲ輪王寺宮河原御殿ニ招請シテ、圓頓大戒ヲ受ク、

〔教仁親王日記〕○妙法院蔵

弘化三年七月六日、晴、今夜雨、

一、輪門使来ル、先日内談之一條也、

右日限之義十二日・十四日・十五日同く八十四日之方可然由也、教授参勤僧侶交名等未定之旨也、承知之旨ニ而返ス、

十日、快晴、

一、輪門江傳戒来ル十十（ママ）四日ト申遣ス、右ニ付内談之事、別ニ不記、表ニ見タリ、

十三日、快晴、

一、輪門ゟ使来ル、右明日弥招請申来ル、
委ハ表ニ見タリ、略ス、
十四日、快晴、
一、辰之剋出門ニ而輪門河原亭ヘ参入、尤前以申
入設ノ休所も見通り休息已之剋前面會之処
段々及示談、新宮存意委細承候、子細六ヶ敷已
後傳法等模様替ニ及示談、尤段々及説得候事、

〔寛永寺日記〕○寛永寺所蔵 御附弟宮様御用記
弘化三年八月朔日、
一、去月十一日、河原御殿ヘ御引移、同月十四日、座
主宮様御招待、圓頓戒御相承、（中略。）右之通無
御滞被為濟候趣、在京相模守方ゟ来書ニ付、今
日返書差出ス、

〔天台要暦〕○新撰座主傳附録
第二百二十七代二品教仁親王妙法院
（弘化三年）同七月十一日、有大樹令大覺寺新宮慈性親王有栖川韶仁親王御子〔四〕去年仍勅命為輪王寺法嗣、今日入御里
坊、十二日、就座主教仁親王被令受圓頓大戒、

〔圓頓戒御相承御次第〕○大覚寺所蔵
「包紙
御法則」
（○圖面略）
圓頓戒御相承、
先御戒師御入堂、
次教授引入ス御受者、但院家兼教授、
次證明師作梵師入堂、
次垂母屋翠簾、坊官役之、
次傳戒師ニ乞戒偈、
次御戒師御受者御禮佛、

一心頂禮霊山會上多宝塔中大牟尼尊、
一心頂禮金色世界文殊師利尊
一心頂禮都史多天上弥勒慈尊、
一心頂禮十方世界一切三宝、
次御戒師登壇、加持洒浄等、
次唄師作梵、
次御戒師啓白、
次戒躰十二門、
第一開導、
此時御受者可令至心合掌聴取給、

此時御受者随可唱之給、又御和上云、弟子某甲
時御受者可唱御実名、御微音、
第三請師、
此時御和上云、慈愍故時、御受者御禮拝凡五度、
第四懺悔
此時御和上云、弟子某甲時御受者可唱御実名
給、
第五發心、
此時御和上云、應發四弘誓時御受者可唱四弘
之文、

第六問遮、
此時御和上云、否時御受者可令否答給、
第七正授戒
第八證明、
此時證明師起立合掌誦白言、御受者御受戒道
場年月等可憶念之給、
第九現相、
此時御受者至心可観念之給、
第十説相、
此時御受者誠心可聴取之給、御和上云能持否

時可令能持答給、
第十一廣願
此時御和上云、弟子某甲時御受者可令唱御実
名給、
第十二勧持
此時御受者至心ゝ聞之給可令御心念御祈願
以上、
次御受者禮佛禮師、
次三禮、
次捲母屋翠簾、

次御受者御出堂、
次御戒師御出堂、
證明作梵出堂、
已上

弘化三年七月十八日
比叡山延暦寺ニ登山ス、尋イデ二十一日、加行ヲ開始シ、八月十一日、結願十六日、下山ス、

編修課

〔寛永寺日記〕○寛永寺所蔵 御附弟宮様御用記
弘化三年八月朔日、
一去月十一日、河原御殿ヘ御引移、（〇中略）同月十八日卯刻御出門ニ而山門被遊御登山、同月廿一日夕御加行御開闢、右之通無御滞被為濟候趣、在京相模守方ゟ来書ニ付、今日返書差出ス、
廿四日、
一去ル十一日、於山門御加行御結願無御滞被為濟候旨、相模守方ゟ来書ニ付、即日返書差出ス、

〔有栖川宮日記〕○高松宮家蔵
弘化三年七月十五日、戊戌、晴、
一、輪門御留主居 岩井陸奥介 同 左衛門 ゟ来状、
然者新宮御方来ル十八日ゟ山門御登山御加行被為在候、此段御吹聴被仰進候、御在山中御見舞等之儀堅御断被仰進度思召候、此旨各方迄可得御意如斯御座候、以上、
七月十五日
十八日、辛丑、

一、輪王寺新宮江（寅半刻）　御使太宰少監
今日山門御登山ニ付御歓被仰進、
妙勝定院宮御方、宮々御方ゟも、
但御發輿之節於御門前ニ御見立申上引
取候也、
廿二日、乙巳、晴、
一、滋賀院江　御使玄蕃頭
過ル十八日ゟ輪門新宮御住山中為御見舞
御使被進之、右ニ付被進物如左、
宮御方ゟ　羊羹　十棹

妙勝定院宮ゟ　蒸籠　壱荷
歓宮ゟ　粽　拾五把
右之進物長持ニ入持参、
今晩帰京之処、新宮御方依御沙汰滋賀院へ
止宿之事、
御引金弐百疋給之、自分献上物御返シ金
弐百疋給之、御料理被下、
八月十六日、己巳、晴、
一、輪王寺新宮江　御使治部権少輔
御菓子　奄壽糖壱箱、

右宮御方より去月十八日より御登山之處
今日御下山ニ付、為御歓御見舞被進之候、
妙勝定院宮御方、宮々御方より茂御歓被仰
進候事、

弘化三年八月二十一日
書道稽古ノ為、兄熾仁親王ニ入門ス、乃チ其ノ御
禮ノ為、有栖川宮邸ニ参入シ、御座間ニ於テ口祝
ノ事アリ、

〔有栖川宮日記〕○高松宮家蔵
弘化三年八月廿一日、甲戌、雨、
一、輪王寺新宮ゟ　御使岩井左衛門
御太刀一腰　御馬一匹代銀弐枚
右書道御入門為御礼被進之、御引金百疋被下之、
掛り両人江金弐百疋ツヽ被下之、
一、輪王寺新宮御方午剋前御成、御入門御礼ニ付於御座間御口祝被進、御晝御膳被進、夕剋御酒御吸物御酒三種御肴其外奥ニ而種々被進之、御夜食等被進之、（中略）還御戌半剋、

弘化三年九月十三日
輪王寺宮河原御殿ヲ發シテ江戸ニ向フ、既ニシテ二十八日、江戸ニ到著、上野東叡山寛永寺ノ輪王寺宮御殿ニ入ル、

〔有栖川宮日記〕○高松宮家蔵
弘化三年九月十三日、乙未、曇天、
一、今朝卯剋輪王寺新宮御方関東御發輿河原御旅館ゟ御出輿、但御隠殿御玄関也、
御使玄蕃頭服紗麻上下
右御歓御見立御使相務、尤御發輿之節於御旅館御門前御見立申上候事、
相済御發輿被為済候御歓當門様江被仰進候御使相勤引取候事、
右帰殿無御滞被為済候旨及言上候事、

草津驛迄為御見立御使圖書頭、
於右駅一宿、翌朝御見立申上帰京、
但シ右駅下宿用脚（アキマヽ）
於大津驛御見舞御使相勤被進物如左、
上総宮様ヨリ
羊羹　十棹
妙勝定院宮様ゟ
棹饅頭　十棹
歓宮様ゟ
粽　二十把
（中略）
早朝御旅館江参向、御行列後ニ従ヒ蹴揚迄参ル、御機嫌相伺、夫ゟ御先江相廻り御

小休毎ニ罷出相伺候事、尤大津宿ゟ者単
津宿迄道ニ御先江参候事、
十月二日、甲寅晴、
一輪王寺新宮ゟ　御使岩井城之介
去月廿五日箱根無御滞御越小田原駅御止
宿被為在候旨為御知被仰進、
七日、己未雨、
一輪王寺宮ゟ　御使鈴木内匠
新宮御方去ル廿八日御道中無御滞御着府
御入室被遊、此段御吹聴被仰進候事、

八日、庚申曇天終日
一日光宮坊官江奉文差出如左、
依仰致啓達候、其御所様益御機嫌克被為
成目出度思召候、此御方愈御機嫌克被為
成候、御安慮可被進候、新宮様御道中無御
（九）
滞先月廿八日御入室被為在、御規式万端
無御滞被為済候條御吹聴被仰進、幾久敷
目出度思召候、仍而御歓被仰進候、此段宜
被成御沙汰様与之御事ニ御座候恐惶謹
言、

十月八日、
豊嶋筑後守 名判
中川信濃守 名判
藤木近江守 名判
粟津甲斐守 名判
万里小路式部卿殿
矢田部治部卿殿
廿七日、己卯晴、
一輪王寺宮ゟ　御使吉川大蔵卿
今度新宮御方無御滞御着府、御入室御礼御
使被差登、右ニ付為御祝儀御目録之通被進

之候旨、
（中略）
宮御方江
白銀三枚　昆布一箱
別段
鍛子壱反
妙勝定院宮御方江
こんふ一箱
金弐百ひき
歓宮御方線宮御方江
昆布一箱　金弐百疋ツヽ

右従新宮御方
右之通被進之、
（中略）
右御使江治部権少輔常服上下、麻出會、御口上承之、御返答御相應申出ル、猶後日御對面御返答可被為在旨心得ニ申入置候事、

十一月廿日、辛丑、天晴、
一、輪王寺宮御里坊江　御使駿河守
先般関東御下着並御入寺無滞被為済候為御歓被進如左、

御太刀　一腰、
御馬　一疋、代銀壱枚、
昆布　一箱、
別段
色昆布　一箱、
妙勝定院宮ゟ
こんふ　一はこ
別段
せん餅饅頭一はこ
歓宮御方ゟ
線宮御方
こんふ　一はこツヽ

右持参芳川大蔵卿出會御返答申之、

（寛永寺日記）○寛永寺所蔵 弘化度御附弟御用記録
弘化三年九月廿八日、
一、今日新宮様寒松院江御着、御安座之上、坊官御出席、御口祝昆布五智院上之、次御使楞伽院御目見被仰付、名披露式部卿、御口上申上退去、次五智院御目見、名披露式部卿、次坊官大夫壱人ツヽ御目見、名披露式部卿執當坊官着座、
一、新宮様御支度宜供奉相揃候趣式部卿ゟ手紙を以御注進申来、則言上、御殿御支度宜候間御勝手次第御入室被遊候様式部卿江返書遣、御

入室御衣躰御鈍色御五條御差貫、

（○供奉行列略）

一、御書院御杉戸、但御花車御杉戸、

當門様御出迎可被遊之處御違例中ニ付御出迎不被為在、

一、新宮様御書院御上段江御着座御規式有之、

一、一山中等大廣間二三之間江扣居、則御式畢而新宮様御下段江御着座（○中略）一山衆徒一同御目見、執當御取合畢而新宮様御部屋江被為入、

〔輪王寺宮年譜〕

大樂王院前天台座主准三后一品慈性法親王

（○中略）

（弘化三）同年九月二十八日御下関、去ル十三日京御発駕、即日御入室于東叡山、

弘化三年十月五日

江戸城ニ登リ、本丸黒木書院ニ於テ将軍徳川家慶同世子家祥後家定ニ謁ス、

〔徳川實紀〕慎徳院殿御實紀

弘化三年十月五日、日光新宮に日光門主附弟継跡の仰せ出さるゝよてまうのぼられ錦織金馬資進らせらる、黒木書院にして両御所御對面あり、さてはじめて御對面済ませられしをもて、高家品川豊前守御使して新宮に綿二十把、門主に巻物二十、おの〳〵二種一荷そへて贈らせらる、

弘化三年十月十三日

輪王寺宮公紹親王既ニ客年九月薨去セルモ、喪ヲ秘シ、病氣ノ態ヲ以テ、譲職隠居ノコトヲ幕府ニ請願ス、是ノ日、幕府之レヲ承諾ス、乃チ慈性親王、寺務ノ譲ヲ受ケ、自今門主ト稱ス、因ニ十九日ニ至リ、公紹親王薨去ノ旨披露セラル、

〔有栖川宮日記〕○高松宮家蔵

弘化三年十月廿六日、戊寅、晴、

一入夜亥剋過

日光宮ゟ　　御使岩井城之助

手扣持参（○御容躰書略）

御門主御方旧冬以来御違例之処、次第ニ御疲労被為在候ニ付、新宮御方江御譲職御隠居被成度段被仰立候処、新宮御方御当職御門主御方御隠居被仰立候通無御滞被為済、御隠居号禁裏様御撰給候ニ付

被称善賢行院宮与候、依而此段御吹聴被仰進候、

輪王寺宮御使

十月廿六日　　岩井陸奥介

右壱通切紙

奉書如左

依仰致啓達候、其御所様益御機嫌能被為成目出度思召候、御門主御方御違例ニ付御隠居、新宮御方江御譲職之儀一昨十一日武辺江被仰立候処、今十三日御使青山

下野守、戸田山城守を以被仰立候通被仰進候、依之已後新宮御方御門主ト被称候、此段御吹聴被仰進候、宜被成言上与之御事ニ御座候、恐惶謹言、

十月十三日　　矢田皓治部卿　名判

万里小路式部卿　名判

粟津甲斐守殿

藤木近江守殿

廿七日、己卯、晴、

一輪王寺宮坊官ゟ奉文来ル如左、

依仰致啓達候、御隠居宮様御異例ニ被爲
在候處、御養生不被爲叶、今暁丑半刻被遊
薨去候、乍然御門主御方御機嫌ニ強御障
も不被爲在候、此段宜被成言上之御事
ニ御座候、恐惶謹言、
十月十九日　矢田陪治部卿　名判
万里小路式部卿　名判
粟津甲斐守殿
藤木近江守殿
中川信濃守殿

豊嶋筑後守殿

右返簡并昨日到来之奉文返簡等相認、同時
ニ差出ス、

（輪王寺宮年譜）
普賢行院一品公紹親王
（中略）
弘化三年丙午十月十三日、譲職務於慈性親王、
（中略）

大楽王院前天台座主准三后一品慈性法親王
（弘化三年）
同年十月十三日、受職務於公紹親王、管領台宗、

弘化三年十二月十六日
住職就任ヲ謝シテ江戸城ニ登リ、将軍徳川家慶
ニ謁ス、又近ク日光ニ登山セントスルヲ以テ、家
慶ヨリ縮緬十反ヲ贈ラル、

【徳川實紀】慎徳院殿御實紀

弘化三年十二月十六日、日光門主には住職を謝してまうのぼられ御對面あり、住職のゝちはじめて登山により、縮緬十反を贈らせられて饗せらる、

編修課

弘化三年十二月二十三日

初メテ日光登山ノ為江戸ヲ發ス、既ニシテ二十六日、日光ニ到著、翌二十七日、東照宮並ニ本地堂ニ参詣ス、

【社家御番所日記】日光叢書所収

弘化三年十二月廿六日

一今日宮様御着、非番同役中下馬札所（マヽ）前江御迎

罷出、衣躰ふくさ麻上下、先例也、

一宮様始而御登山ニ付、惣代田中織部大沢駅迄

御出迎、

廿七日

一卯刻御案内ニ而宮様御昇宮、御幣殿ニおゐて

御拝御焼香、御神酒御頂戴、御同殿ニて真覚院

同断、次御石之間ニ而御留主居御書記御内仏

坊官御用人同断、直ニ御退出、従夫御本地堂御

拝有之、御送迎如例、但初而御登山ニ付、御献備

御太刀御馬代銀一枚、御住職ニ付同断、都合弐

通兼而御幣殿御膳机之上江備置、尤社家中出

勤之事先例也、

書陵部（三号）

〔有栖川宮日記〕　○高松宮家蔵

弘化四年正月七日、丁亥、晴陰

（日光宮）
一御同所ゟ奉文

依仰致啓達候、其御所様益〻御機嫌能被
為成目出度思召候、御門主御方弥御安泰
被為成今日御発輿日光御登山被遊候、右
為御知被仰進候、此段宜被成言上ゟ之御
事ニ御座候、恐惶謹言、

十二月廿三日、

野沢近江守 名判

矢田陪治部卿 名判

万里小路式部卿 名判

名判

粟津甲斐守殿

藤木近江守殿

中川信濃守殿

豊嶋筑後守殿

有栖川宮実録　七一

韶仁親王実録　一二

有栖川宮實錄　七一

詔仁親王實錄　一二

有栖川宮實錄　七一

詔仁親王實錄

王子　慈性親王　三

弘化四年正月一日

是ノ日ヨリ三箇日、東照宮ニ詣リ、年首ノ法事ヲ勤仕ス、

（社家御番所日記）日光叢書所収

弘化四年正月元旦

一六ツ鐘啓御案内、此間御膳伺如例年、宮様御昇宮、東之方例之所ニ御着畳直ニ御幣殿江三品立御膳献備、御別当法楽、学頭衆徒中声明、社家中御祓祝詞、楽人中奏楽、次宮様御幣殿ニ入御御拝御焼香、御神酒御頂戴、於御同殿執当頂戴、次河野対馬守殿於御石之間御神酒頂戴、并安居院御い師蒔田又三郎中井太左衛門荻原弥右衛（門脱カ）御頂戴、坊官太夫同断、相済宮様新宮江御

出仕、御奉行已下御送迎如例、
二日
一辰刻過宮様御出仕直ニ御幣殿入御西之方ニ
御着畳三品立御膳献備、御別当法楽相済宮様
御拝御焼香、御神酒御頂戴、於御同殿執当頂戴、
御規式例年之通、
三日
一辰之半刻過三番鐘、諸出仕新宮江相揃啓御案、
宮様御出仕、御膳献備畢而各御宮江出仕、宮様
御昇宮、御奉行已下御迎如例、御幣殿江御膳献
備、如昨日万端如例年相済宮様御退出、御送如
先規、

弘化四年正月十一日
是ノ日ヨリ連日東照宮ニ出仕シテ祈禱ヲ執行
ス、十七日、結願ス、

（社家御番所日記）日光叢書所収
弘化四年正月十一日
一八鐘衆徒中社家中出仕、無程宮様御昇社、御祈
禱御執行、御送迎例之通、
十四日
一九ツ鐘衆徒中社家中出仕、無程宮様御昇社、御
祈禱執行如例、
十五日
一九ツ時衆徒中社家中出仕、無程宮様御出仕、御
祈禱御執行如例、

十六日
一九鐘衆徒中社家中出仕、無程宮様御昇宮、御祈
禱前日之通、御送迎同断、
十七日
一六鐘御案内宮様御昇社、御祈禱御結願例之通、
御送迎同断、

弘化四年正月二十一日
日光下山ノ途ニ就ク、尋イデ二十四日、江戸ニ歸著ス、

〔社家御番所日記〕日光叢書所収
弘化四年正月廿一日
一宮様今朝御発駕、御見送如例　雅楽主膳出、

〔有栖川宮日記〕○高松宮家蔵
弘化四年二月三日、癸丑、曇天、入夜降雨、
一、日光宮坊官ゟ奉書到来、
宮御方正月廿四日従光嶺御還府之旨為
御知被仰進、例文仍略之、
名宛
粟津甲斐守殿　万里小路式部卿
藤木近江守殿　矢田治部卿
豊嶋筑後守殿　野沢近江守
右御歓御使且返翰等翌日御里坊江差出候
事、

弘化四年十月一日

一品ニ叙セラル、

〔有栖川宮日記〕○高松宮家蔵

弘化四年十月十三日。己未曇。

一輪王寺宮江　御使駿河守

去ル朔日一品宣下消息被為済候ニ付御歓

被仰進被進物如左、

中務卿宮御方ゟ

御太刀一腰　昆布一箱

御馬一匹　代銀拾両

妙勝定院宮御方ゟ

こんふ一はこ　御たる代金弐百疋

〔○中略〕

右天保六年正月廿二日輪王寺新宮一品宣

下之節被進物献物等先格を以被進候事、

右副使并圓明院方御使相勤近松丹下罷

出ル、

一輪王寺宮　出會治部権大輔　御使水谷備後守

今日傳奏於徳大寺家一品宣下位記被相渡

候ニ付御吹聴被仰進候事、

尤傳奏近々為御使下向之処御延引ニ相

成候ニ付於當地被相渡候事、

十一月廿日。丙申晴。

一輪王寺宮坊官ゟ奉書到来如左、

依仰致啓達候、其御所様益御機嫌克被為

成目出度思食候、御門主御方弥御安泰被

為成御安慮思召候、然者今廿八日御門主

御方一品御昇進御位記御頂戴被遊御式

万端無御滞被為済候、依而為御知被仰進

候、此段宜被成言上与之御事ニ御座候、恐

惶謹言、

野沢近江守

十月廿八日、　名判

矢田陪治部卿　舜孝判

万里小路式部卿　猷倫判

粟津甲斐守殿
中川信濃守殿
豊嶋筑後守殿

廿三日、己亥、晴、
一、輪王寺宮御里坊江　御使加藤但見

去月廿八日一品宣下御式萬端無御滞被為済候御歓被仰進候事、

〔公卿補任〕孝明天皇　弘化四年
十月一日、叙品〔入道二品慈性親王一品〕宣下〔消息〕、上卿廣橋大納言〔光成〕、奉行愛長朝臣、

〔輪王寺宮年譜〕
大樂王院前天台座主准三后一品慈性法親王
〔中略〕
〔弘化四〕
同年十月一日、一品宣下、

嘉永元年八月三日

是ヨリ先、病身ノ故ヲ以テ、伏見宮邦家親王ノ王子喜久宮青蓮院相續、ヲ附弟ト為スベキ旨奏請ス、乃チ是ノ日、之レヲ聽許アラセラル、仍リテ九月十日、喜久宮ヲ輪王寺宮河原御殿ニ引取リ、法嗣ト為ス、

編修課

〔有栖川宮日記〕○高松宮家藏

嘉永元年四月廿五日、戊辰、晴、

一輪王寺宮　御使古田筑前守

今般御附弟御願一件ニ付御使被指上候事、

出會玄蕃頭、

一今日鷹司殿下様江御頼御使相勤候所則御世話卿之邊を以三條殿江御願書付等差出候様御差圖ニ而尚右之趣有栖川宮伏見宮等江も委細申上置候様被仰出候ニ付此段申上候事、

御願書如左

輪王寺宮御方御幼年ゟ兎角御虚弱御病身ニ被為在候処、一昨年御下向ニ付而者嵯峨御所御法務御相承筋之儀ニ付何分御默止難被遊御次第被為在、不容易御心配被為在候故歟御下向後ゝ御持病御發ニ而深く御困り被為在、其上御肝欝之御症ニ而折ゝ御塞被為在、日光表三御登山初御室御太切之御法用向御繁多之御職務何分御壹人ニ而者深く御懸念御不安心ニ被思食候ニ付

御下向御間合不被為在深く被恐入候得共、御附弟宮御契約之儀御願被仰上候、尤此節宮方御人少別而御童形宮方不被為在候ニ付旁御思惟被為在候得共誠ニ被遊方無御座、無御據青蓮院喜久宮御附弟ニ被仰請度御願思食候、尤青蓮院御門室御相續之宮御附弟御願被為在候儀被對御所向候而者如何斗被恐入被御門室江も甚御憚之儀ニ思食候得共、當御室者御寺務御繁多ニ而迚茂御病身ニ而者御勤續御出來兼其上壹年三

度着是非日光御登山被遊尚又於江戸表も
深更御出仕例月数度被為在候故御心配不
一方、一統ニも深く恐入候儀ニ御座候、右之
御次第ニ被為在候得者中ニ以壹式歳杯之
若宮御附弟御願被仰上候而者急ニ御下向
御勤方御見習与申御場合ニ者難被為至、青
蓮院喜久宮御方迚茂未御幼年ニ者被為在
候得共最早御八九歳ニ茂被為成候得者、今暫
ニ而御勤向も可被為御出来依之李無御據
青蓮院喜久宮御方御附弟御願被仰上候間
此段被聞食分何分ニも御願之通速ニ青蓮
院喜久宮御方御附弟被仰出候様偏ニ御願
思食候、此段御内慮御伺被仰上候間宜御沙
汰之儀深御頼被仰進候、
輪王寺宮御使
古田筑前守

七月廿二日、甲午、晴、
一日光宮坊官より奉書両通并返翰壹通等到来
如左
依仰致啓達候残暑之節御座候得共其御所
様益御機嫌能被為成目出度思召候御門主
御方弥御安泰被為成候御安慮被進候様思
召候、然者今般青蓮院喜久宮様御儀御附弟
御契約被為整候ニ付、則今日表向武邊江御
願之御使凌雲院僧正執當両院同道相勤申
候、右為御知被仰進候、此段宜被成言上与之
御事ニ御座候、恐惶謹言、
七月十六日
野沢近江守 名判
矢田陪治部卿 名判
万里小路式部卿 名判
粟津肥後守殿
中川信濃守殿
豊嶋筑後守殿
八月四日、乙巳、晴、
一参上
輪王寺宮御留主居
岩井左衛門
青蓮院喜久宮今般被召返御附弟被仰出候
此段古田筑前守心得ヲ以申上候、尤当人参
上可致之処所労ニ付宜御断申上候事、
七日、戊申、晴、
一輪王寺宮坊官より奉文到来如左、

依仰致啓達候、残暑之節御座候得共其御所
様益御機嫌能被為成、目出度思召候、御門主
御方弥御安泰被為成候御安慮被進候様思
召候、然者今般青蓮院喜久宮様御儀御門主
様御附弟御契約被遊度旨武邊江被仰立置
候処、今日御使阿部伊勢守殿ヲ以御願之通
被仰出候旨被仰進候、右為御知被仰進候、此
段宜被成言上子之御事ニ御座候、恐惶謹言、
七月廿九日　　野々沢近江守
　　　　　　　　勝昆判
　　　　　矢田陪治部卿
　　　　　　　舜孝判

　　　　　万里小路式部卿
　　　　　　　献倫判
粟津甲斐守殿
中川信濃守殿
豊嶋筑後守殿
追而青蓮院喜久宮様御儀御入室被為済候
迄者御附弟宮様与奉称候間、是又宜被成言
上子之御事ニ御座候、以上、

〔伏見宮日記〕○史料編纂所蔵
嘉永元年八月三日、
一、三條大納言里亭江御使左衛門權大尉を以今
度青蓮院喜久宮御方被召返、輪王寺宮御附弟
被仰出、依之入道宮御末男満宮御方青蓮院御
室御相續且仁孝天皇様御養子被仰出畏思召
候段御請被仰上候也、
一、青蓮院宮坊官鳥居小路大蔵卿参上、過刻傳奏
三條大納言殿ゟ御招ニ付御里亭江罷出候處
別紙之趣御達御座候、此段奉申上候旨申上候、

也、
今度輪王寺宮附弟之儀被難（マヽ）願之子細無據
被聞食候間、喜久宮被召返、輪王寺宮附弟被
仰出候、尤其室空室相成候儀歎申之兼而被
聞食候ニ付、伏見入道宮末男三歳其御室相
續且仁孝天皇御養子被仰出候事、
喜久宮様御引取之儀者何れ明日明後日之内
御使を以御頼之儀被為在候間、左様心得呉候
様、左衛門權大尉ゟ申聞置候也、

〔伏見宮日記〕○史料編纂所蔵

嘉永元年八月廿二日

一輪王寺宮御里坊江御使縫殿頭を以、昨日御返答被仰進候ニ付、左之通御挨拶被仰進候也、

喜久宮様無御據御事共ニ而、御内々河原御殿江御引取、御養育被進候様御頼被仰進候処、御領掌被進、御満足思召候、右御挨拶被仰進候事、

八月　伏見殿御使　後藤縫殿頭

九月五日

一青蓮院喜久宮御方、此度被召返輪王寺宮御附弟被仰出候ニ付、来ル十日被御室ゟ此御所江一旦御引取、即日輪王寺宮河原御殿江御内々御引移ニ付、為御知如左、

（以下略）

十日

一喜久宮御方今日還御ニ付、粟田御殿江御迎、卯半刻摂津守、（中略）巳刻還御、

一喜久宮様今日河原御殿江御内々御引移、幸徳井依勘文也、御道筋御門前ヲ西江、今出川寺町廣小路未刻過御出門、為御迎古田筑前守始参、

（○行列等略）

〔實萬公記〕

嘉永元年八月三日、

一、先達御内慮被仰遣候輪王寺宮病身ニ付附弟願蔵柄相應之人躰無之間、青蓮院喜久宮被召返、輪門相續被仰出度事、又青蓮院空室相成候而者歎之趣兼而被聞食候間、伏見入道宮末男満宮三才、青門室相續且當今未皇子不被為在候間、仁孝天皇御養子被仰出度由事、以上御内慮之通たるへき由、在書取二通、又輪門附弟之事於関東も被相願、可為願之通被申渡ニ可有之由

申来由両人心得示置旨書取、以上若州授之可
及言上申答了帰了、
一、輪門附弟以下事御内慮済、本條之書取殿下入
覧之、(中略)後刻追々来入以雑掌清宣申渡、
先伏見宮家司来、申渡趣如左、
今度青蓮院喜久宮被召返、輪王寺宮附弟
被仰出、依之入道宮御末男満宮青蓮院室
相續且仁孝天皇御養子被仰出候事、
次輪門留主居来、(中略)申渡如左、
宮御方自御幼年御虚弱御病身ニ付御附

弟之儀段々御歎願之子細無據被聞召候
間、青蓮院喜久宮被召返、御附弟之儀御願
之通被仰出候事、
(中略)
右之通夫々申渡了、

［津田家日記］○史料編纂所蔵
嘉永元年九月十日
一喜久宮御方今日輪王寺宮河原御殿江御引移
ニ付、為恐悦宗文参上候也、

［輪王寺宮年譜］
大樂王院前天台座主准三后一品慈性法親王
(中略)
同(弘化)五年戊申八月三日、奏請青蓮院喜久宮而
被定御法嗣、喜久宮者仁孝天皇御養子、御養母藤大納言局、資愛女、見入道樺樂親王之御子、御實母鷹司故入道准后樂山公御女、天保十一年五月二十二日御誕生、實年雖青蓮院継跡、更為慈性親王御附弟、同年九月十日移于滋賀院里坊、

〔伏見宮系譜〕
邦家親王
　男子
天保十三壬寅年四月廿一日誕生、（表向為天保十一年）
号寿《ス》天《テ》宮、（○中略）同（天保）十四癸卯年七月十八日改
名喜久《キク》宮、同年八月十八日青蓮院室相続約、
同年九月廿四日仁孝天皇御養子、青蓮院室
相続被仰出、（○中略）嘉永元戊申年三月廿八
日本坊へ内々引移、同年八月三日依叡慮被
召返、更為輪王寺宮附弟、同年九月十日輪王
寺隠殿へ内々引移、

嘉永五年正月十九日
昨年四月二十日、附弟ナル喜久宮（伏見邦家親王王子）薨
去セルヲ以テ、同年末、更メテ梶井門跡誠宮（伏見邦家親王王子）ヲ以テ附弟ト為スベキ旨奏請ス、乃チ是
ノ日、誠宮ヲ梶井門跡ヨリ召返シ、親王ノ附弟ト
為スベキ旨ノ内旨（孝明）ヲ蒙リ、尋イデ三月十二日、
正式ノ御沙汰ヲ拝ス、尚、誠宮ハ嘉永六年三月一
日、薨去ス、

編修課

〔伏見宮日記〕○史料編纂所蔵
嘉永四年四月十三日
一野沢丹後守参殿、織部正出会候所、喜久宮御方
御風邪之所、三十日程ニも相成候得共、未タ御
全快不被為有、為差御事ニハ不被為有候得共、
外御医師拝診被仰付候而ハ如何之御事ニ候
哉、奉伺度旨申出候ニ付、及言上之所、山本門波
守被仰付候様申達候也、
十五日
一大御所様巳剋過御出門、日光河原御殿江御成、

喜久宮御方先日以来少ゝ邪氣御感之処、未御
熱氣御醒兼之御容躰ニ付、為御見舞被為成候
也、
廿日
一喜久宮御方今昼後御熱氣御強、御血症被為在、
餘程之御容躰ニ付、大御所様申半剋頃、御出門
ニ而、日光河原御殿江御成、醫師山科土佐守御
比(ヒ)山本大和守傍観被召、拝診之上、御容躰被聞
召、何分餘程之御下血、自然御脱症ニも御移可
被遊哉与深御案申上候旨申上、御下血八全御
運動不御宜ニ付、御畜血被為在候儀与奉伺候
旨、大和守ニおゐて八犀角地黄湯差上度存候
旨、土佐守ニおゐて八理中湯加木瓜差上度、犀
角も差上度奉存候へ共、何分ニも御陽氣御助
申上候方專要ニ奉存候旨、理中湯加木瓜、尤大
人参差加差上候得共、兎角御脈も御微ゝ之御
容躰ニ付、酉半剋頃ゟ織君様も被為成候處、以
之外之御容躰ニ被為成候処、追ゝ御大切之御
容躰被為移候也、右之御所様亥剋過織君様亥
半剋過大御所様子剋過還御也、

五月二十日
一御同所(山科御殿)江今日御内実之御初月忌ニ被為當候
ニ付、御代香御使石見介相勤候也、
廿五日
一輪王寺宮御附弟喜久宮御方、御童形、御十二歳、今暁寅
剋薨去由、御留主居岩井右衛門ヲ以被仰進候
也、

［實萬公記］
嘉永四年五月十三日、丁亥、晴、
一輪王寺喜久宮所労為養生山科坊へ明十四日
被引移旨家司届書殿下入覧写議奏へ附之了、
廿五日、
一輪王寺喜久宮第三度容躰書昨夜被差出之処
先規薨去同時披露之間抑留、今朝今暁寅剋薨
去之旨届、

〔有栖川宮日記〕○高松宮家蔵
嘉永五年正月元日、壬午、晴、
一在京野沢近江守ゟ来状、
然者昨廿九日三條殿江差出ス御附弟御
願御口上書写壱通相廻し申候間宜御沙
汰奉頼候、尤元日ニ而萬一御差支ニも御
座候ハヽ、昨夜持参仕候積ニ而御沙汰御
座候様奉頼候、以上、
正月朔日
追而本文御口上書写昨日御廻し可申之

処出来兼致延引候、此段宜御沙汰奉頼候、
以上、
何も落手承知之旨返書遣ス、
但シ別紙写如左、
輪王寺宮御方御幼年ゟ兎角御虚弱御病
身ニ被為在、其上日光表三御登山初御室
御太切之御法用向御繁多之御職務、何分
御壱人ニ而深御懸念御不安心ニ被思召
候ニ付、去ル(嘉永元)申年青蓮院喜久宮御方御附
弟ニ被仰請度段御願被仰上候処御願之

通達ニ御附弟被仰出候所被思召〉深御
安心之御場合被為至候処、不被為計當亥(嘉永四)
年喜久宮御方薨去被為在誠御残念被思
召候、然ル処御間合も不被為在猶又被仰
上候者深被恐入候得共、御附弟宮御契約
之儀御願被仰上候、尤此節伏見宮ニも若
宮被為在候得共至而御幼稚之御様子ニ
付、此度者無御據梶井誠宮御附弟ニ被仰
請度御願思召候、尤梶井御門室御相續之
宮御附弟ニ御願被為在候儀被對御所向

候而者如何斗被恐入、御門室江も甚御憚
之儀ニ思召候得共、無御據梶井誠宮御方
御附弟御願被仰上候間、此段被聞食度、何
分ニも御願之通達ニ梶井誠宮御方御附
弟ニ被仰出候様偏ニ御願思召候、此段御
内慮御伺被仰上候間宜御沙汰之儀深御
頼被仰入候、
輪王寺宮御使
野沢近江守
〔二月〕廿一日、壬申、曇、

一輪王寺宮坊官ゟ奉文如左、
依仰致啓達候、餘寒之節御座候得共其御所
様益御機嫌能被為成目出度思召候、御門主
御方弥御安泰被為成候御安慮被進候様思
召候、然者今般梶井誠宮様御儀御附弟御契
約被為整候ニ付、則今日表向武邊江御頼之
御使淩雲院前大僧正并執當両院同道相勤
申候、右為御知被仰進候、此段宜被成言上与
之御事ニ御座候、恐惶謹言、
本間相模守
二月十二日　野澤宮内卿　光寛判
万里小路式部卿　慈孝判
猷倫判
粟津甲斐守殿
豊嶋筑後守殿

三月十二日、壬戌、晴、
一輪王寺宮　御使野沢近江守
梶井誠宮御方唯今御附弟被仰出候、御吹聴
被仰進候事、
十四日、甲子、陰晴、
一輪王寺宮坊官ゟ奉書到来、

依仰致啓達候、春暖之節御座候得共其御所
様益御機嫌能被為成目出度思召候、御門主
御方弥御安泰被為成候御安慮被進候様思
召候、然者今般梶井誠宮様御儀御門主御方
御附弟御契約被遊度旨武邊江被仰立置候
處、今日御使久世大和守殿を以御頼之通被
仰出候旨被仰進候、右為御知被仰進候、此段
宜被成言上与之御事ニ御座候、恐惶謹言、
三月五日　本間相模守
野澤宮内卿　光寛判
万里小路式部卿　慈孝判
猷倫判
粟津甲斐守殿
豊嶋筑後守殿

（伏見宮日記　○史料編纂所蔵

嘉永五年正月十九日

一、廣橋殿江縫殿頭罷出候所、御同卿御面會ニ而、左之書付を以御達有之、尤関東江御内意以前御心得ニ御里坊之事故申入置候様関白殿御沙汰ニ付御達被申候由、御承知之儀明朝辰之刻迄ニ承度由被達候也、但し其節御書付返却候様との事也、

輪王寺宮依願梶井誠宮被召返附弟被仰出候事、梶井空室ニ相成候ニ付青蓮院満宮被召返相續之旨候事、

閏二月三日、

一、輪王寺宮御使野澤近江守唯今傳奏代廣幡右大将殿ゟ御招ニ而罷出候、御同卿御出會、梶井誠宮御方御附弟表向御内意被仰出候由被相達候旨言上、

三月十二日、

一、傳奏坊城前大納言殿使清水右門ヲ以、今巳刻後諸大夫壹人被相招候由申来、依之刻限縫殿頭罷越候處、則前大納言殿御出會ニ而、左之書取之趣被仰出候ニ付、為御心得可申上段被仰出候旨被申渡、承之歸殿及言上候也、

座主宮所労不被勝之處、座主當職相應之人躰當時無之候間、一乗院宮移轉、青蓮院宮相續被仰出候、（○中略）且輪王寺宮自幼年虚弱病氣ニ付、附弟被相願無據梶井誠宮被召返、願之通被仰出候、梶井空室ニ相成候儀歎申之趣被聞召、依之青蓮院満宮被召返、右室相續被仰出候事、

（津田家日記　○史料編纂所蔵

嘉永六年三月朔日、己巳、晴、

一、輪王寺宮御附弟誠宮御方御疱瘡之處、實者被薨候也、

〔輪王寺宮年譜〕

大樂王院前天台座主准三后一品慈性法親王

（〇中略）

嘉永五年壬子三月五日、奏請梶井誠宮而被

定御法嗣、御所向者十二日、誠宮者今上帝統仁親王

御養子御母、實伏見入道禪樂親王御子、御實母伏見家女房、〇年月日御誕生

嘉永元年十二月雖被定梶井継跡、更為慈性親王御附弟、同六年三月一日内々為養生移于滋賀院里坊、同月二十六日移于山科毘沙門堂、同月二十七日薨于毘沙門堂、日、御一刹

葬于毘沙門堂境内、稱号平等心院宮、

〔伏見宮系譜〕

邦家親王

男子

嘉永元戊申年二月四日誕生、号威《ノリ》宮、同年十

月廿三日改名誠宮、同月廿六日梶井宮相續

願、同年十二月五日被仰出、（〇中略）同（嘉永）五壬子、

年正月十九日輪王寺宮附弟内意、同年三月

十二日依叡慮被召返、更輪王寺宮附弟被仰

出、同月廿七日弘、（〇中略）同（嘉永六）年三月廿七日寅刻、

實卯半刻、日辰薨、大、

安政二年九月二十一日

是ノ月十日、生母圓明院平子勝死去ス、是ノ日、會〻

日光登山ノ途上、宇都宮ニ於テ其ノ訃報ニ接ス、

乃チ五十箇日ノ假、十三箇月ノ喪ニ服ス、

編修課

〔有栖川宮日記〕〇高松宮家藏

安政二年九月十日、庚午、晴、

一、御実母圓明院事追〻申上有之容躰書如左、

當月八日夜戌刻卒中風相発、膈痰熱劇鋪

昏睡脈洪大、右半身不遂、小水自遺等ニ付、

執匕秋吉雲桂、傍觀鎌田康吉相談仕候而

金匱小續命湯加犀角兼用烏犀圓調剤、薬

汁者少〻宛納り候得共難開尤穀氣者一

切納り不申、追〻衰弱甚敷候ニ付、中山攝

津守参診候処、追〻差重、衆者全同案之趣

ニ付引續輪王寺宮ゟ被仰付高階安藝守
参診候処、是又同様申、藥も同案之由、九日
夜呼吸促迫ニ付竹瀝姜汁調剤候得共兎
角開かね、十日追〻指重、口眼喎斜等加候
趣也、
執匕　秋吉雲桂
高階安藝守　中山攝津守
鎌田廉吉　鎌田駒助
隅野宰輔

右ニ付太宰少監嶋岡右衛門大尉昨夜ゟ罷
越ス、今朝ゟ木工頭始御用人等追〻罷越候
事共也、
一、今夜戌刻斗前川太宰少監田中舎人出殿ニ而
圓明院事追〻病氣差重り、醫師共種〻手を盡
候得共、唯今及大切候段注進申上候事、
木工頭承り及言上、夫〻手配り申渡候事、
十一日、辛未、陰天、
一、圓明院容躰追〻差重り候事醫師ゟ差出候弐
度目三度目容躰書如左、初度之様躰書昨日之
所有之、

十日未刻頃ゟ御手足漸御厥冷御催、御疲
氣御閉塞被為在ニ付、攝生飲加羚羊角調
進仕候所、兎角御難症御加重被為在、尤御
兼用烏犀圓も連進仕候所、御藥汁御納り
少く被為成、夜中追〻御衰弱甚敷被為成
候、今十一日朝ゟ三生飲調進仕候処何分
御開達難被為在御厥冷追〻御増被為在
候、
九月十一日申刻、
執匕　秋吉雲桂
高階安藝守　中山攝津守
鎌田廉吉　鎌田駒吉
隅野宰輔

十一日申刻後追〻御厥逆甚敷御脉微〻
被為成候ニ付通脉四逆湯調進仕、猶又四
逆加人参湯調進仕候処、追〻御危篤ニ被
為成、申半刻被為及御大切候、
九月十一日申半刻、
名前同上、
右書面奥向江も申入候後、輪王寺宮坊官江

奉翰を以御知セ被仰入候事、
無程養生不相叶卒去之趣詰合前川太宰少
監注進有之ニ付及言上、夫〻江成基申達候
事、
廿五日、乙酉、陰、
一、輪王寺宮　　岩井左衛門
圓明院殿逝去之旨、去ル廿一日於日光御道
中宇津宮駅御承知被遊候、則即日ゟ十一月
十一日迄五旬之御暇、十三ヶ月御着服被為
請候旨ニ御座候、

九月

安政五年九月二十七日
伏見宮邦家親王ノ王子満宮（後ノ北白川宮能久親王）ヲ梶井
門室ヨリ召返シ、附弟ト為スベキ旨治定ス、是ヨ
リ先、附弟ト為レル喜久宮（邦家親王王子）並ニ誠宮（喜久宮弟）
相次イデ早世セルヲ以テ、更ニ満宮ヲ附弟ト為
サンコトヲ奏請セルナリ、

（有栖川宮日記）○高松宮家蔵
安政五年四月廿八日、癸酉、雨、
一、輪王寺宮　　御使由橋伊豆守
　　　　　　　　岩井左衛門 所労ニ付同伴
（○献上物略）
右北弍之間江通シ、茶多葉粉盆等出ス、多賀大炊出會、
御口上并被進物等承之、其後長良罷出候処、
御附弟御願書昨日御世話江内談之上今日
関白殿江被差出候由ニて写弐通差上ル、尤
万端御心添之儀御頼被仰進、且自分ゟも宜

敷相願候旨也、
輪王寺宮御方従来兎角御虚弱ニ而御下
関以来者別而御持病時々御發日光表之
御登山并御室御太切之御法用向繁多之
御職務何分御壱人ニ而者御不安心ニ被
思召候ニ付、去ル嘉永元申年青蓮院宮久
宮御方御附弟ニ被仰請候處、不被為斗御
早世被為在候ニ付、猶又同五子年梶井誠
宮御方御附弟ニ被仰請深忝御安心被思
召候處、是又翌丑年（嘉永六年）御早世被為在種々御
配意御丹誠甲斐茂不被為在、御二方共御
引續之御早世ニ而誠以御残念至極被思
召候、右ニ付猶又御附弟宮御契約之儀御
願被仰上度被思召候處、御間茂無之度々
御願被仰上候儀何分被為恐入、且其砌御
相應之御方茂不被為在候ニ付無御餘儀
御打過被成置候得共、最早無程五旬ニ茂
被為成候ニ付而者、追年御持病御差募、万
端御懸念甚以御不安心ニ被思召候間、不
被為顧恐、無御餘儀此度御附弟宮御契約
之儀御願被仰上候、右ニ付御人躰之儀彼
是御思惟之上、猶又梶井満宮御方御附弟
宮ニ被仰請度被思召候、尤右宮御方ニ者
梶井御門室御相續之御事ニ而御引續御
二方も彼御室ゟ被仰請候儀、被為對御所
表如何斗歟被為恐入、彼御室江被為對候
而茂重々御憚御氣毒被思召候得共、無御
據御願被仰上候間、此段被為聞食分、幾重
ニ茂御願之通速ニ梶井満宮御方御附弟
ニ被仰出候様偏御願思召候、此段御内慮
御伺被仰上候間宜御沙汰之儀深御頼被
仰入候、

輪王寺宮御使
申橋伊豆守

（中略。）

右委細及言上候処被聞食、尚御返答者追而
可被仰入旨、且御口上之様何も御承知被成
候段申入ル、何も伺候由ニ而退出也、

九月廿七日、己亥、晴、

一、輪王寺宮ゟ
御使申橋伊豆守

今日傳奏万里小路殿於里亭先達ゟ御願之儀別紙之通御達御座候ニ付不取敢御風聴被仰進也、

宮御方従来御虚弱御持病時々御發動、大切之御法用向繁多御職務深御心配ニ付御附弟之儀御願之趣無據被聞食候間、梶井満宮被召返、御附弟御願之通被仰出候事、

十月七日己酉天晴

一、輪王寺宮より　御使前大路治部卿

満宮御附弟之儀武邊へ被仰立置候所今度御願之通被仰出候ニ付御吹聴被仰進、

一、同宮より奉書到来、

依仰致啓達候、秋冷之節御座候得共、其御所様益御機能被為成目出度思召候、御門主御方弥御安泰被為成候御安慮被進候様思召候、然者今般梶井満宮様御儀御門主御方御附弟御契約被遊度旨武邊江被仰立置候処、今日御使脇坂中務大輔殿を以御願之通被仰出候旨被仰進候、右為御知被仰進候、此段宜被成言上与之御事ニ御座候、恐惶謹言、

九月廿九日

野澤近江守
勝邦花押

石河民部卿
慈喬花押

古田治部卿
慈賢花押

豊嶋伊勢守殿

栗津駿河守殿

中川越前守殿

（伏見宮系譜）

邦家親王
　└能久

弘化四丁未年二月十六日未刻誕生、号満宮、嘉永元戊申年六月十一日青蓮院室相續約、同年八月三日仁孝天皇御養子、青蓮院相續被仰出、（略○中）同五壬子年三月十二日依叡慮被召返、更梶井宮相續、（略○中）同（安政五）年九月廿七日、依叡慮被召返、更輪王寺宮附弟被仰出、同年十月廿二日里坊へ引移、

〔輪王寺宮年譜〕

大楽王院前天台座主准三后一品慈性法親王

（中略）

安政五年戊午九月二十七日奏請梶井満宮

而被定御法嗣、

〔輪王寺宮年譜〕

輪王寺一品公現法親王

仁孝天皇御養子、御養母中山故愛親卿女従三

位大典侍局藤績子、実伏見入道禅楽親王御子、

御母伏見家女房、

弘化三年丙午二月十六日、御誕生、称満宮、実

弘化四年也、

（アキマヽ）年（アキマヽ）月（アキマヽ）日為御養子、

（アキマヽ）年（アキマヽ）月（アキマヽ）日、為青蓮院之御相

嗣、

嘉永五年壬子二月（アキマヽ）日遷為梶井室御継嗣、

（中略）

安政五年戊午九月二十七日更為慈性親王

之御附弟、

同年十月二十二日移于河原御隠殿、

同年同月二十五日親王宣下、御諱能久、

同年十一月二十三日御入寺于御仮室、御河原隠殿

殿、即日御得度、御諱公現、御戒師者青蓮院尊

融法親王、従此称日光新宮、

文久二年四月九日

江戸ヲ発シテ上洛ノ途ニ就ク、尋イデ二十六日、

京都ニ到着、輪王寺宮河原御隠殿ニ入リ、逗留ス、

〔有栖川宮日記〕〇高松宮家蔵

文久二年四月廿四日、丙子、晴、

一、輪王寺宮　　御使岩井左衛門

去ル廿一日佐谷川御渡船無御滞被為済、同

晩桑名駅御止宿被遊候旨為御知被仰進、

廿六日、戊寅、晴、

一、輪王寺宮へ　　御使山本伊勢守

今日御上着ニ付御吹聴且大津駅江御使被

進候御挨拶被仰進候事、

一、御同所江　　御使雅楽頭

今日御上着ニ付御歓として御目録之通り

被進、且過刻御吹聴之御挨拶被仰進候事、

中務卿宮御方へ

御太刀　　一腰

御馬代銀十両　一疋

昆布　　一箱

帥宮御方へ

御太刀　　一腰

御馬代銀十両　一疋

妙勝定院宮御方へ

こんふ　　一はこ

氷こんにやく　一はこ

御たる代金　弐百疋

岸君御方より

こんふ　　一はこ

御たる代金　弐百疋

（〇中略）

右被進候所御対面御直答被為在候事、

〔輪王寺宮年譜〕

大楽王院前天台座主准三后一品慈性法親王

（〇中略）

文久二年壬戌四月二十六日、御上洛、去ル九日御発駕、

御旅館者河原御隠殿

文久二年五月七日
天台座主ニ補セラル、

編修課

〔天台座主宣下一會〕
應令入道一品慈性親王補任延暦寺
座主職事
右少辨藤原朝臣俊政傳宣
權中納言藤原朝臣資宗宣奉
勅、宜補任彼寺座主者、
文久二年五月七日
中務權少輔壬生殿頭兼左大史算博士小槻宿祢輔世奉

〔有栖川宮日記〕○高松宮家蔵
文久二年四月廿八日、庚辰、晴、
一、輪王寺宮ゟ、　同（御使）山口左門
座主宣下御内意被仰出候御風聴被仰進候
事、
晦日、（三十）壬午、天陰、
一、輪王寺宮御方ゟ、　御使磯田主計
来ル七日辰剋座主宣下被仰出候ニ付御吹
聴被仰進、
五月七日、己丑、陰、

一、輪王寺宮御旅館江　御使伊豫守（狩衣）
今日座主宣下ニ付為御祝詞被進物并献物
如左、
中務卿宮御方ゟ
御太刀　一腰
昆布　一箱
御馬　一疋代銀十両、
帥宮御方ゟ
御太刀　一腰
御馬　一疋代銀十両、

妙勝定院宮御方〻
岸君御方〻
昆布　一箱宛
御樽　一か　代金三百疋ツヽ
糦宮御方、穂宮御方
稠宮御方〻
昆布　一箱宛、
以上

十日、壬辰、齋
一、輪王寺宮　御使今大路大蔵卿

両宮様江
御太刀　一腰
御馬　一疋　代銀壱枚宛
氷蒟蒻　一箱
昆布　一箱
妙勝定院宮様　岸君様
糦宮様　穂宮様
稠宮様江
〔座〕昆布　一はこツヽ
坐主宣下被為済候為御祝儀御目六之通被遣候事、御引として金弐百疋被下之、

〔平田職修日記〕
文久二年五月七日、天台座主宣下、輪王寺入道慈性親王為天台座主ニ付予束帯、召具雑色白丁、卯半刻出仕、於非蔵人口出仕旨六位蔵人申候、而下侍鍵申出、御庭江廻、（中略）上卿日野中納言資宗卿、少納言高辻修長朝臣、直ニ延暦寺江登山也、弁坊城右少弁俊政、大内記清岡長説朝臣、奉行葉室頭弁長順朝臣、

〔天台要略〕新撰座主傳附録
第二百三十代一品慈性親王輪王寺、
（中略）
文久二年五月七日任座主、年四十九、執当養忠、宣命使高辻少納言以長、

〔輪王寺宮年譜〕
大樂王院前天台座主准三后一品慈性法親王
（〇中略）
（文久二）
同年五月七日座主宣下、

文久二年五月二十二日
准后宣下ヲ蒙ル、乃チ二十八日、御禮ノ爲、參内
ス、
孝明

〔准三宮宣下一會〕
准三宮　入道一品慈性親王宣下
勅、有德必得其位、有行必得其名、
爰入道一品慈性親王、曩入峨山之
法門、今居台嶽之貫首、顕密夙備、
智鋒群衆生之惑、戒業全熟、德光
照下界之暗、清聲揚緇林、才華馨
禁庭、寔是釋氏之棟梁、佛家之柱礎、
嘉其徽猷、感其美功、豈不授崇範乎、
宜准三宮、加年官年爵、授封戸三千戸、

一遵舊典、主者施行、
文久二年五月廿二日
中務卿二品幟仁親王　宣
大輔從四位上藤原朝臣敬直　奉
少輔正五位下藤原朝臣資生　行

（准三宮宣下一會）

准三宮　入道一品慈性親王宣下、

正二位行權大納言藤原朝臣俊克
宣、奉勅、以入道一品慈性親王
宜賜准三宮年官年爵者、

文久二年五月廿二日大外記兼掃部頭造酒正助教中原朝臣師身

（有栖川宮日記）○高松宮家蔵

文久二年五月十六日、戊戌、天晴、
一、輪王寺座主宮より　御使山本伊勢守
今朝以勅使、両御准三宮宣下御内意被仰出
候ニ付御吹聴被仰進、

十八日、庚子、雨、
一、入夜輪王寺宮へ　（御使）同　桂　主水
准后宣下来ル廿二日辰剋日時御治定被仰
出候ニ付御吹聴被仰進候事、

廿二日、甲辰、天陰、
一、今日輪王寺一品天台座主慈性入道親王准三
宮宣下、
一、輪王寺宮御旅館へ　御使右馬助 狩衣
今日准后宣下ニ付為御歓被進、
中務卿宮御方より
御太刀　一腰
御馬　一匹　代銀壱枚
昆布　一箱
氷蒟蒻　一箱
御樽　一荷　代金三百疋

帥宮御方より
御太刀　一腰
御馬　一匹　代銀壱枚
昆布　一箱
妙勝定院宮御方
岸君御方より
こんふ　一はこ
氷こん蒻　一はこ　つゝ
御たる　一か　代金弐百疋

（中略）

御招請御成ニ付
中務卿宮御方より
御杉折　一合　煮しめ物
帥宮御方より
蒸籠　一荷
右寺家式部卿御返答申出、
一、輪王寺准后宮より　御使山本伊勢守
准后宣下、唯今無御滞被為済候ニ付不取敢
御吹聴被仰進、
一、中務卿宮御方未半刻御出門、輪王寺宮御旅舘

へ准后宣下ニ付御歓并御招請ニ依て被為成、
御衣冠、御板輿、
（〇御供略）
帥宮御方御引續御出門、御同様ニ付御同所へ
御成、
（〇御供略）
入夜四更、還御、
廿三日、乙巳、晴
一、冨小路中務大輔殿参入、
青士案内伺候之間江通ス、茶多葉粉盆等出ス、

省平田中務大祿随従参入、使者之間江通ス、右馬助
出會、設之間江案内、省青士案内同参進、御加署之儀
有之、次第見上、
（〇中略）
勅、有德必得其位、有行必得其名、
叟入道一品慈性親王、曩入叡山之
法門、今居台嶽之貫首、顕密夙備、
智鋒解衆生之惑、戒業全熟、徳光
照下界之暗、清聲揚緇林、才葉馨
禁庭、寔是釋氏之棟梁、佛家之柱

礎、嘉其徽猷、感其美功、豈不授崇
範乎、宜准三宮、加年官年爵、授封
戸三千戸、一遵舊典、主者施行、
文久二年五月廿二日
中務卿二品
大輔從四位上藤原朝臣
少輔正五位下藤原朝臣
廿八日、庚戌、雨降、
一、輪王寺宮准后宣下御禮御参内、
一、輪王寺宮へ　御使多賀大炊

今日准后宣下御礼御参内ニ付御献被仰進
一、輪王寺宮より　御使今小路治部卿
ゝ准后宣下ニ付為御祝儀被進、
中務卿宮御方へ
御太刀　一腰
御馬　一疋 代銀弐枚
昆布　一箱
岩茸　一箱
帥宮御方へ
昆布　一箱
御樽　一荷 代金三百疋
妙勝定院宮御方
岸君御方へ
こんふ　一はこ
御たる　一か 代金三百疋つゝ
（中略）
右伊豫守出會御返答申述、

（公卿補任）孝明天皇 文久二年
五月廿二日、准三宮（入道一品慈性親王）宣下、上卿
新大納言（俊克）、辨勝長、奉行長順朝臣、

（輪王寺宮年譜）
大樂王院前天台座主准三后一品慈性法親王
（中略）
（文久二年五月）
同年同月二十二日准后宣下、

文久二年五月二十五日
延暦寺前唐院ノ慈覚大師将来聖教道具ノ検封
阿闍梨職ニ補セラレンコトヲ奏請ス、乃チ是ノ
日、勅許アリ、検封阿闍梨宣下ヲ蒙ル、

編修課

〔検封阿闍梨職官宣旨〕

請特蒙
天恩因准先例、被補前唐院慈覚大師将来
聖教道具検封阿闍梨職状、
右、
夫慈覚大師、不遠萬里、不険波濤、遠従異朝
所齎持来珍書奇品、實普天貴寶、率土重物也、
天之所覆、地之所載、日月所照、星辰所臨、凡知之者、
誰不尊信之、深〔深〕秘蔵之、
勅封之厳、
天意蓋以衆心為心、與衆貴重之、尊信之、所由致也、
前唐院検封阿闍梨職者、特預焉、宜哉、此職

宸襟撲者賢不肖、必有取捨也、余不肖、何足以
當之、雖然、平居竊三観於一心、磨五相於三密年月
久矣、伏請
天慈憐察微功、被補件職、然則愈竭誠心、祈
聖壽於無疆、益傾誠意、禱寶祚於無窮、且
祝
德馨薫天地、神化洽四方、懽懽之
誠、冀垂
天聴、
文久二年五月　日天台座主一品准三宮慈性親王

〔検封阿闍梨職官宣旨〕

謹請
宣旨事、
天台座主一品准三宮慈性親王申請
特蒙天恩、因准先例、被宣下延
暦寺前唐院慈覚大師将来聖教
道具検封事、副欵状、
右宣旨早可令下知之状、謹所請如件、
五月廿五日左大史小槻輔世〔清文〕

〔検封阿闍梨職官宣旨〕
左弁官下　延暦寺、
　応補前唐院慈覚大師将来聖教道具検封阿闍
　梨職事、
右得天台座主一品准三宮慈性親王今月　日奏
状偁、夫慈覚大師不遠万里、不険波濤、遂従異朝所
齎持来珍書奇品宝普天貴宝率土重物也、天之所
覆、地之所載、日月所照、星辰所臨、凡知之者誰不尊
信之、深秘蔵之、勅封之厳、天竟蓋以衆心為与衆貴
重之、尊信之所由致也、前唐院検封阿闍職者、特預

焉、宜哉此職宸襟攫者賢、不肖心有取捨也、余不肖
何足以当之、雖然平居觀琢三観於一心、磨五相於
三密年月久矣、伏請天慈憐察微功、被補件職、然則
愈竭誠心祈聖寿於無疆、益傾誠意祷宝祚於無窮、
且祝徳馨薫天地神化洽四方、懍懍之誠、冀達天聴
者、権中納言藤原朝臣資宗宣、奉勅依請者、寺宜承
知、依宣行之、
　文久二年五月二十五日中務権少輔主殿頭兼左大史算博士小槻宿祢（花押）奉
権右中弁兼右衛門権佐藤原朝臣博房花押

〔有栖川宮日記〕○高松宮家蔵
文久二年五月廿五日丁未天晴
一輪王寺座主宮より　　　御使桂　主馬
　明後廿七日検封阿闍梨宣下被仰出候ニ付
　御吹聴被仰進、
廿七日己酉陰
一輪王寺宮江　　　　御使伊豫守
　宮御方帥宮御方、妙勝定院宮御方へ
　昆布五十本ツヽ一臺宛、
右者検封阿闍梨被為蒙宣下候為御歓御目

録之通被進之候事、
六月廿三日甲戌天陰
一輪王寺宮より　　　御使前大路治部卿
　検封阿闍梨宣下ニ付御歓被進物為御答礼
　御目録之通被進之、
　　両宮御方
　　妙勝定院宮御方へ
　　昆布　五十本ツヽ
　右太宰少弐出会御返答申述、

〔輪王寺宮年譜〕

大樂王院前天台座主准三后一品慈性法親王

（〇中略）

（文久二年五）同年同月二十五日検封阿闍梨宣下、

文久二年六月九日

山門拝堂ノ為、坂本ノ滋賀院ニ到リ、逗留ス、既ニシテ十一日、比叡山ニ登リ、延暦寺ノ諸堂ヲ巡拝、十六日、輪王寺宮河原御隠殿ニ還ル、

〔有栖川宮日記〕〇高松宮家蔵

文久二年六月八日、己未雨天、

一、輪王寺准后宮　御使磯田主税

明九日卯刻御出門ニ而山門志賀院江被為成候ニ付、右為御知被仰進候

九日、庚申晴、

一、輪王寺宮御旅館江　御使右馬助

准后宮来ル十一日山門御拝堂被仰出今日〆滋賀院江被為成候ニ付御歓御見立御使相勤、

但於表御対面、御直答有之、御発輿之節御玄関敷臺ニて御見立申上、

十六日、丁卯天晴、

一、輪王寺宮より　御使三浦伊織

山門御拝堂ニ付滋賀院御逗留之所、唯今御旅館へ還御被成候ニ付、此段為御知被仰進

〔輪王寺宮年譜〕
大楽王院前天台座主准三后一品慈性法親王
（〇中略）
（文久二）同年六月十一日山門御拝堂、

文久二年八月十二日
有栖川宮邸ニ赴キ、幟仁親王ヨリ能書方竝ニ額字ノ秘事口傳ノ相傳ヲ受ク、

〔有栖川宮日記〕〇高松宮家蔵
文久二年八月十二日、壬戌、快晴、
一、今日輪王寺准三后一品慈性法親王江従中務卿宮能書方并額字御相傳、時巳、
一、准后宮巳刻御成、先御書院二ノ間江御通、御口上被仰入、藤木木工頭ヲ以奉り退入、言上、于時帥宮御方御挨拶ニ御出座、聖廟御札御洗米等被進、暫御休息之上、木工頭御案内申上、御傳授之御間江御進、御設之御手洗水差上、先中務卿宮御進、令入一ノ間簾中給、東（之御簾ノ台御／入、簾諸大夫侯）次、ニ准后宮御入簾、（一ノ間南之方ノ台／諸大夫侯御簾）何れ茂退入、御杉戸〆切、御傳授被為済、為御知之上参進、侯御簾如初、先准后宮御退座、御書院江再被為成御休息、（于時御相傳之御品御文庫ニ被納御封／被附兼而御硯箱并御封等設置、）次ニ中務卿宮御退入、
右御退座中御献儀之御間ニ設弘メ再中務卿宮御出座之上、御案内ニ而准后宮御進、先四種物、次御盃、次御銚子（ノ長柄／両口）
陪膳　木工頭（狩衣、）
御手長　松浦主膳

田中采女
多賀大炊　各布衣

右被為済候後御同間江帥宮御方御出座、于時諸大夫初席々罷出御相傳無御滞被為済候恐悦奉申上、且准后宮江諸大夫侍江拝受物之御禮も奉申上、終而花鳥之御間江被為成、

一、輪王寺准后宮　御使鈴木安藝守
副使岩井左衛門
黄金　三枚

帥宮御方江
昆布五十本一折
右者今日御相傳ニ付被進之、

宮御方江
御掛物弐幅對一箱
左裏看瀧
右霧降瀧　狩野春貞房信筆
右今日御成ニ付別段被進之、

〔歴世諸道傳授関係文書〕○[illegible]
能書方秘事口傳故實数多被仰聞候、且以不可令他言候、雖為相續之第〔弟〕子、非其器者不可相傳、聞書等可投火中候件之旨趣奉仰天神地祇之照鑒者也、仍誓状如件、
文久二年八月十二日
慈性 上
中務卿宮

〔歴世諸道傳授関係文書〕○[illegible]
額字口傳等被仰聞候條々、他人者勿論之儀、雖為相續之弟子不可申聞候、奉任祖神之照鑒候、仍誓状如件、
文久二年八月十二日
慈性 上
中務卿宮

〔輪王寺宮年譜〕

大樂王院前天台座主准三后一品慈性法親王

（〇中略）

（文久二）同年八月十二日、御傳授能書額字書道於有栖川中務卿幟仁親王、

〔有栖川宮日記〕〇高松宮家蔵

文久二年八月十八日、戊辰、晴、

一、准后宮　御使今大路民部卿

依御疝症此度御杖枝被免候ニ付、右御吹聴被仰進候事、

文久二年八月十七日

疝氣ニ因リ足痛アリ、仍リテ宮中杖ヲ許サレンコトヲ請フ、乃チ之レヲ聽許アラセラル、

〔輪王寺宮年譜〕

大樂王院前天台座主准三后一品慈性法親王

（〇中略）

（文久二年八月）同年同月十七日依御足痛御願禁中御杖免許、

〔有栖川宮系譜〕
慈性入道親王　光格天皇御養子　御母新大納局
（略。）
（文久二年）
同年八月十八日被免宮中御杖、

文久二年八月二十日
來ル二十五日、圓仁（慈覺大師）ノ千年忌（正當明年三月）勅會御法事ヲ行ハセラルルヲ以テ、是ノ日、比叡山ニ登リ、延暦寺大講堂ニ於ル宸筆（孝明）御八講ノ開白日ノ證義ヲ勤仕ス、既ニシテ二十二日、同ジク中日ノ證義ヲ勤メ、二十五日、亦大講堂ニ於ル勅會胎曼陀羅供ノ導師ヲ勤仕シ、尋イデ下山ス、

編修課

〔慈覺大師千年忌法會一會〕
慈覺大師千年忌於延暦寺勅會
導師
入道准三宮慈性親王
（○着座公卿等略）
来八月廿五日慈覺大師千年忌於延暦寺可被行勅會、可令參仕給之旨被仰下候、仍先内々申入候也、
六月八日　博房

〔慈覺大師千年忌法會一會〕
（内題）
慈覺大師千年御忌
宸筆御八講回章
庭儀曼陀羅供回章
慈覺大師千年御忌宸筆御八講之所
第一日
御證義
座主准三宮一品親王
正覺院執行探題僧正法印大和尚位
（○講師聽衆等略）

第二日

證義

恵心院別當探題前大僧正法印大和尚位

正覺院執行探題僧正法印大和尚位

（○講師聴衆等略）

第三日

御證義

座主准三宮一品親王

恵心院別當探題前大僧正法印大和尚位

（○講師聴衆等略）

第四日

證義

恵心院別當探題前大僧正法印大和尚位

正覺院執行探題僧正法印大和尚位

（○講師聴衆等略）

第五日

御證義

梶井二品親王

正覺院執行探題僧正法印大和尚位

（○講師聴衆等略）

右從來八月二十日至二十四日五箇日之間於

大講堂宜被修之狀仍所唱如件、

文久二年七月日、會行事法印權大僧都貞眞

座主准三宮一品親王

慈覺大師千年御忌胎曼陀羅供之所

御導師

座主准三宮一品親王

（○持金剛衆讃衆等略）

右以來八月二十五日於大講堂宜被修之狀

仍所唱如件、

文久二年七月日、會行事法印權大僧都貞眞

座主准三宮一品親王、

「慈覚大師千年忌法会一会」

（内題）
「慈覚大師千年御忌
宸筆御八講差定
庭儀曼陀羅供差定」

慈覚大師千年御忌宸筆御八講之差定

二十日
開白　無量義経

御証義　座主准三宮一品親王

呪願師　行光坊僧正

（〇講師以下略）

二十一日
朝座　二之巻

証義　恵心院前大僧正

二十一日朝座分
（〇講師以下略）

重座　四之巻

証義　恵心院前大僧正

（〇講師以下略）

二十一日
夕座　五之巻

御証義　座主准三宮一品親王

呪願師　行光坊僧正

（〇講師以下略）

二十二日
朝座　六之巻

証義　正覚院僧正

二十四日朝座分
（〇講師以下略）

重座　八之巻

証義　正覚院僧正

（〇講師以下略）

二十四日
結願　観音賢経

御証義　梶井二品親王

呪願師　正観院僧正

（〇講師以下略）

文久二年七月　日会行事法印貫真

慈覚大師千年御忌庭儀胎曼陀羅供差定

二十五日

御導師　座主准三宮一品親王

呪願師　日増院僧正

（〇唄匿以下略）

文久二年七月　日会行事法印貫真

〔有栖川宮日記〕〇高松宮家蔵

文久二年八月廿日、庚午晴

一、輪王寺宮江　御使右馬助

慈覚大師遠忌ニ付今卯剋御出門御登山、依之御歓且御見立御使被進、御直答被為在、御出門之節御見立申上帰殿、

御方々様ゟ茂御同様、

廿三日、癸酉晴

一、東坂本滋賀院御殿江　御使式部少丞

慈覚大師千年忌依勅會輪王寺准后宮御導師御勤行ニ付、過ル廿日ゟ御登山、昨廿二日、来廿五日等両日御勤、右ニ付御歓ニ而御登山中御見舞被進物左之通り、

宮御方ゟ　手羹　七棹

帥宮御方ゟ　外郎餅　七棹

妙勝定院宮御方ゟ　粽　二十把　一臺

右之通り被進之、并岸君御方御初御方々様ゟ御口上ニ而御歓御見舞被仰進、

右参着之上御対面、且御料理被下之、退出之節御直答在之、

〔博房卿記〕

文久二年八月廿五日、乙亥、自去二十日到今日、於山門慈覚大師千年忌〈引上寛明年三月〉、被行勅會、奉行自去十九日登山、著座公卿已下廿四日登山云々、此勅會元来予奉之、其后勝長俊政奉之、各依麻疹御理、轉々終長順朝臣被奉了、

導師

天台座主准三宮一品慈性親王、輪門也、

（〇著座公卿以下略）

〔輪王寺宮年譜〕

大楽王院前天台座主准三后一品慈性法親王

（〇中略）

（文久二年八月）同年同月二十五日慈覚大師一千年忌勅會御導師、

文久二年八月二十八日

近ク江戸ニ下向セントスルヲ以テ、御暇乞ノ為参内孝明ス、乃チ小御所ニ於テ舞楽ヲ陪覧シ、畢リテ御学問所ニ召サレテ天顔ヲ拝シ、御盃ヲ賜ハル、尋イデ閏八月二日、有栖川宮邸ヲ訪ヒ、暇ヲ告グ、

〔野宮定功日記〕

文久二年八月廿八日、戊寅、准后宮依近々帰府為御暇今日令参内給、于時未斜、小時出御于小御所、御覧舞楽、准后宮拝見之、博陸、青蓮院宮、以上舞楽拝見有召、帥宮准后宮里方ニ付中務卿宮、帥宮等推参拝見之事兼日伺定申達之、同参給、前関白入道准后、仁門、知門等皆有召之處不参、両役近習公卿殿上人等皆推参拝見、楽人発音声、慶雲楽、渡大橋進前庭、遊奏舞、央宮楽、仁和楽、太平楽、陪臚、陵王、納曽利等了、発長慶子退出了、入御、殿下、青門早出、小時出御于御学問所、議奏近習当番侍座、如例、准后宮参進、拝天顔、可賜一献之間、陪膳源大納言切袴手長長邦、切袴役送大江俊堅供御昆布熨斗、公允朝臣切袴居宮前物、昆布、搗栗也、三献、間召之後賜天盃、長邦酌、三献有加了、次第撤之、次宮退入、次入御、此後召御小座敷、賜御料理、有内々御酒宴云々、亥半許退給、小時更出御于御学問所、有御酒宴、宮参進給、両役御陪膳公卿献奉行等臨期有召、殿上人候雑役、事訖子半許入御、

〔有栖川宮日記〕○高松宮家蔵

文久二年八月廿八日、戊寅、晴、

一、帥宮御方未刻御出門ニ而御参内、日光准后宮御暇御参内、舞楽被催候ニ付御推参也、（○御供略）還御申刻過、

一、禁中於小御所前庭舞楽如左、

（○舞楽番組略）

閏八月二日、壬午、晴、
一、准后宮近〻御還府ニ付、為御暇未半剋御成、先於山水御間中務ゝ〔御脱〕宮御方、帥宮御方御對面、宮御方より御口祝被進、相済大奥ヘ御通り、御一統様御對面、御料理二汁七菜、蒸菓子、濃茶、干菓子、薄茶、後段御吸物五ツ、御核九種、
一、今日御暇被為成候ニ付、左之通被進、
御使鈴木安藝守
一御膓息
御海苔壺

御紙包
御炉縁 弐廻り
唐桐
壽光波 弐鉢
蔦 一本
右中務卿宮様江、
御水菓子壱筥
右岸君様江、
別段銀 五枚宛
右両宮様江、

一、今日御成ニ付、御内〻御餞別被進、被下物左之通、
御後御屏風 一双壱筥
三拾六哥仙画哥張交
一 哥染筆堂上方、
画工 暈薫
巻物地 御詠哥十五枚壱筥、
御側棚 壹筥、
御文庫之内 御詠哥御包紙十五枚、御旅時斗壱、御人形壱、
外ニ
故宮様御懐紙被進之、

右従中務卿宮御方、
御懸物 弐幅對壱筥
左鶏春草
右兎秋草
越前守岸岱画
御画讃左 一條左大臣忠香公
右 二條右大臣齋敬公
御提重 御菓子三種入一筥、
右従帥宮様、
御詠哥巻物地 十五枚一筥、
御色紙 同 一筥、

御小机　一はこ、
右従妙勝定院宮様、
御小廣ふた二而一はこ、
右従岸君様、
（略中）
以上

文久二年閏八月四日
京都ヲ發シテ江戸ニ向フ、夫ヨリ東海道ヲ經テ、
二十五日、江戸ニ著ス、尚、京都出發ニ當リ、天台座
主ヲ辭ス、

〔有栖川宮日記〕○高松宮家蔵
文久二年閏八月三日、壬未、快晴、
一、輪王寺宮明日関東江御還府御發輿ニ付、河原
御旅館江御暇乞恐悦旁一統參殿之事、
五日、甲酉、雨、
一、輪王寺宮　御使岩井右衛門
昨日御發輿無御滞被為在候間、此段御心易
思召被進候様被仰進、且御在京中毎々被為
成色々被為進物等之御挨拶も被仰進、
廿一日、辛丑、雨降、

一、輪王寺准后宮去ル十三日大井川御越可被遊
候所、前十二日ゟ満水留川ニ付、無御據金谷驛
ニ而御滞留、川明次第御越被遊旨、去ル十四日
附之飛札を以申参候旨御留主居岩井左衛門
ゟ言上、
廿二日、壬寅、終日雨、
一、輪王寺准后宮御方去ル十二日ゟ大井川満水
ニ付無御據金谷驛ニ而御滞留之処、今十五日
午剋川明ニ付即剋御発輿、大井川無御滞被遊
御越藤枝驛ニて同夜御止宿之旨、以後御差支

等無之候ハヽ、廿五日御着府之旨、去ル十五日

附之飛札ニ申参リ候段、岩井左衛門申出ル、

九月重陽戊午齋、

一、准后宮坊官ゟ奉書到来左之通、

（〇書状一通略）

今壱通左之通、

依仰致啓上候、其御所様益御機嫌被為成

目出度思召候、准后宮御方彌御安泰被遊

御旅行、去廿三日可被遊御着府之處、去ル

十三日大井川滿水ニ而難被遊御越二日

御遅延、今廿五日午剋被遊御還府候、右為

御知被仰進候、此段宜被成言上ゟ之御事

御座候、恐惶謹言、

閏八月廿五日

伴因幡守

幹綱判

野澤宮内卿

慈巖同

古田治部卿

慈賢同

豊嶋伊勢守殿

藤木雅樂頭殿

粟津駿河守殿

〔輪王寺宮年譜〕

大樂王院前天台座主准三后一品慈性法親王

（中略）

（文久二）

同年閏八月二十三日、座主御辭職

同年同月二十五日、御下關去ル四日京發駕、

［天台要略］新撰座主傳附録

第二百三十代一品慈性親王輪王寺

（略中）

（文久二）
同年閏八月四日辭職、

元治二年三月二十九日

徳川家康東照大權現ノ二百五十回忌勅會御法事執行ノ爲、日光山ニ登山ス、既ニシテ四月六日、東照宮ニ詣リ、輪王寺新宮公現親王後北白川宮能久親王、梶井宮昌仁親王後梨本宮守脩親王ト倶ニ御經供養ノ習禮ヲ行ヒ、九日ヨリ連日參宮、御經供養ニ出仕シ、十六日、結願、翌十七日、東照宮ノ祭禮ニ臨ム、尋イデ十八日、參宮、二百五十回忌勅會御法事ノ導師ヲ勤仕ス、二十日、日光ヲ發シテ江戸ニ歸ル、

［社家御番所日記］日光叢書所収

元治二年三月廿九日

一今日准后宮様御着ニ付、非番同役中本宮下江為御出迎罷出、

四月六日、

一卯刻明番宮仕神人召連昇宮、今日御經習礼有之ニ付、御宮中御掃除、其外御用意致之、

一二番鐘輪王寺准后宮様、同新宮様、梶井宮御待合所江入御、執当御案内御上宮、御拝殿北方ニ御着畳、中央簾捲之、御習礼其外万端御次第書之通り、相済三宮様御退散、次衆僧退下、

九日、

一二番鐘武家参宮、次衆僧伶人着座、次御導師新宮様御昇社、御經等万端御次第書之通、相済御退出、

十日、

一五ツ半時二番鐘、内外衆僧并伶人着坐、四ツ時過武家上宮、追付御導師新宮様供奉行列御昇宮、御經壱巻御執行、畢而御退出、

一八巻之時三宮様御出仕、御拝殿江御着畳、畢而

入御幣殿御焼香御拝有之、
十一日、
一今日御規式、御次第書之通一ノ巻御導師新宮
御昇宮、
一八ノ巻之節三宮様御昇宮於御幣殿御拝御焼
香、御順々相済御退出、引續衆僧退下、
十二日、
一五ツ半時二番鐘衆僧并伶人出仕、同刻過武家
昇社、追付御導師准右宮様御昇宮、御經竟之巻
御執行、畢而御退下、武家送迎等如昨日、八巻之

時三宮様御出仕、御拝殿南面ニ御着畳、御經畢
而入御幣殿御焼香御拝有之、次ニ御退出、
一御經過、十八日御經供養習礼有之、出座之院家
僧正衆僧等御拝殿江相並、執當円覚院御次第
書讀被渡、次内習礼致之、種々談合有之、慥江相
下り、樂入中同断、次梶井宮様御石之間口より
御拝殿江御着畳、次准右宮様新宮様御唐門よ
り御昇宮、御拝殿東之方御例席御着畳、僧正院
家其外全十八日之通り着座、准右様御答り円
覚院登高座、其節之御次第書御内佛准右宮様

書陵部（三号）

へ差上、御読筭有之、（中略）御習礼相済御着座竟
間ニ有之御忌佛御拝覧、相畢而御石之間口よ
り御退出、
（〇以下十三日ヨリ十五日ニ至ル間ノ東照宮ニ於ル御經供養ノ記事ヲ省略ス、）
十六日
一明六ツ頃惣御奉行巳下如御次第書御役入中
上宮着坐、次御導師御午替修學院僧正上宮御
拝殿入口西之方御柱際ニ假坐、止樂惣礼中直
ニ登檀法華經讀誦、二巻目寺社御奉行順堂次
ニ惣御奉行順堂、休息所江退入、四巻之時又々

書陵部（三号）

上社、讀畢而御午替僧正退下、
一七之巻目畢而御午替下高座、直ニ退下、次ニ証
誠宮様御拝殿江御出座、次御導師新宮様供奉
行列御出仕、御經御結願、八巻目御讀經畢而御
法則、次回向、此間ニ御下高坐、次三宮様御幣殿
ニ而御拝如前々、畢而武家江御挨拶有之、武家
退出、衆僧一同自持經机退散候事、尤四ツ時過
相成ル、
十七日、
一辰刻前社家中束帯裝束相揃新宮江相詰、巳之

書陵部（三号）

剋前准后宮様供奉行列、新宮御成御唐門前ニ
而御招請御作法、相濟延年舞御覧還御、（中略）神
輿還幸後、日光奉行御果(廻)座相伺、相濟諸武家江
案内、御名代伊井(マヽ)掃部頭殿始上使竹本隼人正
殿其外諸御役人中御次第書之通各席江相詰、
次ニ三宮様御昇社、次ニ三品立御膳献備、相濟
御名代御拝礼如毎例、次ニ順々拝礼奉幣神酒
頂戴有之、七ツ半過より夜五ツ時頃迄ニ不残
相濟、

十八日

一卯剋明番宮仕神人召連上社、無程午替役僧等
同断、御幣殿奉開之、御用意致之、
一同剋過より執當衆午替同院代役僧等召連罷
出、御拝殿江御忌佛其外御錺付致之、尤御荘厳
向者都而午替院代等申付候事、
一貳番鐘武家方待合所より各席々江相詰ル、次
御名代伊井(マヽ)掃部頭殿御控所江御入、次公卿雲
客順次着座、執當啓御案内、証誠宮御上社、御拝
殿西方ニ御着畳、次御名代伊井(マヽ)掃部頭殿御上
宮、東御着坐之二之間ニ御着坐、出迎如昨日、次

御導師供奉行列御参宮之節、於幄前舞曲有之、
相畢而御昇社、武家御出迎、御會釈有之、御拝殿
東方ニ御着畳、次御導師御登高座、次賦華籠御
導師、証誠宮其外内坐衆僧江殿上人難波中將
其外堂童子大角大蔵大輔其外夫々ニ賦之、次
御親写之御経御導師江奉捧之、扈従院家役之、
散花師御願成弁句を唱、其外御供養御経文等
相畢、御導師御法則、次御願文、次御経開題、次御
導師揚題名、次准后宮新宮様揚題名、次梶井宮
揚題名、次内座衆僧上坐より次第ニ品題を唱、

次御導師又揚題名、次發願文、次御諷誦文、次御
祈願御回向等相畢、御導師御下高坐復坐、次舞
樂、此間被物賦之、准后宮様公卿新宮様梶井宮
公卿其外内坐衆僧等江着殿上人椽坐、讃衆江
者武家諸大夫夫々ニ賦之、畢而衆僧退出、内外
坐衆僧御廻廊衆僧悉く退出、次証誠梶井宮御
石之間より御退下、公卿雲客同断、次准后宮様
新宮様入御御幣殿、神酒御頂戴、此時東御着坐
之間無簾、御忌佛前机等承仕但し壹之間取片
(付脱カ)之、御拝殿中央軾設之、二ノ間簾捲之、次惣御奉

行御様ニ出座、次大樂院報御案内、御名代於御
拝殿御軾拝礼、奉幣頂戴御復坐、御別當御案内、
御名代入御幣殿、神酒頂戴畢而復坐、次准后宮
様新宮様御拝殿江御出座、次大樂院御案内、御
名代御退出、武家送り如出迎、准后宮様進御拝
殿中央御會釋有之、次准后宮様従御正面御退
出、

廿日

一准后宮様今朝御出駕、御還府、同役御送り如例、

〔山科言成卿記〕

元治二年三月廿七日、傳聞東照宮二百五十回神
忌、下向人々、堂上地下追々發輿云々、

四月十七日、晴、今日々々光東照大權現二百五十回
神忌被行云々、勅會奉行俊政、導師梶井座主（昌仁親王）宮歟、
輪王寺宮歟、可尋、

〔輪王寺宮年譜〕

大樂王院前天台座主准三后一品慈性法親王

（中略）

元治二年乙丑四月、東照宮二百五十回於日
光山勅會御導師、

慶應三年五月二十四日
寺務ヲ公現親王ノ輪王寺新宮ト號ス、後北白川宮能久親王ニ讓リテ
隱居ス、尋イデ八月一日、天皇明治ヨリ大樂王院ノ
號ヲ賜ハル、

〔社家御番所日記〕日光叢書所収

慶應三年五月廿八日

一去ル廿四日御使井上河内守殿ヲ以、先達被仰立候通准后宮様御隠居、新宮様御住職之儀被仰進候旨、上野表より被仰越候間、此段敬承可有之候、依之右為恐悦今日中昇殿有之候様仲ヶ間中江可被相達候、

一准后宮様御隠居号未御拝領無之候間先准后宮様と奉称候、

九月二日

一御達写

齋藤大學殿　　大樂院

准后宮様御隠居号御撰給、大樂王院宮様と御治定之旨叡慮(被為)仰出候、依之以来公武其外表立候向者右御院号御称、其余御配下并御内ニ而者是迄之通り可奉称准后宮様と旨被仰出候段、上野表より被仰越候間、此段仲ヶ間中江可被相達候、以上、

八月晦日

〔有栖川宮日記〕〇高松宮家蔵

慶應三年五月廿五日、戊寅、晴、

一参上　輪門御留主居　岩井左衛門

准后宮御方依御處労御譲職御隠居御願之通去二十三日被聞召候、依不取敢御吹聴被仰進候事、

〔有栖川宮日記〕〇高松宮家蔵

慶應三年七月七日、戊午、陰、

一准后宮坊官ゟ奉書到来左ニ、

准后宮御方従来御虚弱之上近来御持病等時々御差発御難儀思召候ニ付御隠居、新宮御方へ御譲職之義武辺江被仰立候所、今廿八日御使井上河内守々以被仰立候通被仰進候、右御風聴恐々謹言、

五月廿八日　　伴因幡守

豊田少進

藤木雅楽頭殿

前川太宰大監殿

古田治部卿

各実名花押

〔徳川實紀〕慶喜公御實紀

慶應三年五月廿五日、日光准后宮〔慈性法親王〕以使僧被謝新〔公現法親王（北白川宮能久親王）〕宮御職務

一　日光准后使僧

同新宮使僧

凌雲院大僧正

右昨日御使を以御願之通准后宮御隠居、新宮御職務之儀被仰出候為御請被差出旨、兵部大輔被申聞、左衛門尉承之、

〔有栖川宮日記〕○高松宮家蔵

慶應三年八朔、辛巳、

一輪王寺宮ゟ　御使岩井左衛門

當日且准后宮御隠居号之義御願被仰上候処御願之通大樂王院ト御治定之旨叡慮被仰出候ニ付、此段御吹聴被仰進候事、

〔輪王寺宮年譜〕

大樂王院前天台座主准三后一品慈性法親王

（○中略）

慶應三年丁卯五月二十四日、讓職務於公現法親王、

同年八月十二日勅賜号大樂王院、

（○中略）

輪王寺一品公現法親王

慶應三丁卯五月二十四日受職務於慈性親

王管領台宗、

慶應三年十一月二十四日

春以來病氣ニ罹リ、時ニ快方ニ向ヒシモ、病勢漸ク進ミ、是ノ日、終ニ薨ズ、年五十五、喪ヲ秘シ、十二月七日、寅刻薨去ノ旨披露ス、幕府ニ於テハ、普請ヲ三日、鳴物ヲ七日停止セシム、尋イデ二十日、薨奏アリ、朝廷明治ニ於テハ、三箇日、廢朝ヲ仰出サル、乃チ上野寛永寺境内ナル輪王寺宮墓地ニ葬ル、

有栖川宮日記　○高松宮家蔵

慶應三年五月二十日

一入夜

輪王寺宮　御使岩井左衛門

従関東以急便御容躰書壹通来着ニ付早速

拝参如左、

御容躰

准后宮様御儀御稟質御薄弱御平生御肝氣ニ而御逆上強、其上時々御痔疾ニ而御下血被為在候處當正月上旬より御風氣ニ被為在、為差御容躰ニも不被為在候ヘ共、追々御風氣者御宜敷候處夫ヨリ引續御痔疾ニ而時々御下血被為在候ニ付、湯川安道〉拝診被仰付方者四物湯調献仕、追々御順快之御様子ニ者候得とも兎角御手間取ニ付氣記養青院ヘ御轉藥ニ相成、當三月上旬より湯胆湯加黄連生地黄調献仕候處御同篇ニ付四月十八日より張武醫通香殻散ニ御轉方ニ相成、少々宛者御順快ニ茂被為在候哉ニ奉伺候処同月十九日ヨリ御下血壹合程少々宛被為在候處同廿八日御茂被為在候ナヨリ城ニ御疲労之御様子ニ奉伺候、

編修課

書陵部（三号）

然處氣記養青院茂病氣ニ而拝診相成兼候
ニ付、五月三日ヨリ湯川安道ヘ御轉藥ニ相
成候處天張御前症御逆上強且御下血も被
為在候ニ付柴胡解毒散ニ加犀角生地黄調
献仕居候處、御下利氣分ニ付千金黄土湯調
献仕、御下利御下血者先昨今者不被為在候
得とも、何分御疲労強御上り物も御減御氣分
御鬱塞勝ニテ次第御重病ニ奉伺候間、此上
何様之御変症も難斗何分御案奉申上候旨
湯河安道申聞候間、此段申上候、以上、

五月八日

右御到来之事、

〔有栖川宮日記〕○高松宮家蔵

慶應三年十二月二日、辛巳、

（輪王寺）
一御同室坊官ゟ飛札到来如左、

内々以飛札致啓上候、向寒之砌御座候得と
も先以其御所様益御機嫌能被為成、各様ニ
も愈御安全ニ被成御勤役候御事奉存候、然
者准后宮様御儀當春来御違例被為在、兎角
御長引ニ而一同心配者仕居候得共、為差御
儀ニも被為至間敷ト奉存候處、暑前後者一
段御藥事申上候得とも、是迚も御無難御凌
被遊追々御順快之内ニも御宜敷方ニ奉伺
居候處、去月中ゟ不圖御膝之辺江御腫物御
發し、殊之外御痛も被為在候付而者、折々御
塞も被為在候得とも、右御腫物當月中旬頃
より御宜方ニ相伺居候、然ル處昨今寒威強
故欤昨夜戌ニ御中寒之御氣味ニ而御吐逆
甚敷被為在、御側向之者勿論一同甚心配仕、
夜中早速御医師被為召、御手當も御尽申上
候處兎角御開き被遊兼追々御太切之御様
躰之為暮已之半刻頃御内実者薨去被遊候、

誠ニ憾之御変症ニ而一同言語ニ絶奉恐入
候、然ル處當表ニ而者武邊御軍續等被為在
候ニ付、御発覚御日限等未タ御治定不被為
在候得共、先御内密不取敢各方迄此段申入
候様被仰付候、御内分言上之儀、宜御取斗之
様得御意度如斯御座候、恐惶謹言、
十一月廿四日　豊田少進
粟津駿河守様
前川太宰大監様
尚々本文御様躰書も可差進之処今朝岩井

左衛門へ向相廻し候後本文之御次第ニ被
為至候間、別段御様躰書者差進不申、右様御
承知被下度候、已上、

〔有栖川宮日記〕○高松宮家蔵
慶應三年十二月二十一日
一輪門准后宮大樂王院薨去ニ付、席々壹人宛麻
上下着用御玄関障子メ寄置候事、其余事成事
なし、
一今早朝夫々御引籠之旨為御知状差出ケ所書
別記に有之候事、依略之、

〔杜家御番所日記〕日光叢書所収
慶應三年十一月廿七日
一御宮御安全、今日准后宮御不例差重らせ
候ニ付、両宮様御機嫌伺有之之(ママ)事、
十二月十日、
一火之番参上無之事、
御達写、
准后宮様御養生不被為叶、當月七日寅刻薨
去被遊候、右ニ付宮様同日より五十日之間
御中陰御勤被遊候ニ付、此段敬承為伺御機

嫌昇殿不及候、普請鳴物今日より七日停止
之事、
十二月九日

一大樂王院宮薨去ニ付、普請ハ今日より三日、鳴
物ハ七日停止之事、
右之通可被相觸候、

徳川實紀 慶喜公御實紀
慶應三年十一月晦日、大樂王院宮病氣爲御尋有
被遣物、　御使伊豆守（服紗小袖麻上下）
一寒晒粉　一箱　大樂王院宮
右者御病氣爲御尋被遣之、爲御名代御門跡
御出會、御口上之趣申述之、御請被申上、
但五ツ半時頃、御使相勤候事、
十二月七日、大樂王院宮薨去ス、
一大樂王院宮薨去ニ付、公方樣御實方御從弟之
御續ニ被爲在候ニ付、御忌服不被爲請候、

議奏記録
慶應三年十二月二十日、大樂王院宮去七日薨去
ニ付、從今日三ヶ日之間廢朝候旨、番加勢右京大
夫被申渡候事、長説右之趣長押江張置候事、

〔諸寺院上申〕毘沙門堂塔中上申

入道慈性親王

光格天皇御養子、実有栖川故韶仁親王

（慶応三）内実

同年十一月廿四日遷化、葬于東叡山、

（〇中略）

十二月七日

勅賜号大楽王院、

〔寛永寺上申〕

慈性親王

慶應三丁卯十一月二十三日薨、五十五歳、東叡山慈眼堂ニ葬ル、

〔有栖川宮系譜〕

慈性入道親王　光格天皇御養子　御准母新大納局

（〇中略）

（慶應三年）〔五〕

同年十二月廿四日薨、五十五歳、葬于東叡山、

号大楽王院宮、

〔陵墓要覧〕

霊元天皇

皇玄孫、慈性《じしょう》親王墓

東京都台東区上野公園寛永寺両大師内輪王寺宮墓地

寶塔

慶應三・一二・七薨

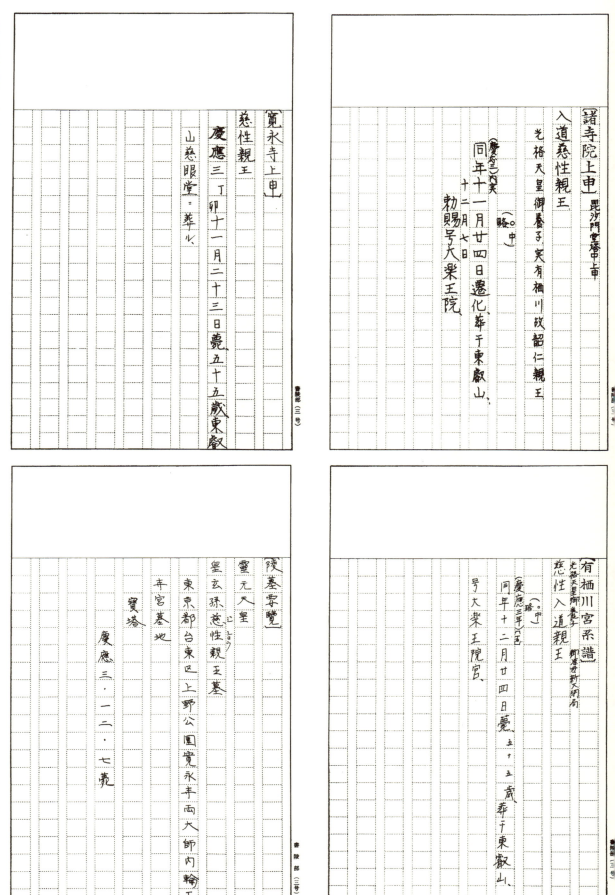

有栖川宮実録　七二

韶仁親王実録　一三

有栖川宮實錄　七二

韶仁親王實錄　一三

有栖川宮實錄　七二

韶仁親王實錄

王子　公紹親王　一

韶仁親王實錄

王子　公紹親王

菊宮　有栖川宮日記

義丸　有栖川宮日記

彰信　有栖川宮日記

輪王寺新宮　有栖川宮日記　洞中日次案

輪王寺宮　有栖川宮日記

普賢行院　有栖川宮日記

韶仁親王ノ第三王子、母ハ有栖川宮諸大夫豊島勝文ノ女、平勝子ナリ、文化十二年九月十二日、宮邸別棟ノ局ニ於テ誕生ス、尋イデ十六日、胞衣ヲ下御靈社地ニ埋納ス、

〔有栖川宮日記〕　○高松宮家蔵

文化十二年九月十二日、甲午、陰晴、

一今曉寅上刻若宮御誕生、御服〔腹〕志滿、

中務卿韶仁親王御子、御産家局九帖敷間、別棟也、

一御誕生ニ付幸德井江雑事勘文之義申遣シ則

早速勘進如左、

陰陽寮擇申今日寅上刻御誕生

若宮雑事日時、

御乳付并切臍緒日時、

今月今日、甲午、時辰、

御沐浴日時、

今月今日、甲午、時辰、可汲震方流水、

御藏胞衣日時、

今月十六日、戊戌、時巳、可埋丙方、

御剃髪日時、

今月十八日、庚子、時辰、

御着衣日時、

今月廿二日、甲辰、時巳、可着御緑色御衣、

文化十二年九月十二日

助兼暦博士賀茂朝臣保救

十六日、戊戌、晴、

一御新誕若宮御藏胞衣吉刻巳、吉方丙方、下御靈社地江

被納、

右奥向ゟ老女越後式服ニ而付添、則御祐筆女

中さだ式服ニ而右唐櫃持出、於錠口老女ゟ太

宰少監江受取、直ニ持人御近習前川右兵衛江

相渡シ、右唐櫃ニ太宰少監附添、表御廣殿北裏

ニノ間椽座敷ニ而守護人太田但見江守護之

義申渡シ相渡ス、但見御内玄關江持出、仲番田

口傳右衛門江相渡ス、

何レモ衣躰服紗小袖麻上下、傳右衛門近、釣

臺ニ油單懸リ持人仕丁兩人、

下御靈社江御初穂金百疋被備之、目録臺來、

右神主出雲路陸奥守出、則御胞衣唐櫃之侭埋

之、無滞相濟上ニ印ニ松ヲ植、四方ニ竹搆如例、

右濟而御祝酒壹升錫ニ入重肴ニ而被下候、但し

鋤鍬等持參候事、右濟而御祈禱之御札神主ゟ

上ル、持歸殿、

（中・略）

右滞無相藏候由申出、則太宰少監ゟ言上、御札

ハ御用人ノ老女江渡シ、則御新誕宮御側江上
ル、
附記
当宮様御子是迄姫宮御一方、若宮御
二方御誕生被為在候得共、皆御産屋御家
中宅江御預ケニ而御誕生有之候事、此度
当御代初而於御殿局御誕生之御事故右
御胞衣納之次第委シク記置也、

〔有栖川宮系譜〕
韶仁親王
女王
御母家女房嶋、又千里、
（中略）
文化六年七月十四日、御誕生、号萬宮、
（中略）
織仁親王　光格天皇御猶子、

書陵部（三号）

慈性入道親王　光格天皇御養子、御准母新大納局
（中略）
公紹入道親王　光格天皇御養子、御准母新大納言局
（中略）
御母御息所
實御母家女房同上、（円明院）
文化十二年九月十二日、御誕生、号菊宮、
同月十六日納御胞衣于下御霊社地、

文化十二年九月十八日
七夜ノ儀ヲ行フ、乃チ織仁親王ヨリ菊《キク》宮ノ名字
書ヲ、韶仁親王ヨリ守刀一腰生衣一重ヲ贈ラル、
又是ノ日、産剃ノ儀ヲ行フ、

編修課

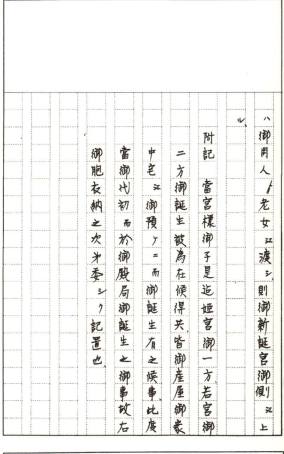

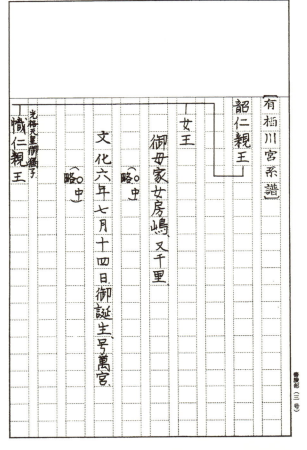

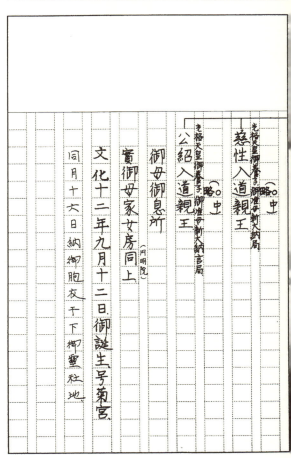

〔有栖川宮日記〕　○高松宮家蔵

文化十二年九月十八日、庚子、雨陰

一新誕若宮可奉稱菊《喜久》宮被仰出、

右一統江申渡、

一若宮御七夜如御嘉例御膳差上、

御配膳　近江守

御手長御献方　各麻上下、

（略・図）

一菊宮御方ゟ御七夜ニ付被進被下如左、

賀餅壹重杳形ニ一蓋ツヽ

右中務卿宮御方江

一品宮御方

かちん三、　一小たい

するめ　弐連

金　五百疋

右　座婦志滿江

一菊宮御方江被進如左、

御守刀　一腰

御産衣　一重

鰑　一箱

右中務卿宮御方ゟ

御名　一包

干鯛　一箱

右一品宮御方ゟ

右御使ニ而被進老女、

一御新誕若宮今日吉刻辰御剃髪、

麻上下　山本大炊勤之、

着座　麻上下　近江守、

右御産髪處紙ニ包、則菊宮様御産髪年号月日記之、右老女江渡ス、右済而為御祝儀延紙二束

代銀三匁一封　山本大炊、被下之、

御菊綿置

一御新誕宮御名菊《喜久》宮と被稱候旨、則奉書三ツ折ニ書、御用人御近習江申渡ス

文化十二年十月十三日
産後忌明ニ依リ、宮邸大奥ニ入ル口祝ノ事アリ、

〔有栖川宮日記〕○高松宮家蔵
文化十二年十月十三日、甲子、晴、
一菊宮御方御産明、今日大奥江被為入候事、依之
御口祝差上ル、
但し嶋今日ゟ出勤之旨也、

文化十三年二月二十八日
喰初ノ儀ヲ行フ、

〔有栖川宮日記〕○高松宮家蔵
文化十三年二月廿八日、戊寅、晴、
一菊宮御方昨亥年九月御誕生若宮、今日御食初、於山水ノ間
御祝御膳上ル、
金頭　　フタメ（千鰭）
青石ニ　　耳土器ニ御箸
菱鯣　　御飯　小豆飯高盛、
右御陪膳太宰少監、服紗麻上下、
御手長老女越後

文化十三年五月十四日
先日来發熱アリ、是ノ日、痘瘡ト診斷セラル、尋イデ治癒セルヲ以テ、二十五日、酒湯ノ祝ヲ行フ、

〔有栖川宮日記〕○高松宮家蔵
文化十三年五月十一日、庚寅、朝曇、巳刻頃ゟ雨、
一参診　山科元棟
菊宮様昨夜ゟ御發熱ニ而御動ニ等被為在候ニ付、則被召早速参診御薬調進、其後又御薬調進申遣ス、弥御熱氣強上候精宮様も伺、
十四日、癸巳、晴、
一菊宮御方御二歳當□(アキマヽ)御發熱被為在御痘瘡御序熱一昨日頃ゟ御顯点ニ而御痘瘡御治定之旨御匕医師山科保寿院元棟申上ル、

廿五日、甲辰、梅雨、
一菊宮御方御酒湯御祝被為在、御吸物三種御肴ニ而御祝酒御一統様江差上ル、御内之輩江土器肴ニ而御祝酒被下之、當番之輩終日麻上下着用、

文政元年十二月二十五日
髮置ノ儀ヲ行フ、

〔有栖川宮日記〕○高松宮家蔵

文政九年十二月廿五日、戊子、曇、

一八穂宮御方御深曽木、御着袴、

精宮御方御色直、

菊宮御方御髪置、

右御祝儀依吉辰被催、

御座餝如左、

〔略〕○図

一御座其終ニ而

菊宮御方御髪置

主人令着御座給、

次菊宮着御座給、

次上臈参進、「扶持之人従」

次老女煉粉臺居持参上臈渡、

上臈御前進ム、

次老女白髪綿「松橘添ヲヽル」

持参、

次主人進菊宮前給、

「其儀煉粉ヲ取令押給」復座、

次上臈令着白髪綿、

「御式ヲ煉粉白髪綿次第献」

次菊宮令入簾中給、

次主人令入簾中給、

一〉菊宮御髪置御式○御献次第略

一菊宮御方御髪置ニ付

干鯛　一箱

右父宮御方ゟ菊宮江、

一品宮様御初ゟ之被進物者精宮御方ト御

一同ニ御末ニ而被進候事、

一干鯛　一箱ツヽ

父宮御方江　精宮菊宮ゟ

干鯛　一箱ツヽ

一品宮様江　精宮菊宮ゟ

文政四年三月二十八日

色直ノ儀ヲ行フ、

編修課

〔有栖川宮日記〕○高松宮家蔵

文政四年三月廿八日、巳卯、晴陰、

一八穂宮御方　御紐直し、

精宮御方　御深曽木、　勘文吉刻辰、

御着袴、

菊宮御方　御色直し、

右御祝儀吉辰被催、

一菊宮御色直し　（○御献次第略）

御配膳役送老女、

右不備被為済候上御書院ニ而若宮様方江御

祝詞申上ル、

一御色直しニ付被進如左、

住吉冕服　一重

干鯛　一箱

右父宮御方ゟ、

干鯛　一箱

板シメ　一反

右実枝宮御方ゟ、

干鯛　一箱

右登美宮、他宮ゟ、

一菊宮御方ゟ被進物如左、

干鯛　一箱ツヽ、　赤飯添

右父宮御方、実枝宮御方へ、

文政四年九月十六日

韶仁親王妃宣子女王ノ養子ト爲ル、

〔有栖川宮日記〕○高松宮家蔵

文政四年九月十六日、庚戌、晴、

一、今日精宮御方、菊宮御方實枝宮御方御養ニ被為成、

右昨日御願ニ而御領掌、今日仰出候事、（被脱カ）

右ニ付實枝宮様江

こんふ　一はこ

ひたい　一はこ

御樽代金　貳百疋

精宮御方、菊宮御方ゟ老女御使ニ而被進之、

精宮様御進物者嵯峨ゟ相廻り候事、

右両若宮御方江實枝宮御方ゟ御返禮如左、

こんふ　一はこ

ひたい　一はこ

つゝ

右老女御使ニ而被進、

〔有栖川宮系譜〕

韶仁親王

公紹入道親王

御母御息所（宣子女王）

實御母家女房同上（円明院平勝子）

文政五年十二月十六日

吉辰ニ依リ、深曽木竝ニ著袴ノ儀ヲ行フ、

編修課

〔有栖川宮日記〕○高松宮家蔵

文政五年十二月十六日、丙辰、曇、

一八穂宮御方御下帯初、一領小袖服紗麻上下着、

菊宮御方御深曽木、御着袴、

游亀宮御方御髪置、

右御祝儀依吉辰被催、

御座儲如左、

（○中略）

吉刻巳御深曽木之次第御吉方辰巳

主人令着御座給、

次菊宮令着御座給、「朱書扶持之女房左右ニ候之、」

次諸大夫参進、「朱書一之間敷居際」

次御近習参進、泔器持参

渡諸大夫諸大夫進于菊宮御座左鎊、

次唐櫛匣、「朱書内ニ筆刀笄子橘式ツ橘藪柑子也、山菅ゼウがいげ之事、海松根曳の小松、」

次柳筥、「朱書檀紙ヲ居御髪色紙也、御筆ニテ左右御記」

次碁盤、「朱書碁盤者御前櫛笥者左、柳筥者右、」

次菊宮令立盤上給、「朱書令向生気方給、令踏青石、女房扶持之、」

次主人進菊宮御後給、

次主人令理御髪給、

「朱書其儀先以櫛令撫御髪給、次以鋏令除御髪給、左右中ニ度、橘山菅海松等持添給、諸大夫以檀紙受御髪、」

次取櫛令撫御髪給之後御復座、

次菊宮従盤上向吉方令下給、「朱書扶持之人従之」

次菊宮令入簾中給、

次主人令入簾中給、

次撤盤以下物、

中務御宮着御御袍、御指貫御単紅、

菊宮着御御単服上細格子中紅梅ニ白、御半尻、御前張大口、御横目扇被為持、

御座其儘ニ而

游亀宮御髪置、
主人令着御座給、
次游亀宮着御座給、（朱書「女房扶持」）
次老女参進、
次若年寄煉粉臺居持参
渡老女、老女進御前、
次若年寄白髪綿（朱書「松橘添之」）
持参、
次主人進于游亀宮前給煉粉ヲ取令押復座給
次老女令着白髪綿、（朱書「手而煉粉白髪綿次第撤之」）

次游亀宮令入簾中給、
次主人令入簾中給、
右御式被為済候上中務御宮撤御座
菊宮御座被為着、地黒落龍津御呉服御引袴被為着
御座南面ニ設、
先打鋪、
次折櫃物　式合、
次御盃　烹雉　御銚子
次御盃　鰭献　御銚子
次御盃　鯉献　御銚子

右御式済而被為入
御配膳　諸大夫　山本肥後守　狩衣
役送　御近習　前川左京　長上下
（○中略）
烹雉三献御色目
一献　楚割　鯛小指　烹雉　御箸一双　居廿土器
干鳥
二献　海老　鰭物　御箸一双　居古土器

三献　一ツ物鯛
次八穂宮御下帯初、着御白紫段梁御呉服御引袴
御着座
四種物
御配膳　老女　宮内卿
御手長　若年寄　長瀬
次遊亀宮
御着座
御献
先打鋪

次烹雑三献　同前

御配膳同上

右被為済候上於御小書院

三宮御方江席ゝ罷出恐悦申上ル、

中務卿宮御方御始江も同上、

文政六年十一月二十九日

輪王寺宮公猷親王（織仁親王王子）ノ所望ニ依リ、其ノ附弟ト為ルコトヲ領掌ス、因ニ同親王ハ初メ青蓮院新宮（伏見宮貞敬親王王子尊寶親王）ヲ附弟ト為スベキ旨願出シガ、尋イデ之レヲ止メ、更メテ菊宮ヲ附弟ト為サントスルナリ、

〔有栖川宮日記〕○高松宮家蔵

文政六年七月廿五日、辛卯、晴、

一参上　出会越前守　吉川大蔵卿

右者御内々為御使罷出ル、尤御口上書一通覚書一通且御口上書写三通等持参、

御口上書

輪王寺宮従来御病身之上此度公方様日光山御参詣被仰出、茂有之旁ニ付栗田新宮様（尊寶親王）御附弟御契約之義准后宮様（青蓮院宮尊真親王）江御頼被仰入、其御所様ゟ茂御言葉添被成進、准

后宮様御内ゝ御承知之御返答被為在候ニ付御所表御内慮御伺被仰上候処、御差支不被為在候旨被仰出畏思召候、然ル所別段御内達四ケ條之御趣意内ゝ申上候処何れも不容易御事ニ而深御斟酌思召候、尤兼而御病身ニ者被為在候得共厚御保養被為加、押而御勤茂可被遊思召候ニ付、無御據栗田新宮様御契約之儀者御斟酌被為在、菊宮様ヲ御附弟御契約之方ニ御所表御内慮御伺替可被仰上思召候間

菊宮様御事御附弟御契約之義御領掌被
進候様御頼思召候、深御領掌被進候ハヽ、
別紙御口上書之通御所表御内慮御伺替
被遊候間無御別条御整候様是亦御頼被
遊候、依而此段御使ヲ以御内々被仰進候、

輪王寺宮御使

吉川大蔵卿

（略〇中）

右越前守ゟ申上候処尚跡ゟ御返答可被遊旨
被仰入

十月十八日、癸丑、晴、

一輪王寺宮御使　吉川大蔵卿

出會近江守

今度御附弟御籠之儀ニ付上京被仰付候ニ付
御見舞旁被進之如左、

宮様へ　御文匣之内　羽二重壱疋

実枝宮様へ　荒粉落鷹　壱箱

登美宮様へ　松風　壱箱

御文匣之内紗綾壱反

右常信院方江

以上

外ニ

口演書

喜久宮様御事此御方御附弟之儀弥御伺替之
通被仰出候上、武辺御内慮茂無別条被仰出候
ハヽ、来酉年（文政八）ニ者御拾一歳ニ被為成御得度之
御歳ニ被為満候得共、同年日光山江将軍家御
参詣之御治定茂有之、此御方御繁多之御事故
翌戌年ニ至候而表向御附弟之御願被指出、御
引續御養子親王宣下、御入寺御得度被為在、同
年之内関東御下向被為在候様御願立可被遊
ト思召候間、夫迄之処者御幼年ニ茂被為在候
御事故外御殿江御引移等之儀不被為在、其御
所様ニ而御手元ニ而御世話被成進候様被遊
度御内々思召候御事、

未十月

右被進物御挨拶且御口上書之趣御返答等追
而可被仰入旨及答退散、

〔有栖川宮日記〕○高松宮家蔵
文政六年十一月廿九日、癸巳、曇
一参上　　吉川大蔵卿
出會近江守
今度日光宮（舜仁親王）〉御附弟之儀、青蓮院新宮（尊寶親王）御窺之
処、其後〉菊宮御方御附弟ニ御窺替被成意候
処、右御窺替之通被仰出、此上御違変不被為在
候様、尚又可申上旨廣橋一位殿ゟ被申達候ニ
付、此段申上候旨、就而者此御方江菊宮御方御
附弟ニ被仰請度御頼被仰進候御返答伺度旨

也、
右及言上候処、重畳之旨被仰入、且此御方御返
答之儀者御承知被為在候得共、先達以来関白
殿江被仰入置候処、何等之御返答も無之候ニ
付、今日鷹司家江御問合之上、目出度御領掌可
被進旨申入置、
一関白殿江　　御使大舎人頭
先達以来御内談被仰進置候輪王寺宮御附弟
ニ菊宮被仰請度無拠被仰進候、就而者是迄之
御次第も被為在候ニ付、御一己ニも御返答被

成かね候ニ付御相談被仰進置候処、昨日輪王
寺宮坊官吉川大蔵卿、廣橋殿ゟ被相招、此度御
伺替通菊宮御附弟ニ被成候而御差支無之旨、
此上御違変之無（之）様被命候旨大蔵卿参上ニ而
申上、尚又此御方ゟ之御返答も速ニ被仰進様（候）
ニとの儀ニ付、此御方ゟ御領掌之御返答ニ被
及候而も御差支無之哉御問合被仰入、御返答ニ
御口上之趣委細承知、右様ニ御所表相済候上
者御領掌被仰進候而御子細無之旨被仰進、
出會牧治部権少輔也、

一輪王寺宮御里坊江　　御使成基
吉川大蔵卿ニ面會ニ而
此度御附弟ニ菊宮被仰請度段〻無拠被仰進
候趣意御承知被成候、則関白殿江其節〉被仰
進置候ニ付、猶亦昨日於廣橋家輪王寺宮江被
仰出候御次第を以、今日関白殿江猶又御問合
被仰進候処、御所表御差支不被為在候間御勝
手ニ御領掌被進候様との儀ニ付、目出度御領
掌被進候旨、更ニ御使を以被仰進候旨委細申
入候処、早速関東江可申上旨大蔵卿〉申上ル、

〔有栖川宮系譜〕

韶仁親王　光格天皇御養子　御母新大納言局

公紹入道親王

（中略）

文政六年十一月廿九日従輪王寺宮御附弟御所望、先是青蓮院御所望之處御寛替ニテ今日被仰出、九歳、

文政六年十二月十一日

土手町ノ別邸夷川御殿（川原御殿トモ云フ）ニ移居ス、先般兄幟仁親王元服ヲ済マセ、為ニ邸内狭隘トナレル上、既ニ輪王寺宮ノ附弟ニ内定セルノ故ヲ以テナリ、

編修課

〔有栖川宮日記〕○高松宮家蔵

文政六年十二月十一日、乙巳、晴、寒烈、

一菊宮御方夷川御殿江御引移ニ付御出門辰半剋、

右ニ付御朝御膳御まな御焼物、御酒御吸物

蛤、紙敷肴壹差上ル、

（供御略）

（附記）右御移之儀者此度若宮様（幟仁親王）御元服被為済候處、是迄御方續ニ而兼而御手狭故別ニ御方被取建候義彼是御失脚ニも相懸り、且者此度日光宮御附弟御願御内慮御伺替之上御伺済ニ相成候御事、旁御方ニ被為成候御同様ニ而御引移ニ相成候事、

十八日、壬子、昨夜中ゟ雪積五寸斗、

一参上　吉川大藏卿

出會筑後守

御口上書持参如左、

菊宮様御事

此御方江御引取迄其御所様御手元ニ而御世話被進候様被成度御頼被仰進候処、御頼

書陵部（三一号）

之趣御承知不浅御大慶思召候旨、且又菊宮様御内々恵川御殿江御引移可被遊思召ニ被為在候得共、此御方ニ而者其御所様御手元ニ而御世話被成進候御積ニ御心得被遊候様御頼之御答旁被仰進候趣委細御承知被遊忝思召候、仍御挨拶被仰進候御事、

十二月

文政六年十二月二十一日

輪王寺宮公猷親王織仁親王王子、ノ附弟ト為ルベキ旨内約成レルヲ以テ、有栖川宮邸ニ赴キ、毘沙門堂院家靈山院竝ニ輪王寺宮ノ坊官諸大夫等ヲ引見ス、

〔有栖川宮日記〕○高松宮家蔵

文政六年十二月廿一日乙巳 晴、

一菊宮御方輪王寺宮（舜仁親王）御附弟御懇望御頼之處先達御領掌被進、猶又公武御内慮御伺之處御伺通被仰出候ニ付、則御附弟御内約被為濟候、

一菊宮御方恵川御殿ゟ今日巳剋頃御成、御供青侍両人、嶋岡将監・中川信濃守、各麻上下、其餘准之、

一菊宮御方御附弟御内慮御伺之通被仰出候ニ付一統席々罷出恐悦申上候事、

同上ニ付輪王寺宮御里坊歓喜心院宮（公澄親王）江今明

日中一統罷出恐悦申上候事、

一歓喜心院宮ゟ　御使奥野近江守

同上御挨拶御歓被仰進、

一今日菊宮御方御對面被仰出候ニ付参上之輩

靈山院　毘

今小路大藏卿

今小路民部卿

吉川大藏卿

進藤外記

奥野近江守

井上右衛門

寺内左兵衛

岩円修理

右四席ニ相分席々ニ而御祝酒被下之、
於御小書院先宮御方御目見江御口祝被下之、
名披露松浦靫負、但重人ハ先罷出候事、
霊山院（壹人者二之間ニ進ニ）　吉川大蔵卿
今小路大蔵卿　今小路民部卿
奥野近江守　井上右衛門
進藤外記　寺井右兵衛
岩井修理
右相濟於同所菊宮御方御對面、御口祝被下之、
（但次ノ同上、）人数同上、

文政七年三月十三日
輪王寺宮公猷親王（織仁親王王子）ノ附弟ト為シ、且ツ上皇（光格）ノ御養子ト為スベキ旨、願書ヲ傳奏ニ提出ス、乃チ四月十七日、附弟ノコト御聽許アリ、更ニ二十六日、上皇ノ御養子ト為シ、且ツ新大納言局藤原（正子）ヲ以テ御母儀ト為スベキ旨仰出サル、

編修課

〔有栖川宮日記〕　○高松宮家蔵
文政七年三月十三日、丁丑、朝雨、昼後晴、
（傳奏代月番）
一徳大寺大納言殿江　御使　近江守　麻上下
右者菊宮御方輪王寺宮御附弟之儀、依御所望御願、且仙洞御所御養子御願等之御書附被差出如左、但し奥村大和守同道ニ而右之御使相勤、
御口演之覺　小奉書四ツ折、上包美濃紙、
有栖川宮御三男菊宮　十歳　此度輪王寺宮御附弟之儀御所望候、仍御願被成度候間宜御沙汰被為頼入候、以上、

三月　有栖川宮御使
藤木近江守
徳大寺大納言様
池尻前大納言様
雑掌中
御口演之覺
有栖川宮御三男菊宮此度輪王寺宮御附弟之儀別紙御願被成候、且仙洞御所御養子之儀輪王寺宮御願被成候旨被為聞候、於此御方も御願被成度思召候間宜御沙汰被為頼

書陵部（三号）

入候、已上、

三月　　有栖川宮御使
　　　　　　　藤―
德―
池―

雑掌中

右持参之処大納言殿留守中ニ付、諸大夫淡
川伊勢守御預り申置被帰候、上可申入旨也、

四月十五日、戊申、晴、

一輪王寺宮坊官〆去ル七日附之奉文到来、右御
里坊〆差出如左

依仰致啓達候、其御所様益御機嫌能被為成
目出度思召候、此御方弥御安泰被為成候、御
安慮被進候様思召候、抑今般菊宮様御附弟
ニ被遊度旨三月廿九日被仰立候処、今七日
上使松平和泉守殿を以被仰立之通、菊宮様
御附弟ニ可被遊旨被仰進、御満悦思召候、依
之右御風意聴被仰進候、此段宜被成言上
之御事ニ御座候、恐惶謹言、

四月七日　　万里小路大弐
　　　　　　　　献倫判
　　　　　吉川大蔵卿
　　　　　　　　登明判
　　　　　万里小路大進
　　　　　　　　登成判

粟津甲斐守殿
藤木近江守殿
豊嶋越前守殿

右及披露候上、即日附之返翰御里坊迄出、

十七日、庚戌、雨、

一傳奏廣橋一位殿雑掌ゟ来状、

御達し被申候儀有之候様、追て各方之内御壱
人廣橋家へ御越し可被成候、以上、

四月十七日

有栖川宮様　　　　濱路雅楽権助

諸大夫御中　　　平野外記

右承知之旨及返書、即刻為御使同家へ罷出肥後守、

追て御招ニ付罷出候旨申入、

一位殿出會ニ而口達、

輪王寺宮近年御病身ニ付菊宮御方御附弟御願之通被仰出候旨、御養子之儀ハ追而被仰出候御沙汰ニ候旨

右帰殿言上、即刻御承知之御使相勤、廣橋一位殿甘露寺前大納言殿両家へ肥後守相勤、

十八日、辛亥、晴陰、

一菊宮御方ヶ此度御附弟御願之通被仰出深畏思召候、右御礼被仰上、

四月廿六日、己未、晴、

一洞中外様口江申刻過　御使大舎人頭

右武傳被相招候ニ付罷出候處、両武傳廣橋一位殿胤定卿、甘露寺前大納言國長卿、御面會ニ而

胤定卿御演説、

輪王寺宮御附弟菊宮仙洞御養子御願之通被仰出候、尤御母儀者新大納言局被仰出候、

右之趣被申上候旨、成基承り猶中務御宮江可申上候旨申述、御請之義ハ御所江可相勤候又御里亭江可相勤哉之旨及御尋候處、右

御請者明廿七日ニ而宜旨今日別ニ御請不及由明朝里亭江可被仰入よし、

則明廿八日朝廣橋殿甘露寺殿両家へ御請使筑後守参ル、

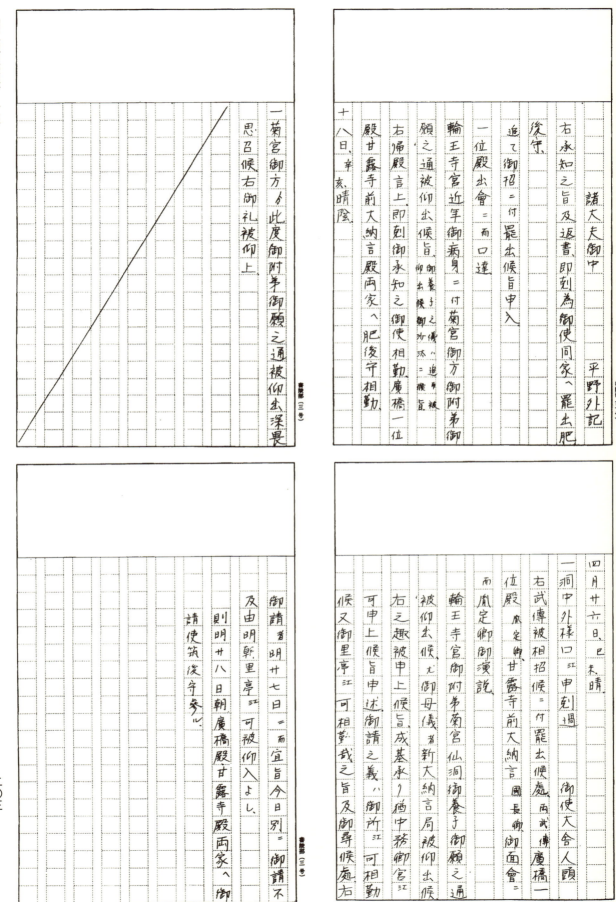

〔洞中日次案〕

文政七年四月十八日、辛亥、晴陰、（略）中務卿宮参（被伺御氣色）入、同上、昨日輪王寺宮附弟菊宮
被仰出之事被畏申、

〔仙洞御所詰所日記〕

文政七年四月廿六日、己未、晴、

一有栖川中務卿宮三男菊宮、輪王寺宮御附弟、仙洞御養子、御母儀新大納言殿局之旨被仰出候段、傳奏衆被仰渡如左申達、但御附弟之儀去十七日於禁中被為聞食候間、為心得傳奏衆ゟ當役迄被仰聞候、武家江不及申達旨也、

〔禁裏執次所日記〕

文政七年四月二十六日、己未、有栖川中務卿宮三男菊宮、輪王寺宮御附弟、仙洞御養子、御母儀新大納言局之旨被仰出候段、洞中執次中より廻状を以申来、

〔御系譜〕　○禁裏執次詰所本

光格天皇

菊宮　入道公紹親王

養母新大納言局藤原正子、

實有栖川韶仁親王三男、

文政七年四月二十六日仙洞御養子、

〔輪王寺宮年譜〕

普賢行院一品公紹親王

（中略）

文政七年甲申四月十七日依公猷親王之奏請

為御法嗣

同年同月二十六日仙洞為御養子

〔有栖川宮系譜〕

光格天皇御養子　御准母新大納言局

公紹入道親王

（中略）

文政七年四月廿六日為舜仁入道親王御附弟、

同日為仙洞御養子、十歳、

文政七年五月七日

昨夕夷川御殿ヨリ本邸ニ赴キ、是ノ日、輪王寺宮

御隠殿附家來竝ニ毘沙門堂門跡ノ家來ヲ召見

ス、畢リテ内々紐直ノ祝儀ヲ行フ、

〔有栖川宮日記〕○高松宮家蔵

文政七年五月六日、戊辰、晴、

一夷川御殿ゟ暮前菊宮御方御成、

（○御供等略）

右御成着明七日御家来一統御對面被仰付、且

御紐直之御内祝被為在候ニ付旁今日ゟ被為

成候也、

七日、己巳、晴、

一菊宮御方江御隠殿附御家来、山科御内之輩御

目見江被仰出候ニ付巳刻未刻両度ニ参殿之

事、
昆布五拾本　行厳院　御目見江之節二ノ間敷居内ヘ進ミ候事、但老人
同　三拾本　浄門院　一行院
同　三拾本　猿橋隼太　蘭田左衛門
同　三拾本　原田廣三郎
同　五拾本　奥野掃部　木村將曹
同　西村岩尾　大溪岩太
筑山典膳　猿橋牧太
右之輩巳刻前参上、於御小書院宮御方、上總宮
御方御目見江名披露太田勘ヶ由、御口祝柳松

主馬役之一統江被下、手而徹之、
右済而蘭宮御方江御目見江諸事同上、奥村大
和守南御椽側ニ着座、但御口祝者木村將曹近
被下之中奥以下奏礼之事、
（略○中）
昆布五十本　雙林院　龍華院
妙光院
羊羹五棹　磯田帯刀　安田内膳
片岡靫負　桂主馬
鈴木数馬　谷將監

山口左門　片岡要人
右之輩未刻分参上、御目見江其外諸事同上
依略之、但谷將監近御近習也、
一菊宮御方御紐直し、但表向昨未年若宮御方御鉄漿始之節被為在候趣ニ御心得候旨ニ而今日御内〻被催、
御書院正面御座畳二帖加敷菌（茵カ）御後之屏風、
御献如左、
先打敷
次供折櫃物弐合
次烹雑　御盃　御銚子

次鰭献　御盃　御銚子
次鯉献　御盃　御銚子
右済而入御、
右配膳　上﨟代　太舎人頭成基
役送　諸大夫代　播磨介清揚 狩衣着
御献繰出し　安藤玄蕃 長袴
一菊宮御方夕刻河原御殿江還御、

文政七年五月二十二日

去ル十九日、有栖川宮邸ニ赴キ、是ノ日、上皇光格ノ御養子ニ治定セル御禮トシテ參院ス、乃チ上皇ヨリ御手ヅカラ文匣ノ内ニ水入・文鎮等ヲ納レテ賜フ、尋イデ二十三日、同ジク參内仁孝、シ、二十六日、夷川御殿ニ歸ル、尚、其ノ途次上御靈社ニ參詣ス、

編修課

〔有栖川宮日記〕○高松宮家蔵

文政七年五月十九日、辛巳、晴、

一菊宮御方午半刻頃御成、今日ゟ御滞留也、

廿二日、甲申、晴陰細雨、

一輪王寺菊宮御方午半刻御出門、仙洞御養子被為済候為御礼御参院、

右ニ付院御所ゟ為御迎御供相廻ル、

（〇中略）

菊宮御方着御

御童直衣ニ藍ニ裏襟、御指貫ニ亀甲紫綾重織織物御

横目、御畳紙松重、

御轝之内江御守刀、御挟文匣御手道具入、

右御出門之節御輿廻シ、青士四人、御廣殿南一ノ間ニ而被為召、同階ゟ御昇降、院御所ニ而御臺所御門ゟ御入、御輿寄ゟ御昇降、

（〇中略）

還御戌刻過、

一今日御参ニ付御献上并御送物被下物等如左、

一唐銅御花瓶雲浪彫　一箱

右仙洞御所江、

一御人形　一箱

右倫宮様江

御母儀新大納言殿江

一御文匣　一組青貝模様 壱式

（〇中略）

一唐銅御花瓶浪亀彫　一箱

右大宮御所江、

一今日御拝領物且御みやけニ御拝領等如左、

仙洞御所ゟ菊宮様江、

御卓黒漆蒔絵　御香爐唐銅鹿　一箱

縮緬弐巻

御手つから御拝領

御文匣之内、講尺蒔絵文匣、

御水入弐ツ、御文鎮大小弐對、

御人形壱、

大宮御所ゟ菊宮様江、

御小机唐桑坪帳一箱

倫宮様より、

御小人形壱ツ毛植胤鳥象

十六武蔵

菊宮様江新大納言殿ゟ、

御包物御紙入弐ツ毛うへ象

廿三日、乙酉、晴、

一輪王寺菊宮御方午刻御出門、仙洞御養子被為

済候為御礼御参内、

右ニ付院御所ゟ為御迎御供相廻ル、

（○中略）

禁裏御所ニ而御臺所門ゟ御入奏者所ゟ御昇

降、直ニ御供帰リ七ツ時御迎ニ可罷出旨也、

（○中略）

還御戌刻過、

一今日菊宮御方着御如昨日、

一今日御参内ニ付御献物被為贈被下物等如左、

　浪亀鯉形
　一唐銅御花瓶　一箱

右禁裏御所江、

一今日御参ニ付御拝領物如左、

御花生宣徳　壱

羽二重緒　二疋

御手つから

御包之内銀御水入、御文鎮

御人形壱ツ

右御品御退出後禁中ゟ御封中ニ而相廻リ候

事、

廿四日、丙戌、晴、

一輪王寺宮ゟ　御使奥村大和守

晒　一疋

御蒸菓子　一箱

右者菊宮御方始而御参内、御院参ニ付先達ゟ

度々御参被為在候處無御滞被為済候ニ付御

挨拶旁輪王寺宮御方ゟ被進候事、

廿六日、戊子、晴、

一、菊宮御方巳刻御出門河原御殿江還御、ミヽ懸
上御霊江御社参、（○御供略）
還御之上信濃守ヨ書面ニ而申上候事、
（頭書）「去十九日ゟ御滞留也」

（仙洞御所詰所日記）
文政七年四月廿六日、己未、晴、
一、有栖川中務卿宮三男菊宮、輪王寺宮御附弟、仙洞御養子、御母儀新大納言殿局之旨被仰出候段傳奏衆被仰渡如左申達、但御附弟之儀去十七日於禁中被為聞食候間、為心得傳奏衆ゟ當役迄被仰聞候、武家江不及申達旨也、
五月廿二日、甲申、晴、
一、輪王寺菊宮御方今日始而御参院、

文政七年六月二日
誕生日ノ九月十二日ヲ故アリテ九月十三日ニ改ム、

編修課

（有栖川宮日記）○高松宮家蔵
文政七年六月二日、甲午、雨、
一菊宮御方御誕生日九月十二日ニ被為在候處、御差支ニ付同十三日ニ被改候旨被仰出、右ニ付日光宮奥村大和守江以書面心得迄ニ申入、則返書到来、帰府之上可申上旨也、

〔有栖川宮日記〕○高松宮家蔵
文政七年九月十三日、壬寅、小雨、
一輪王寺宮江　　御使　柳松主馬
　菊宮御方御誕生日ニ付被進物為御答礼左
　之通被進、
　　菊宮御方江
　　　昆布　　五拾本

文政七年九月一日
是ヨリ先、延暦寺恵恩院詔榮ニ読経ノ師範ヲ依
頼ス、乃チ是ノ日、詔榮有栖川宮邸ニ参入シ、詔仁
親王竝ニ菊宮ニ謁ス、

〔有栖川宮日記〕○高松宮家蔵
文政七年閏八月十九日、己卯、晴、
一参上　　山門　恵恩院権僧正（詔榮）
　　出會越前守
今度菊宮御方御法学御師範内々被仰出候、
御請申上候事、
九月朔日、庚寅、曇、
一参上　　恵恩院権僧正
右者今度菊宮御方江御経之御素読申上候
師被仰付今日初而参上、於御小書院宮御方
御目見御口祝被下、名披露御用人、御厚疊ニ帖、御板
茵、御後屏風等設乎而於御同所菊宮御方御
目見御口祝被下、済而於伺公間御祝酒吸物
紙敷肴ニ而被下之、両宮御方江昆布料金百
疋宛献上、御返し真綿弐把被下、菊宮御方ゟ
者追而被下候事、

文政八年二月三日

兒名ヲ義丸《ヨシマル》ト定ム、

〔有栖川宮日記〕○高松宮家蔵

文政八年二月三日、辛酉、晴、

一輪王寺菊宮御方是迄御兒之名無之都而御所

ゝゝ上﨟局等ゟ奉文ニも菊宮さまニ而兒の

御中へまゐる、右御返事ニ而ちこゟと有之候

付、今度此御方ゟ右兒之名

義丸《ヨシマル》

右之通被附候、則仙洞御養子御母儀新大納言

局へも奥向ゟ右兒之名定被進候旨、以来御文

通等も右義丸ニ而御返事も可被出旨被仰入

候処承知被致、右之通ニ而可宜旨御答被申上

候由右義丸と附被定候旨、則御附弟菊宮御方

御用懸り奥野近江守江も右御留守居を以申

遣ス、猶関東御本坊江早速可申上旨、

文政九年三月十四日

有栖川宮邸ニ到リ、輪王寺宮御隠殿附家来竝ニ

毘沙門堂門跡家来ヲ召見ス、

〔有栖川宮日記〕○高松宮家蔵
文政九年三月十四日、乙未、晴、
一、菊宮御方辰半剋御成、
一、菊宮御方江、御隠殿御家来山科御内之輩御目見江被仰出候ニ付、巳剋未剋両度ニ参殿之事、
南鐐壹片 行嚴院　　御扇子一箱 浄門院
同 善王院　　同 安田伊賀守
御扇子一箱 薗田左衛門　　同 磯田帯刀
猿橋集人〔隼人カ〕　　両人ゟ御扇子一箱 奥野掃部
井上左近　　両人ゟ同上 山村主殿

猿橋主税　　木村将曹
寺井右兵衛　　右三人ゟ御扇子一箱 岩井修理
西村岩尾　　三人ゟ同上 築山典膳
右之輩於御〆書院菊宮御方御目見、出役坂邊
左近、御口祝嶋岡将監、御口祝者寺井右兵衛迄
被下之、
南椽側ニ着座近江守越前守安田伊賀守中奥席之
昔日光宮ニ而者素礼也、依今日も御近習格迄御口祝被下之、中奥素礼之事、
御座之役正面御座帖二疊上ニ加板茵、御後之
屏風等置之、

休所廣御殿南一之間、北之方為院家座、南方伊
賀守為座、二ノ間北之方為御用人為座、南方御
近習中奥為座、右於席ゝ御祝酒吸物三重肴ニ
而被下之、相濟御礼申上退散
右何レも當席ゟ及挨拶取持、御次青士方打
交リ出ル、
一未剋参殿之輩
御扇子一箱 龍華院　　同 雙林院
同 妙光院　　同 今小路民部卿
同 前大路宮内卿　　同 近藤外記

両人ゟ扇子一箱 安田内膳　　桂主馬
鈴木数馬　　谷将監
片岡木工　　磯田主計
右四人ゟ御扇子一箱 山口左門　　御扇子壹箱
一菊宮御方還御酉剋前、

文政十年三月十一日

去ル三日、夷川御殿ヨリ本邸ニ赴キテ逗留シ、是ノ日、輪王寺宮ノ河原里坊ニ内々移徙ス、

〔韶仁親王日記〕○高松宮家蔵

文政十年三月三日、寅、晴、

一、菊宮日光里坊ヘ引移之為逗留ニ参ル、

〔有栖川宮日記〕○高松宮家蔵

文政十年三月十一日、丙戌、晴、

一菊宮御方今日輪王寺宮河原御里坊江御内々御引移り被為在候事、

但歓喜心院宮御出所ニ而此度之御大礼被為在、

右ニ付為御迎坊官壹人、御近習両人、中奥四人、御次番六人、茶道両人辰剋参集於席々吸物土器肴ニ而御祝酒被下之、

一菊宮御方辰半剋御出門河原御里坊ヘ御引移、

（○御供等略）

御出門前御迎参上之御近習小杉弾正、中奥嶋田右伊、南間代助、古橋失柄四人江御目見江被仰付、御近習江者御口祝被下之、但何レも初而ニ付御目見江被仰付、

一（朱書）御廣殿一ノ間簀子ゟ御乗輿、階之前ニ御輿臺設之、

一御出門前菊宮御方江御祝酒被進之、御配膳七

房向御引移ニ付於奥御内々被進如左、

宮御方ゟ　御引出入　御紙はさミ　御紙入壹ツ

御小筆筒
御着さし 銀御けし蒔　御巻紙 五巻
御たばこ入 御建蒔　御茶碗 大樋作
御ひゞすき　御香合 壹ツ
御印籠 皆具
御末廣 一柄　美濃紙 一束

実枝宮御方ゟ
御側文匣 壹ツ 溜塗打出し御紋散し唐アメシ

上総宮御方ゟ
類題集 一箱

登美宮御方ゟ
三玉集 一箱

御包物 御持扇 御硯箱

右之通被進
常信院方ゟ

一 御引移ニ付被進物如左

宮御方ゟ
昆布 一箱
氷蒟蒻 一箱 別段井籠弐組
御樽代金五百疋

実枝宮御方ゟ
昆布 一箱 別段粽拾把

上総宮御方ゟ
御樽代金弐百疋
昆布 一箱 別段粽拾把

登美宮御方、他宮御方、精宮御方ゟ
御樽代金弐百疋
昆布 一箱宛

右御使図書頭勤之、麻熨斗目上下着
御祝 御祝酒認等被下之 御引金弐百疋被下之

一 今朝為御迎奥村宮内卿参上之節御使相勤被
進物如左、尤御引移りニ付而也

宮御方江
昆布 一箱
御樽代金五百疋

実枝宮御方、上総宮御方江
昆布 一箱
御樽代金三百疋 宛

登美宮御方、他宮御方、精宮御方江
昆布 一箱ツヽ
金弐百疋 常信院方
金弐百疋 千里

金百疋　豊御乳

右御使江御引金百疋被下之、

一御引移ニ付傳奏代江德大寺殿江御届如左、

御使岩居甫

覚

菊宮御方今十一日輪王寺宮河原御里坊
江御引移被為在候、仍此段御届被仰入候、
以上、

有栖川宮御内

亥三月十一日　豊嶋筑後守

德大寺大納言様
池尻前大納言様
雑掌御中

右差出候処落手、

〔輪王寺宮年譜〕
普賢行院一品公紹親王
（○中略）
同（文政）十年丁亥三月十一日移御里坊、

文政十年三月二十四日
親王宣下ニ先立チ、上皇（光格）ヨリ御使ヲ以テ彰信（諱）
ノ名字ヲ賜ハル、尋イデ二十五日、親王宣下ヲ蒙
リ、權大納言庭田重能勅別當ニ補セラル、乃チ二
十七日、御禮ノ爲參内（仁孝）シ、四月一日、有栖川宮邸
ニ參入ス、

〔有栖川宮日記〕○高松宮家蔵

文政十年二月十五日、辛酉、晴、

一輪王寺宮ゟ　御使奥村宮内卿

菊宮親王宣下御頼之通三月中旬被仰出候

此段御吹聴被仰進候事、

ヘ

三月廿四日、己亥、雨、

一輪王寺菊宮明日親王宣下ニ付院中ゟ日野前大納言〈殿〉を以御諱字被進之、尤河原御里坊江御持参也、

彰信〔安古〕〔鐩登〕小奉書三ツ折ニ認書之、

一親王宣下御習禮ニ付図書頭播磨介巳刻頃ゟ御同所江罷出ル、御料理ニ汁五菜中酒吸物ニツ、肴六七種被下候由、衣躰狩衣、尤所役之堂上方茂同上ニ付御参、御料理御酒等同前被出候由也、

廿五日、庚子、晴、

一輪王寺菊宮親王宣下（陣儀時辰於河原御里坊被請）

宣旨、御諱彰信〔安古〕〔鐩登〕、

上卿　徳大寺大納言實堅卿

辨　萬里小路左少辨正房朝臣

勅別當　庭田大納言重能卿

奉行職事　葉室頭弁顕孝朝臣

家司　竹屋左馬頭光有

粟津図書頭義毅

下家司　山本播磨介加茂清揚

一右宣下ニ付為御歓御成御出門辰刻過（御供略）還御未半刻、於彼御方御祝御祝酒御湯漬等被進、御供江茂御祝御祝酒被下、

一上総宮御方為御歓御同所江御成御出門巳刻、（○御供略）還御午半刻、

一右為御祝儀被進物献上物等如左、

宮御方ゟ　御太刀　一腰

菊宮御方江　昆布　一箱

御馬　一匹　代銀十両

宮御方ゟ

大御門主　昆布　一箱

歓喜心院宮江　御樽代金弐百疋宛

上総宮ゟ　昆布　一箱

菊宮江　御樽代金弐百疋
上総宮へ
大御門主江　昆布　一箱
上総宮へ
歓喜心院宮江　同　一箱
実枝宮へ　昆布　一箱
菊宮江　御樽代金弐百疋
実枝宮へ
大御門主江　昆布　一箱
登美宮、他宮、精宮へ

菊宮江　同　一箱宛
常信院方へ　同　一箱
菊宮江献上
一今日御成ニ付
菊宮御方江　御釜　一箱
歓喜心院宮江　羊羹　十棹
上総宮へ菊宮江　蒸籠　弐組
一親王宣下ニ付此御方へ被献物被為贈物等如
左、
禁裏御所、仙洞御所江　生鯛一折宛　目録大鷹紙

大宮御所江　鰡一折　同上中鷹紙
仙洞御所江　実枝宮へ　ひたい一はこ　大鷹紙二枚重
右　御使信濃守、狩衣
女御〻方江　鰡一をり
御使原田大炊
新大納言殿江　交肴三種、一折
御使山田左内
一輪王寺菊宮　御使奥村宮内卿
昆布　一箱
御樽代金弐百疋宛

宮御方、上総宮、実枝宮江
金弐百疋豊御乳江
右従大御門主
御太刀　一腰
昆布　一箱
御馬　一疋　代銀十両
宮御方江
昆布　一箱
御樽代金弐百疋宛
上総宮実枝宮江

昆布　一箱宛
登美宮、他宮、精宮江
同　一箱
常信院方江
干鯛　一箱
金　三百疋　千里江
金　弐百疋　豊御乳江
右従蘭宮御方
以上　御使江　御引金百疋被下、
御返答信濃守、

右者今日親王宣下ニ付為御祝義被進之、
一　親王宣下次第
辰刻陣義
上卿　徳大寺大納言實堅卿
奉行職事　葉室頭右大辨顕孝朝臣
辨　万里小路左少弁正房
勅別當　庭田大納言重能卿
先儲御座簾中、
辰刻左大史壬生官務、参候着座、
次勅別當着座、

次宮着御簾中之御座、
次家司進便所竹屋左馬頭、
次次家司同上、粟津図書頭、
次下家司同上、山本播磨介、
次左大史持宣旨出入覧、進渡於次家司、
次次家司取宣旨筥進於別當前依氣色置筥退
候庇、
次勅別當内覧畢氣色次家司、取筥進而渡家司
次家司進於御前入筥於簾中退、
次宮御覧、勅別當御扶持御覧、畢出筥於簾外家

司進取筥渡次家司、
次（下）家司於内々入録白銀十両、於覧筥持出渡於左大
史、左大史退出、
次左大史副使申慶賀、此時賜饗、赤飯吸物酒肴、副使
録金二百疋賜之、
次宮有御献、規則三献、陪膳家司竹屋左馬頭、于
長次家司粟津図書頭、下家司山本播磨介、
次親王於御座間御對面、于勅使院使大宮使賜
熨斗昆布、外月御雲客江者参候次第追々御
對面、

次饗應各祝詞、燕酔、先温飩、御料理二汁五菜吸物、酒肴、吸物酒臺物数有、
畢而又御對面于月御雲客了、各退出之後、於
御座間賜御盃于勅別當、御手長奥村宮内御、
御肴今小路民部御、御錫御近習、

廿六日、辛丑、雨、

一輪王寺宮江　　御使信濃守、狩衣、
昨日親王宣下ニ付御目録之通り被進候御
答礼として御目録之通り被進候事、
御太刀　一腰
昆布　一箱

御馬代銀十両　一疋
右菊宮様江宮様ゟ
昆布　一箱
御樽代　弐百疋
右御門主様江宮様ゟ
昆布　一箱
御樽代　弐百疋
右菊宮様江実枝宮様ゟ
昆布　一箱
御樽代　弐百疋

右御門主様江実枝宮様ゟ
昆布　一箱
御樽代　弐百疋
右菊宮様江上総宮様ゟ
昆布　一箱
御樽代　弐百疋
右御門主様江上総宮様ゟ
昆布　一箱以上
右菊宮様江登美宮様、他宮様、精宮様ゟ、
右之通り被進候処、御對面ニて御返答被
仰進候事、

（有栖川宮日記）○高松宮家蔵

文政十年四月朔日、丙午、晴、

一菊宮御方巳剋御成、尤親王宣下後初而也、昼御祝御膳一汁五菜、御酒御吸物三種御肴御夜食一汁三菜等被進、還御戌半剋、

右御成ニ付御用掛両人、御近習両人等麻上下着用、御供方江御迎之節吸物紙敷肴ニ而御酒被下、

一、菊宮　御使進藤大和守
　　副使西村岩尾

宮御方江　饅頭　一折
上総宮江　松風　一折
實枝宮江　御提重　一箱
登美宮他宮精宮江
（中略）　御菓子　一箱ツヽ

右者今日被為成候ニ付被進被遣等也、

（禁裏執次所日記）

文政十年三月廿五日、庚子、晴、

一、今日辰剋輪王寺菊宮親王宣下、
上卿徳大寺大宮大夫　弁萬里小路弁
奉行職事葉室頭弁

一、菊宮御方　彰信、安然、古登、
右四ツ折ニ認、御附衆江可相達旨議奏衆ゟ被出、則相達、

一、菊宮親王宣下ニ付
輪王寺宮江
紗綾三巻　昆布一箱
観喜心院宮江
真綿五把　昆布一箱
菊宮江
御太刀一腰　御馬代金一枚　昆布一箱
干鯛一箱　御樽一荷
右之通被為進、
勅使樋口左馬権頭殿、添使水谷左馬允

三月廿七日、壬寅、

一、輪王寺菊宮親王宣下被為済候後為御禮奏者

所江向御参内有之、御出迎等無之、申半刻過御退出、

（洞中日次案）
文政十年三月廿五日、庚子、晴陰入夜雨下、菊宮親王宣下為御祝儀有賜物、御使為知勤仕、
御太刀　一腰　御馬代黄金拾両、　一疋
昆布　一箱　干鯛　一箱
御樽　一荷
右賜菊宮、
紗綾白　三巻　昆布　一箱
右賜輪王寺宮、
綿　五屯　昆布　一箱

右賜歓喜心院宮、

文政十年四月二十五日
入寺得度ノ儀ヲ行ハンガ為、昨日有栖川宮邸ニ到リ、是ノ日、宮邸ヨリ仙洞格光ニ参入ス、乃チ同御所ヨリ輪王寺宮河原里坊ニ入寺、梶井宮承眞親王王織仁親王子ヲ戒師トシテ得度シ、法諱ヲ公紹ト云ヒ、又自今輪王寺新宮ト称ス、翌二十六日、梶井宮御殿ニ赴キ、承眞親王ヨリ受戒ス、既ニシテ三十日御禮ノ為参内孝仁立ニ参院シ、又五月一日、有栖川宮邸ニ参入ス、

〔有栖川宮日記〕○高松宮家蔵
文政十年三月二十七日、壬寅、雨降、
一輪王寺宮
御使今小路民部卿
菊宮御方来四月上旬御入寺御得度御願被仰
在候處、来月下旬御入寺御得度被仰出候旨、昨
夜傳奏代徳大寺大納言殿ゟ被相達候ニ付、右
御吹聴被仰進候旨也、
四月朔日、丙午、晴、
一參上
近藤丹波守
出會越前守

傳奏代徳大寺大納言殿、池尻前大納言殿ゟ
依御招非蔵人口江罷出候處、御両卿御面會
ニ而来廿五日辰刻菊宮御入寺并同日戌刻
御得度之義被仰出候ニ付、御達被申、仍而菊
宮江及言上候旨也、則越前守ゟ其趣申上、即
刻御請使丹波守里亭江相勤、
三日、戊申、雨降、
一梶井宮ゟ
来ル廿五日菊宮御方御得度御戒師之義以
勅使被仰出候御吹聴被進候事、

廿四日、己巳、晴、
一菊宮御方明廿五日御入寺御得度ニ付午半刻
御成、今晩御止宿也、但し御廣敷ゟ被為成候也、
御夜食一汁三菜ニ而被進、其余着御内々之
御饗應也、
廿五日、庚午、小雨、

一今日日光新宮御入寺御得度之事、
一仙洞御所ゟ辰半刻頃為御迎使番六人相廻ル、
河北左近、番長、進藤主計、伊藤次武衛、飯室右衛
門、村田左近、将曹新海民部、此六人江吸物蛤三
種肴ニ而御祝酒被下、済□（而カ）金百疋宛并支度料
金五十疋宛箒被下之、但し此金輪門様ゟ前日
搆廻ル、外ニ仕丁九人廻ル、御先拂押壹人御輿
之者六人、雨皮持壹人、右九人江中之口（路）間ニ而
御祝酒被下、肴三種済而鳥目五十疋ツヽ并支
度料三十疋宛被下之、

一輪王寺宮ゟ為御伺御次番五人相廻ル、御内玄
関於東ノ間御祝酒吸物蛤土器肴ニ而被下之、
一日光新宮御出門巳刻過御参院之事、御板輿此
御方之ヲ御借用、
着御二藍重直衣、御単、御指貫、綾亀甲白浮線綾
御廣殿南一ノ間ニ而御乗輿、南ノ階ヲ舁下
ス、
新宮江御出門前御口祝差上ル、近江守引續諸
大夫始中奥迄一席罷出御目見、
御列如左、

（○行列次第略）
一輪王寺宮御里坊江御使河内守、狩衣、
御入寺御得度為御祝義被進物如左、
宮御方ゟ
御太刀　一腰
御馬　代銀十両、　一疋
昆布　一箱
氷蒟蒻　一箱
御樽　代金三百疋、　一荷
上総宮御方ゟ
御太刀　一腰
昆布　一箱

實枝宮御方ゟ
御馬　代銀十両、　一疋
昆布　一箱
氷蒟蒻　一箱
御樽　代金弐百疋、　一荷
登美宮御方
他宮御方ゟ
こんふ　一はこゝ、
精宮御方
常信院殿ゟも
右新宮江被進、
一宮御方御出門申刻前輪王寺宮御里坊江為御

歓御成、（○御迎略）還御戌刻、御板輿、着御御袍、
一若宮御方御出門申（刻）過御同所江御成、御板輿（○御供略）
還御子半刻、着御御袍、
新宮江御夏扇一本
歓喜心院宮江粽三十把御成ニ付被下之、
新宮江御茶服紗二　紫・黄、
羽幕　壹本同上ニ付被進、
右上総宮分
一禁中　御使清水主税

鮮鯛　一折　貳尾、

御奉書添御拝領

くはうさまより申とて候、いよ〳〵御機嫌よくならせられ候、中務御宮にも御ふしにおはしましめて度思しめし候、まつ〳〵けふは喜久の宮御方御入寺御得度おはしましめて度思しめし候、此御まな一折めて度まいらせられ候、なを〳〵御機嫌ともよく〳〵いく久しくといわひおほしめし候よし何もよく心得候て申とて候、このよし御申入まいらせ候、かしく、

〆たれにてもの

御局へまいらせ候、

（○返書略）

一洞中　　御使小山右兵衛志

鮮鯛　貳尾、一折、

御封中添御拝領、

（○女房奉書略）

一大宮御所　　御使大原左衛門尉

生鯛　貳尾、一折、

菊宮御方御入寺御得度為御歓被進之御文なし、

右御請使信濃守　麻上下

河内守、

一女御〻方　　御使中村隼人

鱧二、　一折、

右同上、

一輪王寺宮　　御使今小路民部卿

出會縫殿御返答信濃守、

（○中略）

御太刀　一腰

御馬　代銀十両、　一匹

宮御方江　昆布　一箱

氷蒟蒻　一箱

御樽　代金五百疋、　一荷

實枝宮御方　昆布　一箱

上総宮御方江　氷蒟蒻　一箱宛

御樽　代金貳百疋　一荷

登美宮御方

他宮御方江　昆布　一箱宛

精宮御方

常信院殿江　同一箱
右従新宮御方　御使江御引
以上
右今日御入寺御得度ニ付為御祝儀被進
之、

廿六日、辛未、雨、
一梶井宮へ　御使近江守
今日日光新宮御方へ御挨拶ニ付御歓被仰
入、

一輪王寺新宮御方　御使進藤大和守
昨日御成之御挨拶且今日者梶井宮様へ被
為成御挨拶無御滞被為済候、右御吹聴御挨
拶旁御使を以被仰進候事、

〔有栖川宮日記〕○高松宮家蔵
文政十年五月朔日、丙子、晴、
一日光新宮未半刻頃御成、直ニ御通り、於御小書
院上総宮御方御対面、御口祝被進、夫ゟ御座之
間江御通り、御夕御膳等被進、暫時ニ而還御之
事、

但し此間御得度後初之御成也、仍御口祝被
進之事、

〔三千院日記〕○三千院所蔵
文政十年四月十七日、
一仁和寺宮
右輪王寺菊宮御得度御戒師被仰出候ニ付御
歓被仰出候御挨拶被仰進候事、
廿五日、
一　鳥居川法印
　冨小路法印
　寺家宰相
右三人今日輪王寺菊宮御入寺御得度ニ付御

語合彼御殿江辰半刻前ゟ参殿、衣躰素絹指貫
鈍色五條委敷者別記ス、尤宰相御戒之節帰殿
御供相勤候事也、
一輪王寺菊宮　取次山村主殿
御太刀　一腰
御馬代銀拾両　一疋
昆布　一箱
干蕨　一箱
氷蒟蒻　一箱
御樽　一荷

右菊宮江為御歓被進、
御盃臺　一臺
昆布五拾本一折
右菊宮江御戒師之邊を以被為進、
御引金弐百疋被下之、御祝酒赤飯等被下之、御使山本大蔵卿、
御祝酒赤飯等被下之、御副使藤木喜内、
一輪王寺宮江
御太刀　一腰
昆布　一箱
御馬代銀拾両　一疋

右為御歓被進候也、
一歓喜心院宮江
昆布　一箱
御樽代金　弐百疋
右同上被為進候也、　御使山本大蔵卿
廿六日、
一輪王寺新宮　御使奥村宮内卿
右昨日御得度御戒師被為成萬端無御滞被為
済忝思召右御禮為御挨拶被為進物左之通、
白銀　拾枚

羽二重　五疋
右従輪王寺宮被為進、
御太刀　一腰
御馬代銀三拾枚、一疋
昆布　壹箱
氷蒟蒻　壹箱
狗脊　一箱
真綿　廿把
御樽　壹荷
右従新宮被為進、

以上

一輪王寺新宮御成、

右為御授戒被為成候事、都而萬事委敷別記ス、

仍而略之ス、

一歓喜心院宮　薗田石見守

紗綾　二巻

御樽代金五百疋

右昨日御戒師無御滞被為済忝思召候、仍而御

禮為御挨拶被為進候事、

一輪王寺新宮　御使遠藤大和守

右今日為御授戒被為成候處無御滞被為済、且

御饗應被為進候為御挨拶左之通被為進候也、

御菓子料

銀五枚

右被進候事、

仙洞御所詰所日記

文政十年四月廿日、乙丑、雨、

一、来廿五日、輪王寺菊宮御方御入寺御道筋、

仙洞御所唐御門前北江清和院御門ヲ東江

廣小路新道ヲ北江歓喜心院宮御隠室江御

入室候段傳奏衆御用掛江被仰渡候ニ付、則

其段御用掛ゟ兩御所御附衆江同役中江被

申達、但當番江も傳奏衆ゟ御達有之、

廿五日、

一、輪王寺菊宮御方今日御入寺御輿寄ゟ御乗輿

唐御門ゟ御出門午剋、御道筋去廿日被仰出候

通歓喜心院宮御隠室江被為入、

（○行列次第略）

一、菊宮御入寺御得度ニ付

御太刀一腰　御馬代金壹枚、　昆布一箱

氷蒟蒻一箱　狗脊一箱、　御樽一荷、

右菊宮御方ゟ御献上、

御太刀一腰、　御馬代銀拾枚、　昆布一箱

氷蒟蒻一箱　御樽一荷、

右輪王寺宮ゟ御献上、

昆布一箱、氷蒟蒻一箱、御樽代金五百疋
右歓喜心院宮ゟ御献上、
一、同断ニ付
御太刀一腰、御馬代黄金壱両一匹
紗綾十巻、昆布一箱、干蕨一箱、
氷蒟蒻一箱、御樽二荷、
右菊宮江
綸子五端、昆布一箱、干蕨一箱
氷蒟蒻一箱、御樽一荷、
右輪王寺宮江

綿五把、昆布一箱、
右歓喜心院宮江
院使高倉大夫　副使杉山勘解由
一、御得度御催申剋、御吉剋戌剋、御終子剋、
勅会ニ付御所ゟ詰　土山淡路守 着用狩衣
洞中ゟ詰　御用掛り 着用同断
（○中略）
戌剋過道場坤角四方重簾之中ニ両人相詰、拝見子剋御
式畢広橋一位殿并坊官江恐悦申上、
右二人江同剋御湯漬被下、頂戴ニ而御対面相

済ニ剋過帰参、
廿六日、辛未陰
一、菊宮御得度後被称輪王寺新宮与候旨評定衆
被仰渡、頭取仕丁頭江為心得申渡、

（洞中日次案）
文政十年四月廿五日、庚午陰雨、今日菊宮入寺入室
被用歓喜心院宮仕所也、午剋前乗輦御輿寄令出立給、扈従
公卿源大納言、清水谷中納言、（○公卿略）以下扈従并左右
相分前行、
今夜得度云々、
御祝儀御使永胤勤仕、賜物如左、
御太刀一腰、御馬代黄金壱両一匹
紗綾十巻、昆布一箱、
干蕨一箱、氷蒟蒻一箱、

御樽　二荷、
賜輪王寺宮如左、
綸子　五端、　昆布　一箱、
干瓢　一箱、　氷蒟蒻　一箱、
御樽　一荷、
賜歓喜心院宮如左、
綿　五屯、　昆布　一箱

御太刀
御馬代金
氷蒟蒻
御樽
歓喜心院宮〃
昆布
氷蒟蒻
御樽代金
右菊宮御方今日御入寺御得度為御祝儀参着所江向御献上有之、

（禁裏執次所日記）
文政十年四月廿五日、庚午、曇
一輪王寺菊宮御入寺御得度也、
一輪王寺宮〃
御太刀
御馬代銀
昆布
氷蒟蒻
御樽
菊宮〃

一菊宮御方院中御出門午刻過、
一同宮御入寺御得度ニ付油小路中将殿
添使　水谷左馬允
御太刀
御馬代黄金拾両、
紗綾
折
御柳樽
但折櫃五合者御厨子取調進ニ而御厨子取付添御里坊江持参、
輪王寺宮江

綸子
昆布
氷蒟蒻
狗脊
御樽
歓喜心院宮江
綿
昆布
一、輪王寺彰信親王得度
着座公卿
庭田大納言　清水谷中納言　園宰相中将
脂燭殿上人
高野少将　竹屋左馬頭　北小路極﨟
奉行職事清閑寺頭辨
右之通議奏衆御書面（達）御附衆被為見、
一、輪王寺菊宮御方御得度後被称輪王寺新宮候
旨議奏衆被仰渡、御附衆江書面ヲ以申達、
四月晦日、（三十日）乙亥、
一、輪王寺新宮御得度後始て御参内、午刻前唐門
より参内殿之御参、尤唐御門於壇上御下轅、夫
より参内殿之御入、御出迎松平伊勢守出、鹿東
市正、塀重門之内東上南面御附衆之（坊官執次之）近習ヲ以
御出迎之御挨拶有之、還御之節御附衆早出、
付東市正斗御見送出ル、

〔洞中日次案〕
文政十年四月三十日、乙亥、晴陰、未刻許雷鳴、輪王
寺新宮参入、被伺御気色、過日入寺御得度無滞相済被畏申、賜御使品々、賜且
為御土産銀三十枚等拝領深畏御礼、将又輪王寺宮歓喜心院宮等賜物畏御礼以新宮被申上、於
御貸宴間御對面、賜御盃、女房沙汰、訖退出、更召御
前、

〔輪王寺宮年譜〕

普賢行院一品公紹親王

（略○中）

（文政十年）同年四月二十五日御入寺御得度、御諱公紹、従

此稱日光新宮、御戒師者梶井一品承眞法親王、

文政十年四月三十日

改衣ノ勅許ヲ蒙ル、乃チ翌五月一日、参院上皇光格ニ御禮ヲ言上シ、且ツ明日ノ比叡山登山ノ御暇ヲ奏ス、

〔有栖川宮日記〕○高松宮家蔵

文政十年四月三十日、乙亥、晴、

一、右（日光新宮）御同所ゟ御使申半刻頃、豊田正親、

御所〻へ御参賀無御滞被為済候段被仰上、

且今日御改衣被仰出候ニ付御吹聴被仰進、

〔洞中日次案〕

文政十年五月一日、丙子、晴、（略○中）関白、中務卿宮、上

野宮、仁和寺宮、座主宮、三位中将等参賀、関白、仁和寺宮、座主

宮召御前、無御對面、輪王寺新宮参賀同上、昨日改衣被畏申、且被明

日登山御暇被伺御氣色、召御前、

〔輪王寺宮年譜〕
普賢行院一品公紹親王
（〇中略）
（文政十年四月）
同年同月三十日、御改衣、

文政十年五月二日
比叡山ニ登山ノ為、坂本ノ滋賀院ニ赴ク、既ニシテ八日、延暦寺ノ登拝ヲ畢ヘテ下山、翌九日、御禮ノ為、参内（仁孝）並ニ参院（光格）ス、

〔有栖川宮日記〕〇高松宮家蔵
文政十年五月二日、丁丑、晴、
一輪王寺新宮〆　　御使西村岩尾
御登山被為在候御風聴被仰進、右ニ付御使
被進候御挨拶も被仰進、
八日、癸未、晴、
一輪王寺新宮御方（酉刻頃）　　御使金剛監物
去二日坂本御殿へ被為成、御登山茂被為済、御機嫌克只今還御被為在候、仍而此以被仰上、且為御土産宮様実枝宮様等へ御菓子一箱ツヽ
被進之候事、且亦明日昼後御参内被為在候、夫ゟ此御方へ被為成度、御差支不被為在候哉御問合被仰進、則御差支不被為在候間可被為成旨御答被仰進、
九日、甲申、晴、
一輪王寺新宮未刻比御成、御供（御進）帰酉半刻、還御、同刻過、御夜食（一汁三菜）御酒等被進、

〔洞中日次案〕
文政十年五月九日、甲申、晴、關白參入、被伺御氣色、
召御前、輪王寺新宮參入、同上、從山門下山、儀之猶又被伺御氣色之旨
被申置、

文政十年五月十四日
和歌稽古ノ爲、韶仁親王ニ入門ス、乃チ有栖川宮
邸ニ參入シテ親王ニ對面シ、入門ノ式ヲ行ヒ、又
誓狀ヲ差出シ、詠草ニ添削ヲ請フ、

編修課

〔有栖川宮日記〕○高松宮家蔵
文政十年五月十四日、己丑、晴、
一輪王寺新宮和歌御門入として巳刻御成、
兼日御題被進候處、今日御詠草・御誓状御隨
身、御直ニ被進候事、
御小書院江中務卿宮新宮御出座、御門入之御
式四種物、御配膳御近習、御約成基被為濟候後
御點濟候、御詠草御直ニ返し被進、其後大奥江
被為成候事、但し今日御式ニ掛り候面々一統
麻上下着用也、

右ニ付中務卿宮江新宮ゟ被進物如左、
御太刀　一腰、
御馬代銀貳十兩一疋、
和歌掛り甲斐守・近江守江金貳百疋
ツヽ被下之、
右之品ヽ今大路民部卿御供ニ而罷出テ成
基江引渡有之事、
依之民部卿江吸物紙敷肴ニ而御祝酒被下
之、
其後一統御供帰り、午半刻御迎參上也、

新宮御方江者於大奥御吸物紙敷御肴ニ而御祝酒被進之、御膳等も被進之、還御未刻ナリ、

文政十年五月二十五日、江戸ニ下向セントスルヲ以テ、御暇乞ノ為参内仁孝並ニ参院光格ス、尋イデ二十八日、有栖川宮邸ノ送別ノ宴ニ臨ミ、韶仁親王同妃宣子女王等ヨリ餞別ノ品々ヲ贈ラル、

〔有栖川宮日記〕○高松宮家蔵

文政十年五月二十五日、丙子、晴、

一輪王寺新宮今日御暇乞御参内御参院之事、右ニ付御詰合ニ参、　安藤玄蕃

二十八日、癸卯、晴、

一日光新宮御方近ゝ御發輿ニ付為御暇乞御成巳半刻、

御供輩於御小書院御目見并今日御暇ニ付

兼日被召候而今日参上之輩等御目見、御口祝被下之、

一今日御暇ニ付被進被下物等如左、

御使奥村宮内卿

御引貳百疋

出會近江守

副使并常信院等ヘ御使等相勤ニ付為

御引百疋被下、

古橋矢柄

一宮様ヘ

縮緬貳巻

判金壱枚

昆布壱箱

御息所江

純子壱巻

昆布壱箱
上総宮御方へ　純子壱巻
昆布壱箱
登美宮御内
他宮御方　等江　御文匣壱ツツ、
精宮御方
常信院殿へ　縮緬壱巻
金貳百疋
藤池院殿へ　紗綾壱巻
一於御小書院御對面、御祝酒御吸物紙敷肴、

書陵部（三二号）

宮御方　上総宮御方　新宮御方
右被為濟於御同間新宮御方御暇御對面、御内
諸大夫始中奥近席ゝ罷出、次老女惣女中、右相
濟於御座間御料理被進之、御相伴ハ不被為在候事、
貳汁七菜御中酒御吸物御肴三種、御湯後御
蒸菓子濃茶御干菓子薄茶等、後段御吸物五、
御肴九種、御夜食壹汁三菜等、
一新宮様江御餞別として被進献上等如左、

宮様方　巻物代十枚入　壹箱
筆并目録入
昆布　壹箱
外ニ御内ゝ御時計壹箱
實枝宮様方　御花生御花臺　壹箱
昆布　壹箱
上総宮様方　御小文匣之内
御硯石壹、御文鎮壹對、
登美宮様方　獅子御香炉　壹箱
他宮様
精宮様方　小束子ニ而柔御筆入　壹箱

筆五對入
常信院殿方　御紋付御文匣　壹貳
御内ゝ　道中双六一はこ
藤池院殿方　文匣　壹貳　一臺
御紋付文ニ壹貳
昆布三十本　千里方
外ニ
御内ゝ定家文匣御手遊物数ゝ入
一今日御客様御慰ニ席画被仰付御覧之事、宮内
卿丹波守等ニも拝見被仰付、

書陵部（三二号）

一新宮様還御子刻過、

（洞中日次案）

文政十年五月廿五日、庚子、陰晴、（中略）輪王寺新宮因近日被向東武有賜物、御使隆起朝臣勤仕、

六歌仙御手鑑　一帖

紗綾　五巻

昆布　一箱

被属新宮傳賜于輪王寺宮如左、

八景和歌御巻物　一箱

（中略）

輪王寺新宮参入、被伺御氣色、来月二日東行ニ付被申御暇、且今朝御

使賜物之事被畏申、酉刻前出御于小御所中段御座、新宮参進御對面賜御盃、御陪膳堀川宰相、御手長保右朝臣、役送重恭、事訖入御、其後召御前、

文政十年六月二日

輪王寺宮河原里坊ヲ發シテ江戸ニ向フ、既ニシテ十七日、江戸ニ到着、上野東叡山寛永寺ノ輪王寺宮御殿ニ入ル、

有栖川宮日記　〇高松宮家蔵
文政十年
六月二日、丙午、晴、
一今暁卯刻輪王寺新宮御方関東御発輿、河原御
里坊ゟ御出輿、但シ歓喜心院宮御去関ゟ右ニ
付為御見立御里坊江御使図書頭麻上下、実枝宮御方
上総宮御方ゟも御発輿被為済候御歓御使西
市正、同大御門主歓喜心院宮江も被仰入、
但右両人御用掛リニ付御見立参上故御使
相勤候事、

草津駅迄為御見立御使大舎人頭、
於右駅一宿、翌朝御見立申上帰京、
但シ右駅下宿用脚先例之由ニ而致御
方ニ而取賄之由、
於大津駅御見舞御使相勤、被進物如左、
宮様ゟ　羊羮　十棹
実枝宮様ゟ　棹饅頭　十棹
上総宮様ゟ　粽　ニ十把
大舎人頭供乗輿陸尺四人若党両人、鑓箱、長柄
草リ取笠籠、両掛御進物長持壹棹宰領壹

人、
先御里坊江参向、御行列後ニ従ヒ蹴揚迄参
ル、御機嫌相伺、夫ゟ御先江相廻リ御小休毎
ニ罷出相伺之事、尤大津ゟ者草津宿迄御先
江参ル、夕刻書面ニ而未刻比大津駅御機嫌
克御発輿之旨大舎人頭ゟ注進、
一文化五年度者為后例迚御発輿御行粧書記
有之候得共、於此御方而不入用之事故此度
者不留置候事、
一入夜亥刻比参上　岩井修理

今日未刻比新宮御方大津駅御機嫌克御発
輿被為在候旨注進之事、於同駅御到来合ニ
付左書之通被進被下候事、
宮御方江　御菓子　一折
実枝宮御方　羊羮水山吹　十棹
上総宮御方　羊羮　五棹
登美宮御方、宮々御方ヘ　外郎　十棹
羊羮　五棹　常信院殿江
同　五棹　御用掛三人江
外郎　五棹　千里

手美水山吹　十棹　老女始惣女中江
粽　五把
内府饅頭　十　大貳

閏六月三日、丁丑曇夕雨、
一参上　日光御里坊御留守居
演説　岩井修理
新宮様御下向御道中ゝ無御滞御下着先月十七日巳半刻御着御入室被為在、同日申刻飛札差立候処、先月十六日ゟ同卅日迄大井川留リ候ニ付延着、追て奉書未着ニ付則持参候旨、

依仰致啓達候、
其御所様益御機嫌克被為成目出度思召候、此御方弥御安泰被為成候、御安慮被進候様思召候、抑新宮御方弥御安泰被遊御旅行今十七日巳半刻御入室被為在、御規式万端無御滞被為済、幾久敷御満悦思召候、右為御知被仰進候、此段宜被成言上候之御事ニ御座候、恐惶謹言、

六月十七日　石河飛彈守
信虎判
奥村宮内卿

万里小路民部卿
[illegible]倫判
万里小路大進
[illegible]成判
栗津甲斐守殿
藤木近江守殿
豊嶋越前守殿
右及披露

〔輪王寺宮年譜〕
普賢行院一品公紹親王
（中略。）
（文政十年）同年六月十七日御下関、去ル二日御発駕、即日御入室于東叡山、

文政十年閏六月五日

輪王寺宮公猷親王ト倶ニ江戸城ニ登リ、本丸黒木書院ニ於テ将軍徳川家齊ニ對面ス、

〔徳川實紀〕文恭院殿御實紀

文政十年六月廿一日、日光門主同新宮のもとに水野出羽守御使して新宮〔公紹親王〕到着により追て御對面あるべくと仰せまいらせらる、

閏六月五日、黒木書院へ出たまひ日光新宮御對面あり、門主同じく御對面、布衣以上のともがら長袴を着す、

文政十年閏六月二十日

加行ヲ開始ス、

〔社家御番所日記〕○日光叢書所收

文政十年閏六月廿一日、晴、八ツ半ヨリ雨、七ツ半頃晴、雷、

一、新宮様當廿日より御加行被遊候ニ付、無御滞被為済候様於新宮御本社一千度御祓執行、古橋弾正、麻上下ニ而御祓御次江献上、但劔祓大高弐ツ折挑、太麻玉串十二本入、表包越前奉書、墨布包添白台ニ載

（略。図）

〔輪王寺宮年譜〕
普賢行院一品公紹親王
（文政十一年大月）
（中略）
同年同月二十日御加行御開闢（十一大月カ）

文政十一年正月三十日
二品ニ叙セラル、

〔有栖川宮日記〕○高松宮家蔵
文政十一年正月二十三日、癸亥、晴、
一輪王寺宮ゟ　御使矢田部長門守
時節御口上、今日新宮御方叙品消息宣下之
義御願令旨執当之奉文被指出候ニ付御吹
聴被仰進候事、
二十七日、丁卯、晴曇、
一輪門様御使　矢田部長門守
新宮様叙品消息宣下之儀来晦日巳剋日時
被仰出候ニ付御吹聴被仰進候事、

同日上卿之儀御世話卿へ被及御談候處、
中院大納言殿御指図ニ付、則御同家へ被
仰入置候旨演説也、
（三十）
晦日、庚午、晴、
一輪王寺新宮様叙品宣下ニ付為御祝儀御進物
御里坊へ
御使　織部正
新宮様へ　着狩衣
宮様ゟ　鮫馬
御馬代銀壹枚、
昆布　壹箱
実枝宮様ゟ昆布　壹箱

御樽代金弐百疋
上総宮様ゟ　叙馬
御馬代銀壹枚、
登美宮様他宮様
ゟ　昆布一箱ツヽ
精宮様
二月四日、甲戌、晴、
一輪王寺宮ゟ　御使矢田部長門守
有栖川宮様江
御太刀　一腰
昆布　一箱
御馬　一足代銀拾両、

実枝宮様江
こんふ　一はこ
御たる代金弐百ひき
上総宮様江
御太刀　一腰
御馬　一足代銀拾両、
登美宮様　他宮様　精宮様　江
こんふ　一はこ宛
右従新宮様為御答礼被進之、

〔禁裏執次所日記〕
文政十一年正月晦（三十）日、庚午、晴、
一、今三十日巳剋、輪王寺入道公紹親王二品宣下、
消息、
上卿清水谷中納言、奉行職事柳原頭辨、
一、叙二品　輪王寺入道公紹親王　勅許
右之通、議奏衆御達書面御附衆被為見、

〔公卿補任〕仁孝天皇　文政十一年
正月三十日、叙品（入道無品公紹親王二品）宣下（消息）上卿清水谷中納言（實揖）奉行隆光朝臣、

〔輪王寺宮年譜〕

普賢行院一品公紹親王

〔○中略〕

文政十一年戊子正月三十日二品宣下、

書陵部（三号）

有栖川宮実録　七三

韶仁親王実録　一四

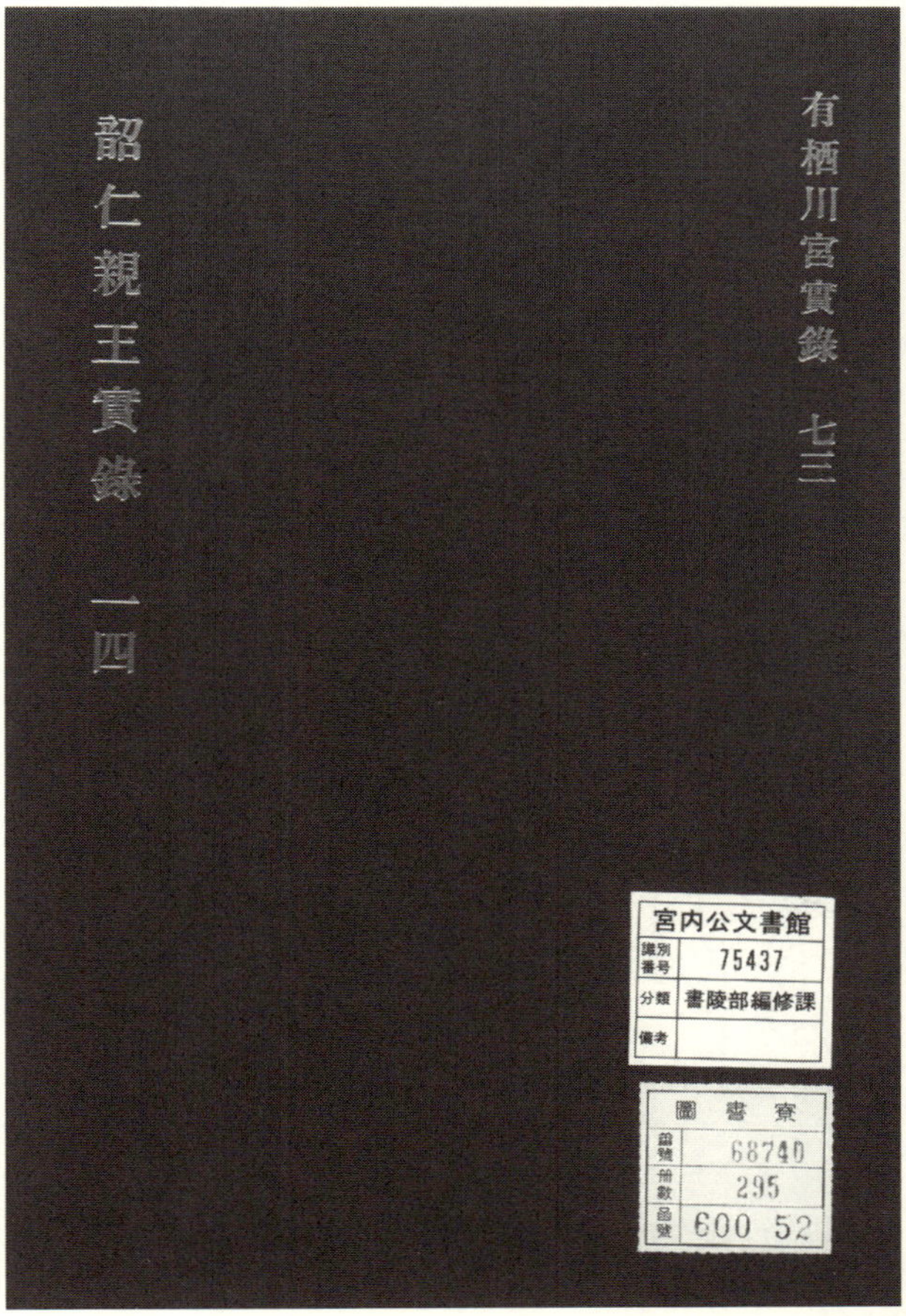

有栖川宮實錄　七三

韶仁親王實錄

王子　公紹親王二

王子　某（他宮、西園寺公潔）

實錄編修用紙

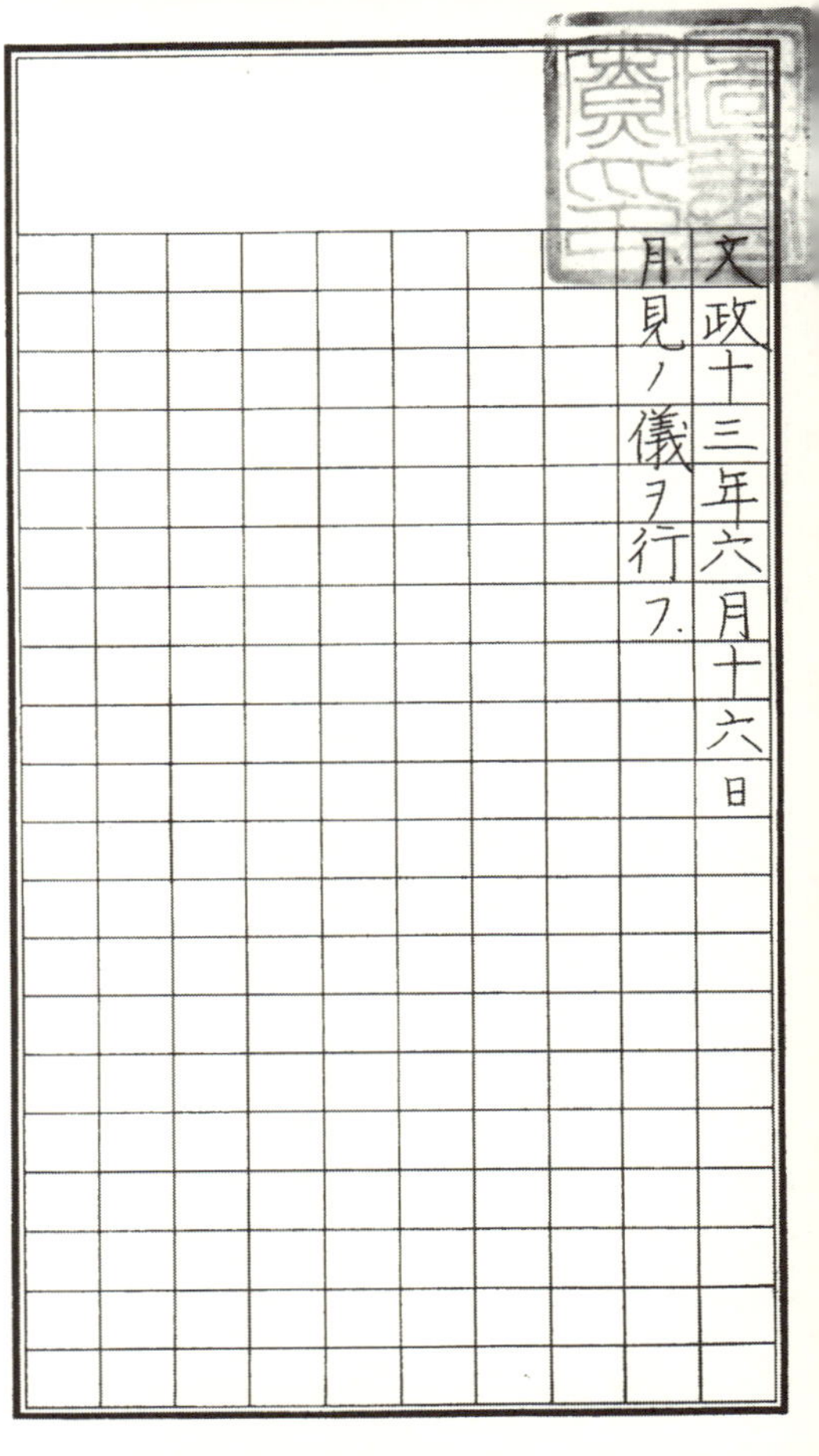
文政十三年六月十六日

月見ノ儀ヲ行フ

編修課

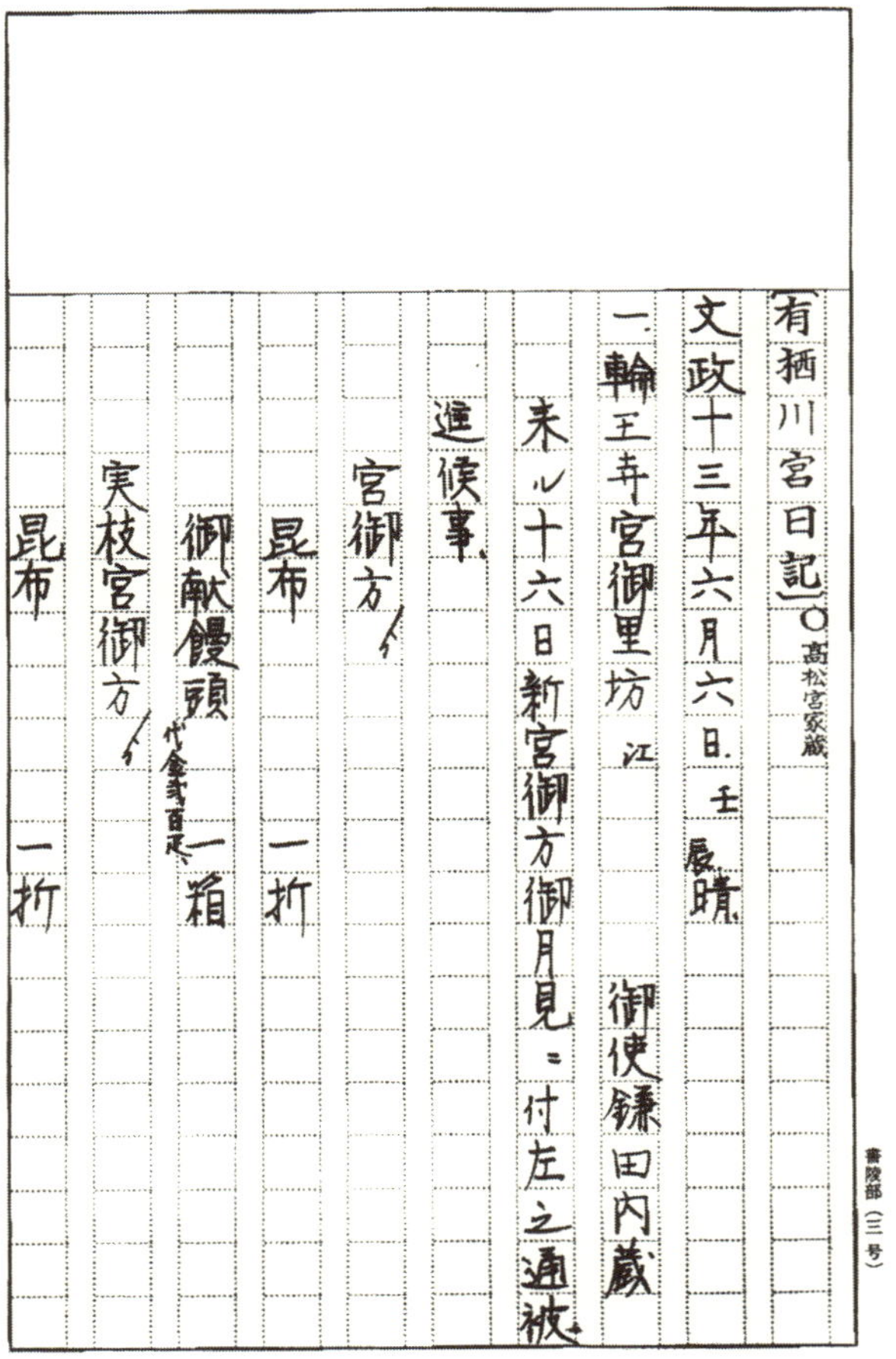
〔有栖川宮日記〕○高松宮家蔵

文政十三年六月六日、壬辰、晴、

一、輪王寺宮御里坊江　御使鎌田内蔵

来ル十六日新宮御方御月見ニ付左之通被

進候事、

宮御方〳〵

昆布　一折

御献饅頭　代金弐百疋　一箱

実枝宮御方〳〵

昆布　一折

書陵部（三号）

上総宮御方へ
同　一折
登美宮御方へ
同　一折
他宮御方・精宮御方へ
同　一折

天保六年正月二十二日
一品ニ敍セラル、

〔有栖川宮日記〕○高松宮家蔵
天保六年正月二十二日、壬午、晴、
一輪王寺宮江　御使雅楽少允惟長
新宮御方今日一品宣下消息被為在候ニ付、
御歓被仰進被進物如左、
中務卿宮御方へ
新宮様江
御太刀　一腰　御馬一匹代銀十両、
昆布　一箱
実枝宮御方へ新宮様江

こんふ一はこ　御樽代金弐百ひき、
上總宮御方へ新宮様江
御太刀　一腰　御馬一匹代銀十両、

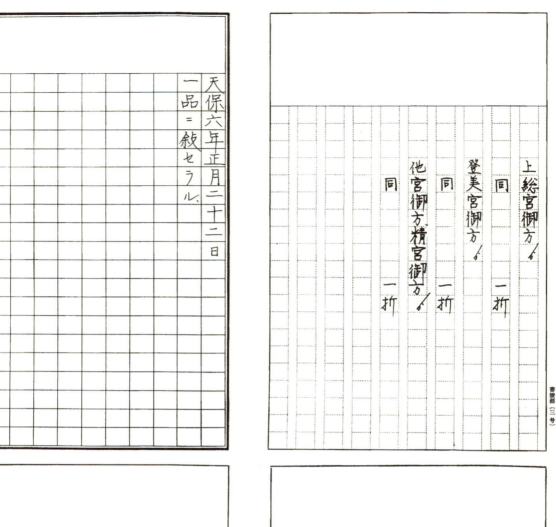

〔有栖川宮日記〕○高松宮家蔵

天保六年三月十三日、壬申、陰

一、日光宮ゟ奉文如左、

依仰致啓達候、其御所様益御機嫌能被為
成目出度思召候、両宮御方弥御安泰被為
成候御安慮被進候様思召候、然者今三日
勅使甘露寺一位殿、徳大寺大納言殿を以
新宮御方一品御昇進勅諚被為請候、御式
万端無御滞被為済候、依而為御知被仰進
候、此段宜被成言上与之御事御座候、恐惶
謹言、

三月三日

進藤丹波守　隆承判
矢田部刑部卿　舜孝判
萬里小路式部卿　献倫判

栗津甲斐守殿
豊嶋筑後守殿

〔禁裏執次所日記〕

天保六年正月廿二日、壬午、曇

一、明廿二日午剋、公紹親王一品宣下、消息、
上卿花山院右大将、　奉行職事萬里小路頭弁、
右昨日議奏衆御達書面御附衆被為見、

〔輪王寺宮年譜〕

普賢行院一品公紹親王

（中略）

天保六年乙未正月二十二日一品宣下、

天保十四年九月二十五日
去ル十一日、輪王寺宮舜仁親王〈織仁親王王子、初メ公猷ト云フ〉
薨去ス、然レドモ秘シテ喪ヲ発セズ、是ノ日、病気
ノ態ヲ以テ、同親王ヨリ寺務ヲ継承シ、爾後門主
ト称ス、尋イデ二十七日、舜仁親王ノ喪ヲ発ス、

編修課

〔有栖川宮日記〕○高松宮家蔵
天保十四年九月廿二日、壬戌、曇、
一輪王寺宮　御使　岩井左衛門
関東ゟ書状到来ニ付、持参本文如左、
一筆致啓上候、（舜仁親王）准后宮様御容躰兼而岩井陸
奥介ゟ申上置候御義御座候処、今十一日寅
刻頃御危特（下ヽ）之御様子ニ而、巳半刻頃被為及
御太切奉恐入候、右之段武辺向御次才ヵ有
之候ニ付、御発喪者何れ当月末歟、来月上旬
ニも可相成哉ニ候得共、先各様方迄内密ニ
申入置候、此段宜被成御沙汰置候、恐々謹言、
九月十一日
矢田部治部卿
吉川大蔵卿
万里小路式部卿
粟津甲斐守様
藤木近江守様
後九月三日、壬申、晴、
一輪王寺宮ゟ未半刻頃　御使　岩井陸奥介
只今御使御座候ニ付、早々申上候旨且別
命之通被仰進候旨、
准后宮御方当春来御風気被為在候処、去ル
六日頃（月ヵ）ゟ御疲労被為在候ニ付、種々御加養
被成候得共、至此節次才ニ被為重候ニ付、新
宮御方江御譲職御隠居被成度段被仰立候
処、新宮御方御当職、准后宮御方御隠居被仰
立候通無御滞被為済、御隠居号禁裏様御撰
給候ニ付、自在心院宮与被称候、仍而此段被
仰進候、
閏九月三日
輪王寺宮御使

右ニ付御當職御譲御隠居等被為済候御歓御
岩井陸奥介
使此御方ゟ相勤候振ニ岩井江申入置候事、
右之外奉書弐通到来、
依仰致啓達候、准后宮様當六月中ゟ御異例
被為在候処、今申刻甚御大切之被為及御容
躰候、此段為御知被仰進候間宜被成言上ゟ
之御事ニ御座候、恐惶謹言、
九月廿六日　進藤丹波守名判
矢田隠治部卿名判

吉川大蔵卿名判
万里小路式部卿名判
粟津甲斐守殿
藤木近江守殿
依仰致啓達候、准后宮様御異例被為在候処
御養生不被為叶昨廿六日亥刻被遊薨去候、
乍然御門主御方御機嫌強御障も不被為在
候、此段宜被成言上ゟ之御事ニ御座候、恐惶
謹言、
九月廿七日　進藤丹波守名判

矢田隠治部卿名判
吉川大蔵卿名判
万里小路式部卿名判
粟津甲斐守殿
藤木近江守殿

〔有栖川宮日記〕○高松宮家蔵
天保十四年後九月五日、甲戌、陰、
一日光坊官ゟ奉書到来、
依仰致啓達候、其御所様益御機嫌能被為成
目出度思召候、然者准后宮御方御異例ニ付
御隠居、新宮御方江御譲職之儀昨廿四日武
辺江被仰立候処、今廿五日御使水野越前守
真田信濃守ヲ以被仰立候通被仰進候、依之
以後新宮御方御門主ト被称候、此段御吹聴
被仰進候、宜被成言上ゟ之御事御座候、恐惶

譲言、

九月廿五日

進藤丹波守

矢田陪治部卿

吉川大藏卿

粟津甲斐守殿

万里小路式部卿

藤木近江守殿

〔徳川實紀〕慎徳院殿御實紀

天保十四年九月廿五日、（略中）此日日光准后病により請はるゝまゝに御隠居の事、同じき新宮御相續之事、水野越前守、眞田信濃守御使して仰せ出さる、

〔輪王寺宮年譜〕

普賢行院一品公紹親王

（略中）

（天保）同十四年癸卯九月二十五日受職務於舜仁親王、管領台宗、

天保十四年十二月二十日、當職後初メテ日光山ニ登ラントスルヲ以テ、江戸城ニ赴キ、本丸御殿西湖間ニ於テ饗應ヲ受ケ、畢リテ御座間ニ於テ将軍徳川家慶ニ對面ス、既ニシテ二十八日、日光山ニ到着、翌二十九日、東照宮ニ參詣ス、

柳宮日記　○国立公文書館蔵

天保十四年十二月廿日、
日光御門跡
右近ゝ御登山ニ付御登城、於西湖之間御饗應、
畢而於御座間御對顔、且御住職以後初而御登
ニ付縮緬十端被遣之、

徳川實紀　慎徳院殿御實紀

天保十四年十二月二十日、日光門主登山により
まうのぼられ、御座所にして御對面あり、西湖間
にして饗せられ、かつはじめての登山により、縮
緬十反をおくらせらる、

社家御番所日記　日光叢書所収

天保十四年十二月廿八日
一御宮御安全、宮様今日御着、非番同役中坂橋内へ御出迎罷出如例
廿九日
一四ツ時宮様御参詣、御幣殿ニ而御焼香神酒御
頂戴、御同殿ニ而恵恩院頂戴、直ニ御退下、

天保十五年正月一日
是ノ日ヨリ三箇日、東照宮ニ詣リ、年首ノ法事ヲ
勤仕ス、

〔社家御番所日記〕日光叢書所収

天保十五年正月元日
一寅半刻過御開、御用意卯刻前、(以下空白)
二日
一辰刻御案内ニて宮様新宮江御昇宮、御式如例相済、諸出仕之面々御宮江相詰、無程宮様御昇社、三品立御膳献備、声明法楽等相畢而宮様御幣殿江入御、御拝御焼香、御神酒御頂戴等如例、直ニ御退出、御送迎如昨日、次三品立御膳相下ケ、諸出仕退散、

三日
一明六ツ鐘御開、平日執行、同半時壱番鐘、辰刻弐分二番鐘、同半時三番鐘、仮別当手替承仕等昇宮、御用意、同刻堀田土佐守殿、川上金吾介(助)、飯島泰助、御医師参拝、吟味役何公、三品立御膳伺有之、新宮御式相済、諸出仕相揃、宮様御昇宮、御膳献備万端如昨日相済、宮様御退出、御送迎等も如昨日、

天保十五年正月十一日
是ノ日ヨリ連日東照宮ニ出仕シテ祈禱ヲ執行シ、十七日、結願ス、尋イデ十九日、東照宮並ニ本地堂ニ参詣ス、

〔社家御番所日記〕日光叢書所収

天保十五年正月十一日
一未刻衆徒中社家中出仕、無程宮様御昇宮、御祈禱御開白、御執行壱坐畢而御退出、御送迎如例
十二日
一午刻前堀田土佐守殿、川上金吾助、飯島泰助、御医師参拝、野沢豊次郎伺公、午刻衆徒中社家中出仕、追付宮様御昇社、御祈禱壱座御執行、万端如例、御送迎如例、
十三日

一午刻衆徒中社家中出仕、無程宮様御昇宮、御祈
祷壱坐御執行、御送迎等如例、
十四日
一午刻衆徒中社家中出仕、追付宮様御昇宮、御祈
祷御執行、御送迎如昨日、
十五日
一午刻衆徒中社家中出仕、宮様御昇宮、御祈祷壱
座御執行如昨日、
十六日
一午刻衆徒中社家中昇宮、無程宮様御昇社、御祈

書陵部（三号）

祷御執行如昨日、御送迎之義是又如昨日、
十七日
一明六（鐘）鏡学頭衆徒中社家中出仕、
一宮様御昇宮、御祈祷御結願御執行、畢而別処江
御下リ御奉行已下退下
十九日
一五ツ時宮様御昇社、於御幣殿御焼香御神酒頂
戴、御同殿ニ而執当頂戴、御石之間ニ而御留主
居御書記御内仏坊官御用人神酒頂戴、畢而御
本地堂御参詣、御送迎如例、

書陵部（三号）

天保十五年正月二十一日
日光下山ノ途ニ就ク、尋イデ二十四日、江戸ニ帰
著ス、

編修課

〔社家御番所日記〕日光叢書所収
天保十五年正月廿一日
一今朝宮様御発駕、非番同役中御送リ

書陵部（三号）

〔徳川實紀〕○愼徳院殿御實紀

天保十五年正月廿四日、日光門主歸寺により高家有馬兵部大輔して慰勞せらる、

弘化二年三月六日

去ル二月二十六日、父韶仁親王俄ニ中風症ヲ發シテ薨去ス、乃チ其ノ訃報ニ接シ、是ノ日ヨリ五十箇日ノ喪ニ服ス、

〔寛永寺日記〕○有栖川宮様江臨時御使道中并東中雜記○寛永寺所藏

弘化二年三月十五日、

一有栖川宮様二月廿八日薨去ニ付、三月十日御葬送相濟候旨、陸奥介申聞有之、

一宮様御追號奉稱大功徳院宮様と事同斷、

一御門主様去ル六日ゟ五旬御服之旨關東表より申來候旨、同斷、

〔有栖川宮日記〕○高松宮家藏

弘化二年二月廿六日　丁巳、晴

一宮御方御出門午刻一事、御傳授御請御礼として御參内（○併今略、）還御未刻過

一宮御方今日御退出後於御座間御卒倒、卒中風之御様子也、早速醫師被召呼候事、

一子刻比医師ゟ御様躰書内〻差上、如左、

中務卿宮様御様躰早春已来餘寒ニ被為中御疝氣御發動、時〻御腹痛御腹浮等被為在候得共各別之御事ニも不被為在候ニ付、當歸

温中湯調進仕候、其後御徴熱御胸痛被遊候
ニ付紫胡枳桔湯調進仕候、夜分御熟睡難被
遊候、御膳等御平日ノ肴被為成候得共御気
先等被為変候御事も不被為在候、御薬加味
温膽湯調進仕候、十七日并今廿六日御参内
被遊候處、御退出後卒然与御輾倒被遊、御膝
頭御損傷甚敷、御痰涎壅盛被遊御昏睡（睡）被遊
卒中風之御症被為發候与奉診候ニ付、三生
飲加竹瀝調進、烏犀円御兼用ニて少々肴御
開之御様子も被為在候得共、御手足御徴冷

被遊御虚候奉恐入候、以上、

二月廿六日

福井典薬少允　高階美濃守
山本安房守　中山佐渡介
高階清介　鎌田康吉
秋吉雲助　同　大年

廿八日、己未、晴、
一一品宮御違例之所御養生不被為叶、今日酉刻
薨去之事、

弘化二年九月十日
日光ニ登山ス、尋イデ十一日、東照宮ニ詣リ、祈禱ヲ開始ス、以後連日祈禱ヲ修スベキノトコロ、體調勝レザルヲ以テ、代僧龍王院ヲシテ祈禱ヲ執行セシメ、十六日、結願ス、乃チ代僧等ヲ伴ヒテ東照宮ニ参詣ス、

編修課

〔社家御番所日記〕日光叢書所収
弘化二年九月十日、
一今日宮様御着山ニ付非番同役中御出迎、
十一日、
一未刻一山中社家中出仕、追付宮様御昇宮、御祈
禱御開闢、壹座御執行、御送迎例之通、
十二日、
一四ツ時御代僧龍王院并衆徒中出仕、御祈禱三
座執行、御別当午替明番出会、
十三日、

一四ツ時御代僧龍王院并衆徒中出仕、御祈禱三
座執行、御別当午替明番出合、
十四日
一四ツ時御代僧龍王院并衆徒中出仕、御祈禱三
座執行、御別当午替明番出会、
十五日、
一四ツ時衆徒中出仕、引續御代僧龍王院昇宮、御
祈禱三座執行、
十六日
一四ツ時御代僧龍王院衆徒中出仕、御祈禱貳座

執行、御別当午替当番立会、
一九ツ前御奉行、御ハ(医)師組頭、吟味役伺公、九ツ時
衆徒中社家中出仕、御代僧龍王院昇社、御祈禱
執行、送迎等如例、
一御祈禱後御本坊へ啓御案内、無程宮様御昇社、
御内陣御伺被為遊、修学院龍王院安居院参伺、
直御退出、御送迎例之通、御別当午番祝部日向
守相勤、万端例年之通、附、少々御不例ニ付、御祈
禱者御代僧也、

弘化二年九月三十日
是ノ月二十一日、日光ヲ發シテ下山、二十四日江
戸ニ歸著セシガ、其ノ途上病ヲ發シ、是ノ日、終ニ
薨ズ、年三十一、秘シテ喪ヲ發セズ、

〔社家御番所日記〕日光叢書所収
弘化二年九月廿一日
一今朝宮様御發駕、非番同役中御送、

〔有栖川宮日記〕　○高松宮家蔵

弘化二年十月七日、乙未、晴、

一在府藤木近江守ゟ去ル朔日出之書状今七日
巳ノ刻頃到着、（中略）
九月晦日（三十）上野御殿江近江守参上之処、富門様
御違例以之外之御容躰之由敬承、右ニ付御容躰
書急便ニ以為差登候旨、御内実ハ晦日御太切
ニ被為及候由委曲申来ル、
御容躰書如左、

九月廿九日

昨日御同様被為在候御朝御膳差上候処少
ヽ被召上直様御吐シ被遊候、夜中折ヽ御胸
苦敷御様子被為在候ニ付其節之御手宛申
上候処直ニ御宜被為在、昨今妗〔始〕終御昏睡之
御様子ニ被為在候、今日多記楽真院湯川安
道、辻元山松庵拝診、相談之上醫学統旨清神
湯加沈香御転方ニ相成候、

九月晦日（三十）

昨日御同様ニ被為在候処暁方御吃逆両三
度被為在辰刻頃俄御発キ御塞御強ク、御
開之御様子ニ而直様御塞御疾喘御強被為
在未刻頃迄御同様ニ被為在候、多記楽真院
野間玄琢湯川安道喜多村安齋、谷邊道玄、山
本宗洪坊宗悦辻元山松庵右之者共拝診、相
談之上茯苓四逆湯姜汁竹瀝等差上追ヽ御
開之御様子ニ奉伺候得共、御案申上候御容
躰之趣一同申聞候、小林豊後守儀も廿六日
ゟ日ヽ拝診被仰付候、

今壹通如左、

宮様御義当月日光御登山還御御道中ゟ御
持病之御肝癪御動被為遊、折節被遊御塞無
御程御開被遊候而廿四日還御後ヽ御同様
両三度茂御塞被遊早速御開被遊候、両三日
此度御塞者不被為在候得共御昏盲之御様
子ニ奉伺候旨御医師申聞候、尤多記楽真院
湯川安道、辻元山松庵三人相談ニ而楽真院
御薬調献仕候、

御道中
　柳肝散
　　加黄連

還御後

紫胡加龍蠣湯　去大黄人参

廿九日御傳ﾅ

清神湯　加紫石英

右調献仕候、

右御容躰書弐通、近江守書状等即刻及披露、其後日光宮御里坊江渡部權少將罷出、岩井陸奥介江面會、前顯之次才申入、且関東ゟ御里坊江御模様申来候哉及尋向候處、未何等之儀も不申参候由、尚関東ゟ御模様申来候ハヽ早速言上可仕旨申之ニ付、先是及示談引取、

後刻岩井左衛門参上ニ而関東ゟ御容躰書至【割】来之由ニ而持参、前御容躰書同様之事、

右ニ付御見舞被進物如左、

上総宮御方

妙勝定院宮御方ゟ

御菓子　一箱ッヽ

〔有栖川宮系譜〕

公紹入道親王

（中略）

（弘化二年十月）
同月十九日薨、三十二歳、實弘化二年十月一日、表九月廿九日、

弘化三年四月二十五日

是ヨリ先兄大覺寺宮慈性親王ヲ先代舜仁親王織仁親王子ノ附弟ト爲シ、輪王寺ヲ相續セシムベキ旨、願書ヲ傳奏ニ提出ス、乃チ是ノ日、之レヲ聽許アラセラルル旨仰出サル、既ニシテ十月十三日、寺務ヲ慈性親王ニ讓リ、普賢行院ト號ス、

〔有栖川宮日記〕○高松宮家蔵
弘化二年十一月廿九日、丙戌、陰晴、
一輪王寺宮坊官より来状、
以手紙得御意候、寒冷之節弥御安全被成御
凌珍重奉存候、然者御附弟宮様御伺書別紙
之通一昨日徳大寺大納言殿江差出申候、猶
又御精力之儀偏ニ奉頼候、且昨日御廻ー可
申上処取込居延引仕候、此段可得御意如斯
御座候、以上、
十一月廿九日

万里小路式部卿
粟津甲斐守様
別紙弐通如左、
輪王寺宮昨年以来御所労之処当時之御様
躰ニ而者御勤向甚御不安心思召候ニ付御
附弟宮被仰請度思召候処、御年齢并御相応
御童形之宮方不被為在候ニ付、大覚寺宮御
附弟ニ被仰請度思召候、乍然兄宮之御事故
自在心院宮御附弟ニ被仰請、当門御継跡ニ
被成度思召候得共、御所御養子之宮ニ被為
在候間、無左与御里坊江御内談も被仰入兼
候ニ付御内々御所表御時宜被成御伺候、何
分ニ茂速に被為整候様御執成之程偏ニ御
頼思召候、
輪王寺宮御使
万里小路式部卿
大覚寺宮御義御病身之由御承知被成候得
共輪王寺御門室御職務甚御繁多与者不申
無御據御差支之節者臨期御名代又者御手
替にて茂被為済候、且右宮御在職之御事ニ
者御座候得共倫伽定院御方茂被為在候得
者何分右宮御附弟被仰出候様被成度、尤於
武辺茂御改宗之義御配慮之趣ニ御座候得
共、右宮御附弟被為成候得者御都合宜趣被
成御承知候、且又御改宗之義者言家に不抱
御他門ニ御座候得者御同様之義ニ思召候、
往古寛平昌泰之年間左大臣魚君公之後胤
幽仙律師一端言家御門室御相続ニ而、其後
御改宗、山門座主同様別当ニ被任候先蹤も
御座候哉ニ御伝承被成候、尤言家之室門者

根元台宗之密教一致ニ有之、早速ニ茂御勤
向被為出来候旨山門大衆始関東諸國之御
門流一統致懇願候義に御座候、極〻之処叡
慮ヲ以被仰出候儀於言家茂異論可申出様
無之儀与思召候間、何分ニ茂大覚寺宮御附
弟被仰出候様御執成之義偏御頼思召候、
十一月　　輪王寺宮御内
万里小路式部卿

右返書ニ何ニ茂承知、猶早速可々言上旨申遣
候事、

〔有栖川宮日記〕○高松宮家蔵
弘化三年正月八日、甲子、陰晴、
一、御同所（大覚寺宮里坊）より　御使野路井近江守
輪王寺宮御附弟之義段〻（公）武より茂御頼ニ
付明日御世話卿廣橋大納言殿参向被致何
分ニも御請被為在候様被申上候趣、右ニ付
先明日御自分之御請被仰上候思召ニ付此
段不取敢御内〻被仰進候、且御違例御容躰
兎角御六ケ敷被為在候得共深く御案事不
被為遊候様呉〻茂被仰進、尤妙勝定院宮様
〻茂御同様被仰進、
三月廿九日、甲申、晴、
一、参上　出會太宰少監　万里小路式部卿
此度御附弟御願之儀弥御内〻之処大覚寺
宮御治定ニ相成、一昨廿七日被仰出、昨廿八
日御請ニ相成候、尤来月四日表向御願書被
差出候筈、且明三十日ニ者大覚寺宮江輪門
ゟ之御使相勤候旨、
右之趣御心得迄申上候旨也、
四月朔日、丙戌、晴、
一、大覚寺宮ゟ　出會茂文　御使野路井近江守
一昨日御成被進候御挨拶被仰進、且昨日輪
門ゟ被仰進候御口上書之写、又御室ゟ今朝
御返答被仰入候御書付写等持参御覧ニ入
候事、且外ニ殿下江御差出御返答書も持参
候事、
輪門様御口上書
輪王寺宮御儀昨年以来御所労之処追〻
不被遊御勝、日光其外御法務之儀甚御不
安心思召候ニ付、當宮様御儀自在心院宮
御附弟ニ被仰請輪門御継跡ニ被遊度段

御所表江御願被仰立度被思召候間何卒
御領掌被遊候様幾重ニも御頼被仰進候、
瑜伽定院様江も御同様被仰進候事、

午三月

大門ゟ御返答書
其宮様御儀昨年以来御違例之所追〻不
被遊御勝、日光其外御寺務之儀甚御不安
心思召候ニ付當宮御方自在心院宮様御
附弟ニ被為仰請、其御門室御継跡ニ被遊
度段御所表江御願被仰立度被思召候間
御領掌被進候様以御使御頼被仰進候趣

被成御領掌候、且瑜伽定院御方へも御同
様被仰進候旨是亦被成御領掌候、仍而此
段以御使被仰進候事、

午四月

外ニ殿下江被差出候御承知書写一通
當宮輪王寺宮江御移轉之儀ニ付御歎願
之儀有之候所、従関東御沙汰之儀所司代
酒井若狭守殿御書面之趣を以従殿下様
御沙汰之御儀、且瑜伽定院殿江御心付厚
御沙汰之品も可有之旨委細御承知畏思
召候、右御請被仰上候條宜願思召候、依而

此段宜御沙汰奉頼候、以上、

三月　　　　　　　　嵯峨御所御内
　　　　　　　　　　林石見守
　　　　　　　　　　野路井刑部卿
　　　　　　　　　　井関兵部卿

高橋兵庫頭殿
牧式部少輔殿

右持参御覧ニ入置候旨、尤此程御内見被為
在候書附三通跡ゟ写被進候旨、又所司代書
面之写も猶亦内〻相廻し可申由申神退出、
但右御使之趣即刻言上御相應之御返答申

出候事、

四日、戊子、快晴、
一輪王寺宮坊官万里小路式部卿ゟ来狀、
以手紙――――然者御附弟様御
願之儀今日表向御願書坊城前大納言殿
江持参差出申候、此段参殿仕御届可申上
所江戸表注進狀認等ニ而殊之外取込居
候ニ付、乍略儀以書中申上候間参殿御届
申上候御振合ニ――――以上、
四月四日

粟津甲斐守様
藤木近江守様
廿五日　庚戌　晴陰
一参殿　万里小路式部卿
出會圖書頭
兼〻御願之通大覺寺宮自在心院宮為御附弟當宮御継跡輪門 江 御移轉被仰出候ニ付
此段奉申上早速関東 江も申上候旨也
五月廿三日　丁丑　天晴
一輪王寺宮　御使万里小路式部卿

御太刀　一腰
御馬　一疋　代銀一枚
昆布　一箱
昆布　五十本
白銀　五枚
綸子　三反
右上総宮御方 江
昆布　五十本
御樽　一荷　代金五百疋
右妙勝定院宮御方 江

昆布　五十本
御樽　一荷　代金三百疋ツヽ
右歓宮御方
線宮御方　江
右御附弟御願之通被仰出候ニ付為御祝儀被進
廿五日　己卯　晴陰
一輪王寺宮御里坊 江　御使圖書頭
今度御附弟被仰出候ニ付一昨日御祝義被進物被為在候為御答礼御目録之通被進之

且御歓被仰進
御太刀一腰　御馬一匹　代銀十両
昆布一箱
右上総宮御方 江
こんふ一箱　御樽一荷　代金三百疋
右妙勝定院宮御方 江
昆布　一箱　御樽壱荷　代金三百疋
右歓宮御方、線宮御方 江 御東ニ而
右被進之御口上岩井左衛門 江 申入

〔有栖川宮日記〕○高松宮家蔵
弘化三年十月廿六日、戊寅晴
一、入夜亥剋過
日光宮　　　　御使岩井城之助
手扣拝参
御容躰書
御門主御方旧冬以来御勝不被遊候ニ付
最初夛記楽心院御藥御服用、其後湯川安
道江御轉藥相成、當時安道御藥差上、野間
寿昌院時々罷出被相伺候処、御同篇之内
兎角御出来不出来被為在、此節追々御疲
労相増折々御塞被為在候、
右壱通切紙
御門主御方旧冬以来御違例之処、次第ニ
御疲労被為在候ニ付、新宮御方江御譲職
御隠居被成度段被仰立候処、新宮御方御
當職御門主御方御隠居被仰立候通無御
滞被為済、御隠居号禁裏様御撰給候ニ付
被称普賢行院宮与候、依而此段御吹聴被
仰進候、
輪王寺宮御使
十月廿六日　岩井陸奥介
右壱通切紙
奉書如左
依仰歎啓達候、其御所様益御機嫌能被為
成目出度思召候、御門主御方御違例ニ付
御隠居、新宮御方江御譲職之儀一昨十一
日武辺江被仰立候処今十三日御使青山
下野守、戸田山城守を以被仰立候通被仰
進候、依之已後新宮御方御門主ト被称候
此段御吹聴被仰進候、宜被成言上与之御
事ニ御座候、恐惶謹言、
十月十三日　矢田陪治部卿 名判
万里小路式部卿 名判
粟津甲斐守殿
藤木近江守殿

〔輪王寺宮年譜〕

大樂王院前天台座主准三后一品慈性法親王

（○中略）

弘化三年丙午四月二十五日更爲舜仁親王御附弟、公紹親王御継跡、

弘化三年十月十九日丑半刻薨去ノ旨披露ス、尋イデ二十五日、寛永寺東叡慈眼堂境内ニ葬リ、二十七日、薨奏アリ、禁裏山孝明ニ於テハ、三箇日廢朝ヲ仰出サル、

〔有栖川宮日記〕○高松宮家蔵

弘化三年十月廿六日、戊寅、晴、

一、入夜亥刻過

日光宮ゟ　御使岩井城之助

手紙持参

（中略）

依仰致啓達候、御隠居宮様旧冬已来御異例被爲在候処、今朝卯刻甚御大切之御容躰被爲及候、此段爲御知被仰進候間、宜被成言上与之御事ニ御座候、恐惶謹言、

十月十八日　矢田陪治部卿　名判

万里小路式部卿　名判

粟津甲斐守殿

藤木近江守殿
中川信濃守殿
豊嶋筑後守殿

廿七日、己卯、晴、
一、輪王寺宮坊官ゟ奉文来ル如左、
依仰致啓達候、御隠居宮様御異例ニ被為
在候處、御養生不被為叶、今暁丑半刻被遊
薨去候、乍然御門主御方御機嫌ニ強御障
も不被為在候、此段宜被成言上与之御事
ニ御座候、恐惶謹言、

矢田陪治部卿　名判
万里小路式部卿　名判
十月十九日
粟津甲斐守殿
藤木近江守殿
中川信濃守殿
豊嶋筑後守殿
右返簡并昨日到来之奉文返簡等相認、同時
ニ差出ス、

〔橋本實久日記〕
弘化三年十月廿七日、己卯、入夜大門去十九日薨
去、今日言上、依之自今日三ヶ日廃朝被仰出了、

〔徳川實紀〕 慎徳院殿御實紀
弘化三年十月十日、（○中略）日光門主病により御側
岡部因幡守御使して寒晒餅粉一匣をおくらせ
らる、
十二日、高家織田大蔵大輔御使して日光門主の
病臥を問はせらる、
十四日、（○中略）日光門主病臥を問はせられて御側
牧野伊豫守御使す、
十六日、日光隠居宮御病を問はせられて御側堀
田紀伊守御使して人参二十両を贈らせらる、（公紹親王）

十八日、日光隠居宮御病危篤により高家横瀬美濃守御使して問はせらる。

二十日、（中略）日光隠居宮かくれさせたまひしかば、同じき門主のもとに高家大澤右京大夫御使して問はせらる。

廿二日、日光門主のもとに寺社奉行内藤紀伊守御使して隠居宮香奠銀三百枚を贈らせらる。

（輪王寺宮年譜）

普賢行院一品公紹親王

（中略）

弘化三年丙午十月十三日、譲職務於慈性親王、

同年同月十九日薨、御年三十二、

勅賜号普賢行院

同年同月二十五日、奉葬于東叡山慈眼堂、

（陵墓要覧）

霊元天皇

皇玄孫公紹《こうせう》親王墓

東京都台東区上野公園寛永寺両大師内輪王寺宮墓地

宝塔　普賢行院一品親王塔

弘化三・一〇・一九薨

韶仁親王實錄

王子某（他宮西園寺公潔）

他宮　有栖川宮日記
他君　有栖川宮日記
寂照光院普徧靈學　有栖川宮系譜

韶仁親王ノ第四王子、母ハ有栖川宮諸大夫豊島勝文ノ女平勝子ナリ、文化十四年正月三十日、同宮侍前川茂徽（太宰少監）宅ニ於テ誕生ス、尋イデ二月五日、千本通出世稲荷社地ニ胞衣ヲ埋納ス、

〔有栖川宮日記〕○高松宮家蔵
文化十四年正月三十日、甲戌、晴、
一今日申上刻君宮御誕生、御腹千里（平勝子）、
中務卿韶仁親王御子、御産家前川太宰少監（茂徽）宅、一統惣代恐悦圖書頭申上、麻上下着、其外當番并非番之者者御側江出候節申上候事、
常服ニ而、
右御誕生之旨御産家ゟ御届有之、
二月五日、乙卯、晴陰、
一千本通出世稲荷社江御藏胞衣、吉刻巳、

〔有栖川宮系譜〕

韶仁親王
　西園寺家御相続
　公潔卿

御母御息所
御實母家女房同上（円明院）
文化十四年正月廿日御誕生、号他宮、（○中略）
二月五日納御胞衣于出世稲荷社地、

文化十四年二月六日
七夜ノ儀ヲ行フ、乃チ織仁親王ヨリ他宮ノ名字書ヲ、韶仁親王ヨリ守刀一腰産衣一重ヲ贈ラル、

〔有栖川宮日記〕　○高松宮家蔵

文化十四年二月六日、庚辰、雨、
一、新誕若宮可奉称
　他《ヨシ》宮被仰出、中務卿宮御子、
右一統江申渡、
一、若宮御七夜如御嘉例御膳於御産屋差上、御配膳太宰少監、
（○御膳略図）
一、他宮御方ゟ御七夜ニ付被進被下如左、
　賀餅壹重三ツ一蓋ツヽ省形、

右一品宮御方　中務卿宮御方江、
　かちん三一ふた
　するめ弐連
　金五百ひき
右　産婦千里江、
一、他宮御方江被進如左、
　御守刀　一腰袋入
　御産衣　一重
　鰑　一箱
右中務卿宮御方ゟ

御名　一包

干鯛　一箱

右一品宮御方ゟ　御使　老女越後

文化十四年二月二十日

産所ナル前川茂徽ノ母豊瀬病篤キヲ以テ、生母平島豐勝子ト倶ニ諸大夫粟津義毅圖書頭宅ニ移徙ス、尋イデ五月二十五日、更ニ領所太秦村ノ大石兵庫宅ニ轉居ス、

〔有栖川宮日記〕○高松宮家蔵

文化十四年二月廿日、甲午、晴陰、

一、前川太宰少監（茂徽）母豊瀬所労甚不相勝候ニ付、他宮様并産婦千里事粟津圖書頭（義毅）宅江御預り申候様被仰付、

一、他宮御方為御迎坂部左近・岡村登、常服、中番壱人、下部貳人、御包輿輿丁、四人、

右前川宅江参向、巳半剋頃粟津宅江御引移、中山幸（マヽ）安義御輿ニ附添参候様被仰付、御乗添千里、

右午剋頃圖書頭初何レ茂御供ニ相廻候者出殿御機嫌克御引移被為在候旨御届申上、

〔有栖川宮日記〕○高松宮家蔵

文化十四年五月廿三日、丙寅、晴、

一他宮御方當春御誕生被為在太宰少監（前川茂徴）宅ニ而、二月廿日ゟ圖書頭（粟津義毅）宅江被為成候処、今度御領分太秦大石村住御家来大石兵庫方江暫御預ケ而可被為成旨先頃被仰出、右兵庫ヘ其旨先日申渡ニ付畏来ル廿五日彌可被為成旨御治定一統も申入、猶又兵庫ヘも追々其義申達ス、

一他宮様御實母千里（平勝子）是又右兵庫方ヘ暫御付添可参旨御沙汰ニ而、右之含則奉畏候也、

廿五日、戊辰、晴、

一今日他宮御方粟津圖書頭宅ゟ太秦村大石兵庫宅江御引移ニ付、御供辰剋前相廻ル、（等。略）御供已剋過御機嫌能御着被遊候旨、夕方帰殿之者又言上候事、

文化十四年七月六日

太秦村ノ寓居大石兵庫宅ニ於テ喰初ノ儀ヲ行フ、

〔有栖川宮日記〕○高松宮家蔵

文化十四年七月六日、戊申、晴、

一他宮御方御喰初、正月廿日御誕生也、

　御膳三方　金頭ニ青石ニ　干鱈ツクメ　耳土器御箸

　　夏鰯盛　小豆御飯高盛

右御陪膳大和介、麻上下、土器弐枚重数輪采

但シ他宮御方當時太秦大石兵庫宅ニ被為成候ニ付、卯半剋頃大和介鳥ニ而参ル、御祝御膳等両掛挟箱ニ入相廻ス、

但し右御祝酒之御肴とし了切鯣車海老等

遣ス、
一右為（熙邕）御滞御着初被為済候、恐悦大石兵庫ゟ御
用人迄手紙を以申上ル、

書陵部（三号）

文政三年八月五日
太秦村ノ大石兵庫宅ヨリ有栖川宮諸大夫豊島茂徴（初メ前川、文政三年豊島家ヲ相續）宅ニ移徙ス、尋イデ十月三日、更ニ諸大夫粟津義毅（圖書頭、）宅ニ轉居ス、

編修課

〔有栖川宮日記〕○高松宮家蔵
文政三年八月四日、丁亥、晴、
一他宮御方文化十四丑年正月晦日（三十）於豊嶋越前（茂徴）
守宅御誕生被為在候処、二月廿日茂徴母不相
勝候ニ付粟津甲斐（義毅）守宅江即日御引移被為在
同五月廿五日迄被為成
御領分太秦村大石兵庫宅江御引移被為在
候而是迄被為成候処、右兵庫妻〻の先頃ゟ
所労不相勝、御世話も難行届候ニ付、先日以
来恐入候得共何卒御断申上候、依之各相談

書陵部（三号）

之上、又候甲斐守宅ニも御引移御世話も可
申上哉ニ有之候処、至此節甲斐守縁類之内
故障又病人等も有之、無拠差支候、猶又相談
有之、差懸候義、越前守（豊嶋茂徴）宅江暫之内御引移可
被為成旨ニ決、則言上被為聞候、尤明五日可
為成旨、依之大石兵庫、同左膳方江仲番佐〻
木定右衛門を以申遣ス、
五日、戊子、晴、
一他宮御方今日大石兵庫宅ゟ越前守宅へ夕方
御引移ニ付為御迎松浦靱負羽織袴、中谷隼太

書陵部（三号）

鑓旧清記、且御包輿押等不残昼後ゟ罷越ス、申刻前大石御出門ニ而暮過豊嶋方江被為成、大石ゟ御乳侍きん、大石左膳等御供ニ而参ル、外ニ主膳母とせ・左膳之末弟御供、右とせハ直ニ宿、

但し御輿ニ不被召候故途中大石左膳御たゝニ而御出門後木嶋乳之森ニ而御小休御遊ヒ、又千本辺ゟ御たゝの後御寐ニて被為成候、豊嶋宅江御着越前守大和介継上下ニ而御出迎申上ル、直ニ長熨斗昆布三方ニ而上ル、

〔有栖川宮日記〕○高松宮家蔵

文政三年十月三日、丙戌、晴、

一他宮御方先達ゟ越前守宅ニ被為成候処、家内差障之儀有之候ニ付、今日図書頭（粟津義毅）宅江被為成、尤御忍ニ而夜分戌刻過御包輿ニ而御供柳松主馬、青士壹人参ル、越前守も御附添参ル、図書頭宅江被為成御機嫌之旨柳松主馬帰殿及言上候事、

文政七年三月六日

土手町ノ有栖川宮夷川御殿（川原御殿トモ云フ）ニ移居ス、

編修課

〔有栖川宮日記〕○高松宮家蔵

文政七年三月五日、己巳、雨、

一他宮御方今日夷川御殿江御引移之処雨天ニ付御延引之事、

六日、庚午、晴、

一他宮御方今日河原御殿へ御引移ニ付為御迎信濃守、青士二人（上田直太・中谷隼太）等相廻ル、尤御包輿ニ而中番壹人其余准之、御近習両人ハ彼方ゟ西村主税、大石左膳等相加午刻早々参ル、於大石兵庫宅御酒一統へ差出シ此程御出門申半

刻河原御殿ヘ被為成候旨為御知有之候事、

文政七年閏八月二十五日

聖護院宮盈仁親王閑院宮典仁親王王子ノ願出ニ依リ、其ノ附弟ト爲ルベキ旨内約成ル、

〔有栖川宮日記〕○高松宮家蔵

文政七年閏八月廿五日、丁酉、晴、

一聖護院宮（盈仁親王）ゟ　　御使　今大路民部卿

出會　筑後守

時節御口上、御末子他宮御方御附弟ニ御所望被成度御内約被進候様被仰進候旨、於御領掌而者忝思召候条被仰進、

右御答、他宮御附弟御内約被進候様御所望之趣忝御承知被成候、猶日出度御返答之義者此御方ゟ以御使後刻被仰進候旨御答、圖書頭申出、

附記、此儀兼日実枝宮御方ゟ御内談被爲在候上御内々御書ニ而御往還〔ママ〕も有之、今日表向御使ニ而御内約之義被仰進候御次第之事、

一聖護院宮江　　御使　圖書頭

御末子他宮御方御附弟御所望御内約之義被仰進、幾久敷忝思召候、則御領掌可被成候ニ付御返答被仰進候旨申入、且過刻御使之御挨拶も被仰進、実枝宮御方ゟ茂幾久敷目

出度答候、猶宜御頼被仰進候旨被申入、
右坊官今大路民部卿面會ニ而申入、御返答
同人御相應申出、
一、河原御殿他宮御方江右御附弟御内約之儀被
仰進、一統追々参上恐悦申上候事、
一、他宮御方ゟ　　御使　信濃守
聖護院宮御附弟御内約御礼被仰上、実枝宮
様江茂御礼被仰上、

［有栖川宮系譜］
韶仁親王
公潔卿　西園寺家御相續
（○中略）
文政七年土八月廿五日聖護院宮御附弟御内
約、八歳、

文政七年九月二日
韶仁親王妃宣子女王ノ實子ト爲ル、乃チ夷川御
殿ヨリ女王ニ伴ハレテ初メテ有栖川宮邸ニ入
リ、韶仁親王ニ對面、口祝ノ事アリ、裏御殿ニ逗留
ス、尋イデ四日、夷川御殿ニ歸ル、

［有栖川宮日記］○高松宮家蔵
文政七年九月二日、辛卯、晴陰、
一、実枝宮午刻過夷川御殿江被爲成、菊宮御合輿
ニ而還御、（○中略）申刻還御、
右実枝宮還御之節他宮御合輿ニ而御誘引也、
他宮御誕生ゟ他所ニ被爲成候処、
今日初而當御殿へ被爲成候也、
右他宮御誘引之子細者、実枝宮御方御実子ニ
改而御所望、御領掌之上今日御同道被遊御一
統様御對面御口祝等被進之、万端御裏御殿ニ
而御世話御積り也、尤御裏御方ニ御逗留也、

編修課

一、御実子ニ被為成候ニ付御贈答如左、
　宮御方江　千鯛　一箱　是者始而御成ニ付被進候也、
　実枝宮御方江　こんふ　一はこ　御実子ニ被遊候為御礼被進之、
　　ひたい　一はこ
　　御樽　一か
右他宮御方ゟ被進之、
一、宮御方ゟ　千鯛　一箱
　実枝宮御方　こんふ　一はこ
　　ひたい　一はこ
右他宮御方江御祝遊し被進、万端奥向老女取

扱ニ而御使相勤、
一、他宮御方自今実枝宮御方御実子被遊候旨被
仰出、其旨一統江申渡ス、
四日、癸巳、晴、
一、他宮御方去二日ゟ御逗留之処今日申剋前河
原御殿ヘ還御、

〔有栖川宮系譜〕
韶仁親王
　西園寺家御相續
　公潔卿
（略。中）
文政〔七〇〕九年九月二日御息所御養子、十歳、

文政七年十二月十三日
吉辰ニ依リ、色直並ニ深曽木ノ儀ヲ行フ、

〔有栖川宮日記〕○高松宮家蔵

文政七年十二月十三日、辛未、晴、

一他宮御方 御色直し 御深曽木 御着袴

右依吉辰被催、

一、御色直し 吉刻辰、御式於御小書院有之、

他宮御方着御 住吉呉服、

御献

先御盃　烹雑　御銚子

次御盃　鱠献　御銚子

次御盃　鯉献　御銚子

御陪膳　老女　左衛門

御手長　中年寄　長濱

採出し御献方宮崎縫殿、着上下、

右済而奥向江被為入、

一、御深曽木御式

父宮着御　御袍　御差貫　御単

他宮御方着御　呉服　細格子　紅梅　白

御半尻　御前張　御横目

但し御深曽木御式被為済御献之節者

着御　落滝津呉服御引袴也、

御座設如左、

（略図）

御深曽木之次第、　御吉方寅

主人令着御座給、

次他宮令着御座給、

次上臈参進、

次諸大夫参進、泔器持参渡上臈、上臈進于他

宮御座左辺、

次唐櫛匣、

次柳筥、

次碁盤、

次他宮令立盤上給、

次主人進他宮御後給、

次主人令理御髪給、

其儀先以御櫛令撫御髪給、次以鋏令除御髪

給、左右中三度、橘山菅海松持添給、上臈以

檀紙受御髪、

次取櫛令撫御髪給之後御復座、

次他宮従盤上向吉方令下給、扶持之人従之、

次他宮令入簾中給、

次主人令〔入カ〕人簾中給、
次撤盤以下物、
一再御座西面ニ設、
先打鋪、
次折櫃物　貳合
次御盃　烹雑　御銚子
次御盃　鰭献　御銚子
次御盃　鯉献　御銚子
右御式畢被為入、
御配膳

一右万端被為済候上、席之罷出恐悦申上候事、
一他宮御方ゟ被進物如左、
宮御方　昆布　一箱
実枝宮御方江　干鯛　一箱ツヽ
赤飯　一蓋
上総宮御方江　干鯛　一箱
登美宮御方　赤飯　一蓋
菊宮御方江　同上
右之通老女御使ニ而被進、
一他宮御方江御一統様ゟ被進如左、

宮御方より　落滝津呉服　一重
干鯛　一箱
実枝宮御方より御引袴　一腰
干鯛　一箱
御色直しニ付　紗綾　一反
宮御方ゟ被進もの　干鯛　一箱　外ニ御染料金三百疋
同上ニ付　御呉服　一
実枝宮御方ゟ被進もの　干鯛　一箱
上総宮御方ゟ　干鯛　一箱

登美宮御方
菊宮御方　ゟ　干鯛　一箱
右之通老女御使ニ而被進、

文政九年十月十一日

年齢十歳ヲ改メテ九歳ト為ス、

〔有栖川宮日記〕○高松宮家蔵

文政九年十月十一日、乙未、晴、

一他宮御方依思召御年替被仰出候事、

則川原御殿江被仰進ル、御使成基朝臣上下、

御実年御十才之処、当年御九才ニ被改候事、

御内席ミ江右之趣申達、但し未勤之輩江者

序手ニ相達候様との事、

文政九年十一月四日

是ヨリ先聖護院宮盈仁親王閑院宮典仁親王王子ノ附弟

ト為スベキ旨内約アリシガ、是ノ日、故アリテ破

約スベキ旨、聖護院宮ヨリ申入ル、

〔有栖川宮日記〕○高松宮家蔵

文政九年十一月四日、辛巳、晴、

一聖護院宮　　　　　　御使今小路刑部卿

他宮御方御附弟之儀先達而御内約被為在

候処、無御餘義御差支御出来ニ付、御破断被

成候旨被仰進、

〔有栖川宮系譜〕

韶仁親王
　西園寺家御相續
　公潔卿

（中略）

文政七年閏八月廿五日聖護院宮御附弟御内約、

（中略）

（文政九）同年十一月四日御違約、

文政十年三月十七日、中宮寺宮榮暉織仁親王王女、ノ許ニ預ケラル、乃チ是ノ夜、有栖川御殿ヲ發シ、翌十八日、大和ノ中宮寺ニ入ル、

〔有栖川宮日記〕〇高松宮家蔵

文政十年三月十七日、壬辰、夕方雨、

一他宮御方此度中宮寺宮江暫之内御預ニ相成候ニ付、今晩子刻川原御殿ゟ御發輿、

〔中宮寺日記〕

文政十年三月十六日、霽、

一御里御殿御掛両人ゟ來書、暮六ッ半時着、

一筆致啓上候、先以兩御地被遊御揃益御機嫌能被為成恐悦奉存候、然者去ル七日越前守被差下御願被仰入候他宮様御事暫其御所様江被為成御世話被成進候様御願被仰入候處、早速御領掌被進、殊ニ無御心置被仰進候段別而不浅御満足思召候、就而者弥來ル十八日他宮様被為成候間此段御案内旁

各方迄可申入旨被仰付候、尤十七日夜亥刻
當地御発輿ニ而十八日其御所様江御着之
御積りニ御座候間、是又為御心得得御意候、
委細之儀者別紙ヲ以申入候、是等之趣可申
入旨ニ付如斯御座候、

三月十五日　　豊嶋越前守
　　　　　　　　茂徴
　　　　　　粟津甲斐守
　　　　　　　　義毅

田中日向様

一、田中安宅雨ヶ辻迄御迎ニ出、同所江御着御對
面被仰付候、夫ゟ御供ニ而、

十八日雨、

一、他宮様御機嫌能亥刻御着被為在候、
御玄関江御輿早上ル、尤御先江田中内匠着
被申入候者、旅躰白衣ニ而候御輿着之砌御
馴染之御方も無御座候ニ付略衣ニ而不苦
候ハヽ御輿ゟ御出之節御側江罷出度旨ニ
付、随分御略衣ニ而御差支ハ無之ニ付宜御
斗被下度申入ル、内近御輿戸引表六疊之間
迄御送被申上候、夫ゟ奥尼衆御供ニ而奥江御
通被遊候、

〔有栖川宮系譜〕

韶仁親王
　（西園寺家御相續）
　公《ハ》潔《スミ》卿

（○中略）

文政十年三月十七日中宮寺室江内々御移、十

一、

文政十一年八月九日
御殿ニ大坂相撲ノ一行ヲ招キ、其ノ角力ヲ見物ス、

編修課

〔中宮寺日記〕
文政十一年八月九日、晴、
一、一昨日花園院政蔵院明屋敷ニおゐて角力興行有之候処、他宮様被遊御覧度旨被仰出候ニ付、
今日御座敷正面ニ而大坂相撲三十四人上り
被遊御覧候、尤御玄関前ニ而地取いたし候、

書陵部（三号）

文政十二年五月二十八日
紐直ノ儀ヲ行フ、

編修課

〔中宮寺日記〕
文政十二年五月廿八日、雨、
一、他宮様今日御紐直シ御祝儀被遊候、
右ニ付御内一統江御料理被下候、

書陵部（三号）

天保二年二月四日
中宮寺ヨリ有栖川宮大坂屋敷（大坂齊藤町ニ在リ、）ニ移リ、暫ク逗留ス、尚、移徙ニ先立チ、圓照寺宮文乘（織仁親王王女）及ビ中宮寺宮榮暉ヨリ夫々餞別ノ品ヲ贈ラル、

（中宮寺日記）
天保二年正月廿四日、雨、
一、圓照寺宮様より
御茶二袋　益寿糖一袋被進候、
他宮様江被進物
御文庫之内　御巾着一ツ 御たはこ入箇共　小御蓋物 御墨弐挺
右者近日他宮様浪花江向還御被為遊候ニ付
御暇乞トシテ御使被進候、
二月二日、少雨、
一、他宮様御事此節還御ニ付、今日御料理被進候、

右御迎之面々弁ふて（マヽ）一統江も御料理被下候、
他宮様還御ニ付　御里様ゟ被進物
白銀　五枚
綸子　一反
宮様ゟ
御火鉢　一
御裏様ゟ
此御方様ゟ同断ニ付他宮様江被進物
紫縮緬　御羽織
御菓子箪笥并御菓子共

右被進候、御里様ゟ御内一統江御丁寧之被下物在之候、

〔有栖川宮日記〕○高松宮家蔵

天保二年二月六日、己丑、晴、

一他宮御方昨四日辰刻、班鳩御殿御發輿ニ而天氣御都合能同日暮過大坂御屋敷江御着被爲在、其後御機嫌能被爲成候旨、猶又宮々様御機嫌御伺之旨近江守ゟ書面、則披露濟、

十五日、戊戌、雨、

一藤木近江守義過ル正月廿五日ゟ出坂、且和州ゟ大坂御屋敷江御内々他宮御方御移御供御迎与し而當朔日ゟ罷越、四日御引移、十二日住吉社御參詣相濟今日上京之事、

〔有栖川宮系譜〕

韶仁親王

公潔《スミ》卿（西園寺家御相續）

（中略）

天保二年二月六日從御室還御、内々浪華御屋敷江御適〔淹カ〕留、十五、

天保二年六月二十四日

有栖川宮大坂屋敷ヨリ上京、夷川御殿ニ歸ル、

〔有栖川宮日記〕○高松宮家蔵
天保二年六月二十一日、辛丑、晴、
一、他宮御方大坂御屋鋪ゟ御上京ニ付、為御迎近江守、太田右兵衛、岩居甫今晝舟下坂之事、
二十四日、甲申、晴、
一、入夜戌刻過安藤玄蕃川原御殿ゟ帰殿ニて他宮御方戌刻御機嫌能還御被為在候旨御届被仰上候事、

天保二年七月二十一日
笛稽古ノ為、安倍季良玄蕃権助兼加賀守竝ニ山井基孚左近将曹ニ入門ス、爾後屢々兩人参邸シテ稽古ノ事アリ、

〔有栖川宮日記〕○高松宮家蔵
天保二年七月廿一日、辛未、晴、
一、参殿　　安倍加賀守（季良）
　　　　　　山井左近将曹（基孚）
右他宮御方今日御笛御入門ニ付拝領物仕難有仕合奉存候右御礼申上候、
十一月廿六日、甲戌、晴、
一、参上　　他宮御方御稽古申上、　安倍玄蕃権助（季良）
十二月二日、庚辰、陰晴、
一、参上
他宮御方御稽古、　安倍加賀守

〔有栖川宮日記〕○高松宮家蔵
天保三年正月廿一日、己巳、晴、
一、御稽古参上、　安倍加賀守
廿二日、庚午、晴陰、
一、他宮御方御稽古参、　山井左近将曹
廿六日、甲戌、雨、
一、他宮御方御稽古参上、　安倍加賀守
廿九日、丁丑、晴、
一、他君御方御稽古参上、　安倍加賀守
（○他宮ノ筝稽古ノ為安倍季良或ハ山井基営ノ参入セシ記事、尚後有栖川宮日記ニ屡ミ見ユ、今其ノ史料ヲ略ス、）

天保三年正月二十三日
権中納言西園寺寛季ノ實子分トシテ同家ヲ相續スベキ旨治定ス、此ノ事、天皇仁孝ノ御内慮ニ依リ、御沙汰アラセラルルナリ、

〔有栖川宮日記〕○高松宮家蔵
天保二年十一月十日、戊午、晴、
一、關白殿ゟ（鷹司政通）　御使高橋兵部権大輔
他宮御方此度西園寺家江御養子ニ被進間
鋪哉、尤御内ゝ院中御時宜御伺之処、御子細
も被為在間鋪被思召候旨ニ付、此段御内ゝ
被仰進御相談ニ被及候事、尤左而已御入道
も被為在間鋪殿下ニも被思候由、且御養子
ニ候得者、御番等者被為免候又御実子分ニ
候得者、御番等も可被為在、此邊之所者猶思

召ヽ被任候様、是等之條、御内ゝ被仰進候事、
右圖書頭出會、御口上之趣言上ニ及候所、猶
篤与御勘考之上、従是御返答可被及旨御答、
（頭書）且又殿下ゟ御内ゝ一族衆江御談被仰進候
處、是又何も所意無之畏入候旨、併上ゟ（仁孝天皇）御沙
汰ニ而殿下ゟ之御命ニ無之候而者、當時西
園寺家之次第故内談者難相成旨被申候由、
此義も御内ゝ被仰進候旨也、」
十二月五日、癸未、晴、
一、關白殿江　御使圖書頭

出會高橋兵部権大輔
時節御口上、且先日御内〻被仰進候他宮御
方御身分御相續之義御返答被仰進、
小奉書折紙
他宮御方西園寺家江御相續之儀御世話
も可被進哉、尤此義ニ付御一族江も御内
談被為在候与之御事共委細御内〻被仰
進候故、御承知被成恭思召候、則於當御方
御一統御内談之処、何之御所意茂不被為在
候間、何卒御相續ニ相成候様御頼被仰進
候、此段御内〻御返答被仰進候御事、

有栖川宮御使
粟津圖書頭
十二月
追而御相續之義可相成者、御養子之方ニ
御願被成度候、併猶又御内〻御時宜之御次
第も御承知被成候ニ付、小番等之儀者、随
分可被成御勤与之御事ニ候、何分宜御取
扱被成進候様御頼被成候御事、

〔有栖川宮日記〕○高松宮家蔵
天保三年正月五日、癸丑、晴、
一、徳大寺大納言殿（實堅）御参、出會圖書頭、
年始御祝詞被申上、且御息男他宮御方西園
寺中納言（寛季）養子ニ而実子分ニ御所望被申度、
此義中納言殿久〻所労引籠ニ付、庶流一統
ゟ被相願度、三條殿・徳大寺殿等同家之義ニ
付被相頼、尚又大納言殿江御續合旁被申願
候旨被申上、
御答御承知、右者兼而御内談之御次第も有
之候義ニ付御返答も可被成筈なから、一應
御親族江も被仰談度、猶此御方ゟ御領掌之
御返答可被仰進旨被仰入、
六日、甲寅、陰雪、
一、徳大寺大納言殿江　御使圖書頭
昨日御参ニ而他宮御方西園寺中納言殿養
子実子分ニ而御所望被申度、中納言殿只今
所労ニ付庶流一統ゟ被相願度、三條殿・徳大
寺殿等門家之義ニ付被相頼、大納言殿ニ者
御續合旁御願之趣、被成御領掌候旨御返答

被仰入、尚又三條殿江茂御領掌之旨御通達
之義御頼被仰入候事、
右御内定之趣席々江申達、尤未勤御家来江
も、
右恐悦惣代圖書頭申上候事、
廿三日、辛未陰晴、
一、西園寺中納言殿江　　御使圖書頭
時節御口上、此度御息男他宮御方御事、其御
方御実子分ニ御所望之義此程德大寺大納言
殿御参ニ而御申上、御領掌之旨御答ニ付御
挨拶、且此上萬端宜御頼被成候旨被仰入、
出會濱崎相模介、御直答可被申之處、久々所
労引籠ニ付、直答之振ニ而取斗呉候様断有
之、
返答　此度重々御内慮ニ依而他宮様御事當家実
子分相續之義御沙汰之趣、此程德大寺殿ゟ
り被申上御領掌ニ付、今日御使御口上之趣
被畏存候旨也、

一、西園寺中納言殿ゟ　　使濱崎相模介
時節之口上、過刻者以御使他宮様御相續之
義ニ付德大寺殿ゟ被申上候次第ニ而御叮
嚀御挨拶之趣被畏入候旨御請被申上、

〔有栖川宮系譜〕
韶仁親王
　西園寺家御相續
　公潔卿
（中略）
天保三年正月廿九日西園寺家御相續御内約、

〔西園寺家系譜〕

寛季

治季　従三位、左中将、早世、
　母正親町大納言公明女

公潔　従三位、右中将、
　母家女房
　實有栖川中務卿韶仁親王男、寛季ノ實
　子ト為ル、
　實母家女房

天保三年正月二十六日

名字ヲ公潔《キンズミ》ト定メラル、

〔有栖川宮日記〕○高松宮家蔵

天保三年正月廿五日、癸酉、雨、

一、西園寺中納言殿へ　出會近江守　使濱崎相模介
　時節口上、他宮様御名字勘進ニ付被進之候
　旨右之折紙高辻殿勘進之由也、

　切韻事

公潔《キンズミ》　切結

公平《キンナリ》　切京

公家《キンイエ》　切嘉

實成《サネナリ》　切無形

實禮《サネヒロ》　切齋

賢季《カタスエ》　切無形

篤季《アツスエ》　切無形

右之内公家實成之内ニ御治定被成度旨内
　々演説、

右御返答公家之方可然旨御答被仰入

廿六日、甲戌、雨、

一、西園寺中納言殿へ　使濱崎相模介
　今日清水谷殿ヲ以職事江御申文被附候ニ
　付殿下江被入内覧候處御名字公家ニ而者

事様ニ思召候ニ付外御名字被取替候様御
内命ニ付、今一應此御方思召之御名字御取
替之儀被相願則右之趣申上候處左候ハヽ
公潔《キンズミ》ト御取替御治定被為在候旨御答被仰
入、

天保三年正月二十七日
他宮ヲ自今他君ト改稱ス、是ノ日、又從五位下ニ
敍セラル、

（有栖川宮日記）○高松宮家蔵
天保三年正月廿七日、乙亥、晴陰、
一、他宮御方自今他君ト被称候事、
一、西園寺殿　　使　濱崎相模介
　他君御方今日從五位下宣下被為蒙候、仍而
　此段被申上候事、
一、御同所江　　御使　柳松主馬
　他君御方從五位下宣下被為蒙候ニ付御歓
　被仰進候事、但過刻御使を以被申上候御挨
　拶旁被仰入候事、

（西園寺家系譜）
公潔　寛季男、母家女房、　實有栖川韶仁親王男、母閑院美仁親王女、（○中略）天保三
年正月二十七日叙爵、

天保三年二月二十八日

有職ヲ學バンガ為、平田職平（少内記兼中務少丞）ニ入門ス、乃チ職平ヲ招請シテ江家次第ノ講釋ヲ聽聞ス、後、屢〻此ノ事アリ、

〔有栖川宮日記〕（高松宮家蔵）

天保三年二月廿八日、丙午晴、

一、参上　平田中務少丞

今日被為召他君御方有職御入門、於御書院二之間御對面、江家次第少〻講釈申上、相濟於御次御祝酒吸物紙數肴ニ而給之、為御會釈御目録金弐百疋被下之、

三月四日、辛亥晴、

一、参上　平田少内記

他君御方御講尺

九日、丙辰晴陰、

一、他君御方御稽古参上、　平田少内記

十四日、辛酉晴陰、

一、西園寺侍従殿御稽古参上、　平田少内記

十九日、丙寅雨、

一、侍従殿御稽古参上、　平田少内記

天保三年三月五日

吉辰ニ依リ、前權中納言西園寺寛季ヨリ結納ノ品ヲ贈ラル、

〔有栖川宮日記〕〇高松宮家蔵
天保三年三月五日、壬子、晴、
一、西園寺前中納言殿ゟ　御使濱崎相模介
　　　　　　　　　　　　永岡主殿
　手扣如左、
春暖ニ相趣之節、愈御安泰被為成目出度
被存候、今般他君御方此御方江為御実子
被進候御契約畏被存候、依之為御結納と
して御目録之通被進之候事、
有栖川宮様江

　　　干鯛　　　一箱
若宮様江
　　　鯣　　　一折
御息所様江
　　　するめ　一折
他君御方江
　　　夏御扇　一握
　　　冬御扇　一握
　　　鮮鯛　　一折
御惣宮様江御口上斗、

此御方御惣宮ゟ御口上斗被仰上候事、
右御進物御目録安藤玄蕃罷出請取、筑後守
及披露、其後於伺公之間両人江御祝酒吸物
三種重肴ニ而被下之、御返答筑後守申出ル、
為御引金百疋ツヽ被下之、
右立帰り御礼申上退出、
一、西園寺殿江　　御使雅楽少允
時候御見舞、今日依吉辰他君御方江御結納
被進候ニ付中務卿宮、実枝宮、上総宮江御目
録之通被進之、御満足思召候、右御挨拶被仰

入、且他君御方江為御結納御目録之通被進
之、難有思召候、右御請御礼被仰上候事、

天保三年三月十日
西園寺邸ニ移徙ノ儀ヲ行ヒ、前権中納言寛季ニ
初メテ対面シ、即日帰殿ス、

〔有栖川宮日記〕○高松宮家蔵
天保三年三月十日、丁巳、陰雨、
一、西園寺殿　江　　御使治部権少輔
他君御方今日御内〻御引移ニ付為御土産
被進如左
御太刀　一腰
御馬代銀百両　一疋
御内〻
御文匣之内　綸子一反
興君御方　江
御肴代銀弐拾両　一折

御内〻
御文匣之内　紗綾一巻
御硯箱
御文鎮二ツ
御一統　江
御肴代銀五拾両　一折
前中納言殿　江　被為贈如左
鮮鯛　一折
宮御方ゟ
鰹ふし　一をり
実枝宮御方より
鯣　一折
上総宮御方ゟ

一、他君御方御出門未剋　西園寺殿　江　御成、御供青
士五人鎌田隼人鎌田内蔵神子嶋式部嶋岡将
監御対箱御沓御傘其餘如例還御酉半剋、
但シ図書頭御附添御列ニ添参ル、
他君御方御衣躰御半尻白御引袴、但シ御横
目類署御末廣、
一、西園寺殿　江　　御使柳松主馬
他君御方被為成初而御対顔御饗應被進御
満足思召候、右御挨拶被仰進候事、

天保三年三月十三日
侍従ニ任ズ、

（有栖川宮日記）○高松宮家蔵
天保三年三月十三日、庚申晴陰、
一西園寺（西剋璵）前中納言殿より　使芦田讃岐守
他君御方江只今侍従御申之儘宣下候旨被
仰進、
中務卿宮御初江も御吹聴被仰上、
一西園寺殿江　御使鎌田内蔵
侍従殿より只今宣下之趣被仰進畏思召候、右
御礼被仰上、且中務卿宮御初より御歓被仰進
御吹聴之御挨拶も被仰入、

（西園寺家系譜）
公潔（○中略）（天保三）同年三月十三日任侍従、

天保三年三月二十三日
夷川御殿ヨリ有栖川宮本殿ニ移徙ス、尋イデ宮邸ヲ出デテ西園寺邸ニ入ル、

〔有栖川宮日記〕○高松宮家文書

天保三年三月十六日、癸亥、晴、

一、西園寺侍従殿御事近〻眞之御引移ニ付、御表向御移者、當月十日今日御暇乞之為御料理被進、其外相濟有之、種〻御進物有之、

弐汁五菜　御菓子　薄茶

御一統様江御祝酒御相伴、御吸物弐ツ、御肴五種差上ル、

〔有栖川宮日記〕○高松宮家文書

天保三年三月廿三日、庚午、陰雨、

一、西園寺侍従殿申半刻

右今日ゟ御本殿江御引移被為在候事、

〔有栖川宮系譜〕

韶仁親王［西園寺家御相續］

公潔《スミ》卿

（中略。）

（天保三年）同年四月為西園寺中納言寛季卿御實子同家

御移、十五歳、

天保三年四月十日

元服ノ儀ヲ行フ、加冠ハ權大納言德大寺實堅ナリ、是ノ日、又禁色昇殿聽許ノ宣旨ヲ蒙ル、

〔西園寺家系譜〕

公潔（中略）（天保三）同年四月十日元服、聴禁色雑袍昇殿

〔有栖川宮系譜〕

韶仁親王

西園寺家御相続
公潔《スミ》卿

（中略）

（天保三年四月）同年同月十日御元服、叙従五位下、任侍従、聴禁色昇殿、

加冠皇太后大夫實堅卿、理髪右中将、

天保三年七月八日

従五位上ニ叙セラル、

〔西園寺家系譜〕

公潔（中略）（天保三）同年七月八日叙従五位上、年中両度

〔有栖川宮系譜〕

韶仁親王

西園寺家相続

公潔《スミ》卿

（中略）

（天保三年）同年七月八日叙従五位上、

〔西園寺家系譜〕

公潔（中略）（天保）同四年正月五日叙正五位下、（中略）同年

十月二十八日任左少将、

天保四年正月五日

正五位下ニ叙セラル、尋イデ十月二十八日、左近

衛権少将ニ任ゼラル、

〔公卿補任〕仁孝天皇　天保七年

従三位　西園寺　藤公潔

文化十五、二、一誕生、（中略）（天保）同四、正、五叙正五位下、

（中略）（天保四）同年十、廿八任左近衛権少将、

〔有栖川宮系譜〕

韶仁親王
　公潔《スミ》卿（西園寺家御相續）

（中略。）

天保四年正月六日叙正五位下、十七、

同年十月廿八日任右（左）近衛少将、

書陵部（三号）

天保四年六月十一日
従四位下ニ叙セラル、

〔西園寺家系譜〕

公潔（中略。）同年（天保四）六月十一日叙従四位下、年中両度、

書陵部（三号）

〔有栖川宮系譜〕

韶仁親王
　公潔《スミ》卿（西園寺家御相續）

（中略。）

同年（天保四年）六月十一日叙従四位下、

書陵部（三号）

編修課

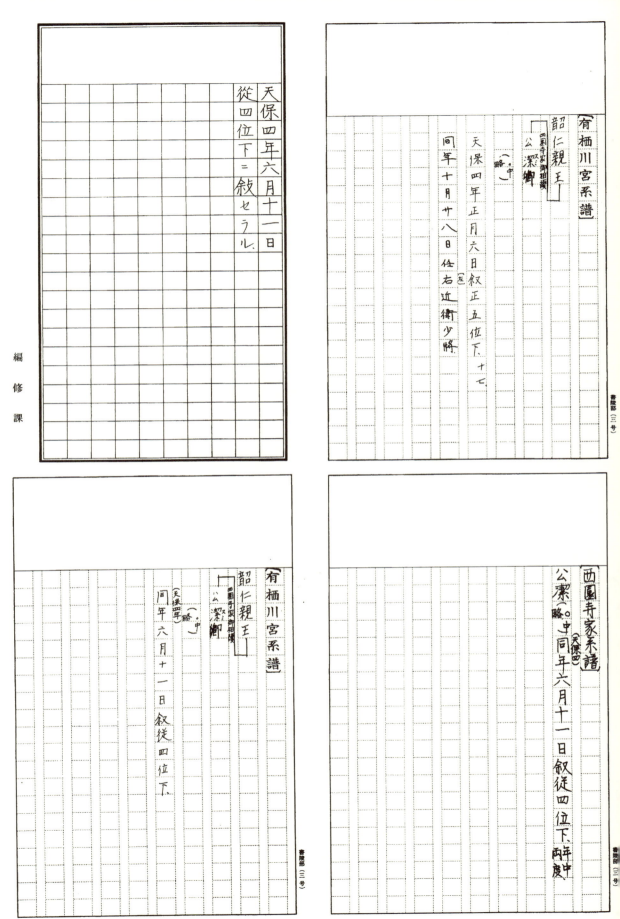

天保五年三月十六日

従四位上ニ叙セラル、尋イデ七月八日、右近衛権

中將ニ任ゼラル、

〔西園寺家系譜〕

公潔（略。中）（天保五）同年三月十六日叙従四位上、同年七月

八日転右中將、

編修課

〔公卿補任〕仁孝天皇

天保七年

従三位　西園寺藤公潔

（中略。）

（天保五）同年七八転右権中將、

〔有栖川宮系譜〕

韶仁親王

西園寺泉衛相續

公潔卿

（中略。）

天保五年三月十六日叙従四位上、十八、

同年七月八日転中將、

天保六年正月五日
正四位下ニ叙セラル、

編修課

〔西園寺家系譜〕
公潔（略。中）（天保）同六年正月五日、叙正四位下、

書陵部（三号）

〔有栖川宮系譜〕
韶仁親王
西園寺家御相続
公潔卿
（略。中）
天保六年正月五日叙正四位下、

書陵部（三号）

天保六年七月一日
安倍季良ヨリ笛蘇合香一具ノ、又、山井基孚ヨリ
同ジク萬秋楽一具ノ傳授ヲ受ク、尋イデ十二月
二十四日、西園寺寛季ヨリ琵琶蘇合香一具ノ傳
授ヲ受ク、

編修課

〔西園寺家系譜〕

公潔（略。中（天保六））同年七月一日蘊合香一具相傳、季良朝臣傳授之、同日萬秋樂一具相傳、說々口傳不殘傳授之、基季同年十二月二十四日琵琶大曲相傳、蘊合香一具口傳說々等不殘父實季傳授之、

天保七年正月四日

從三位ニ敘セラル、

〔公卿補任〕仁孝天皇　天保七年

從三位　西園寺藤公潔　十九、故、正月四日敘、右中將如

〔西園寺家系譜〕

公潔（略。中（天保））同七年正月四日敘從三位、中將如元、

〔有栖川宮系譜〕

韶仁親王
　（西園寺家御相続）
　公潔《スミ》卿

（略）

天保七年正月四日陞従三位、

天保七年五月二日
薨ズ、年二十、然レドモ家督ノ都合アルニ依リ、喪
ヲ秘シ、十二日、密葬ヲ行フ、

〔有栖川宮日記〕○高松宮家蔵

天保七年五月朔日、癸未、
一西園寺三位中将殿江　御使鎌田内蔵
二日、甲申、
一西園寺殿江　御使坂部蔵人
御違例御見舞被仰進、後剋御勝不被（爲脱）成趣ニ付
再御使図書頭
其外一統追々ニ参ル、
一西園寺三位中将殿公潔卿御違例今朝ゟ追々
御勝不被成未剋御危篤御大切ニ被為及候事、
但シ御家督之次第有之ニ付、御内ニ而御所労
御続之趣ニ致有之候事、
十二日、甲申、
一西園寺三位中将殿今晩御密葬ニ付、西園寺家
江罷出、
図書頭　木工頭　玄蕃頭　安藤大監
田中舎人　鎌田内蔵

編修課

書陵部（三号）

〔有栖川宮系譜〕

韶仁親王

　西園寺家御相續
　公潔卿

（中略）

（天保七年）同年五月二日薨、十九歳

書陵部（三号）

〔有栖川宮日記〕○高松宮家蔵

天保七年六月朔日、癸丑、

一西園寺三位中将殿（五月三十日）昨晦日夜薨去之旨今朝御披露、

四日、丙辰、

一今夜西園寺三位中将公潔卿御葬送ニ付、列外為御見送御使藤木木工頭申刻比ゟ参ル、御出棺酉刻之由、

書陵部（三号）

天保七年六月一日

昨五月三十日夜薨去セル旨披露ス、尋イデ四日、葬送アリ、竹林院ニ葬ル、法名ヲ寂照光院普徧靈學ト曰フ、

編修課

〔西園寺家系譜〕

公潔（中略）（天保七）同年五月三十日薨、十八歳

書陵部（三号）

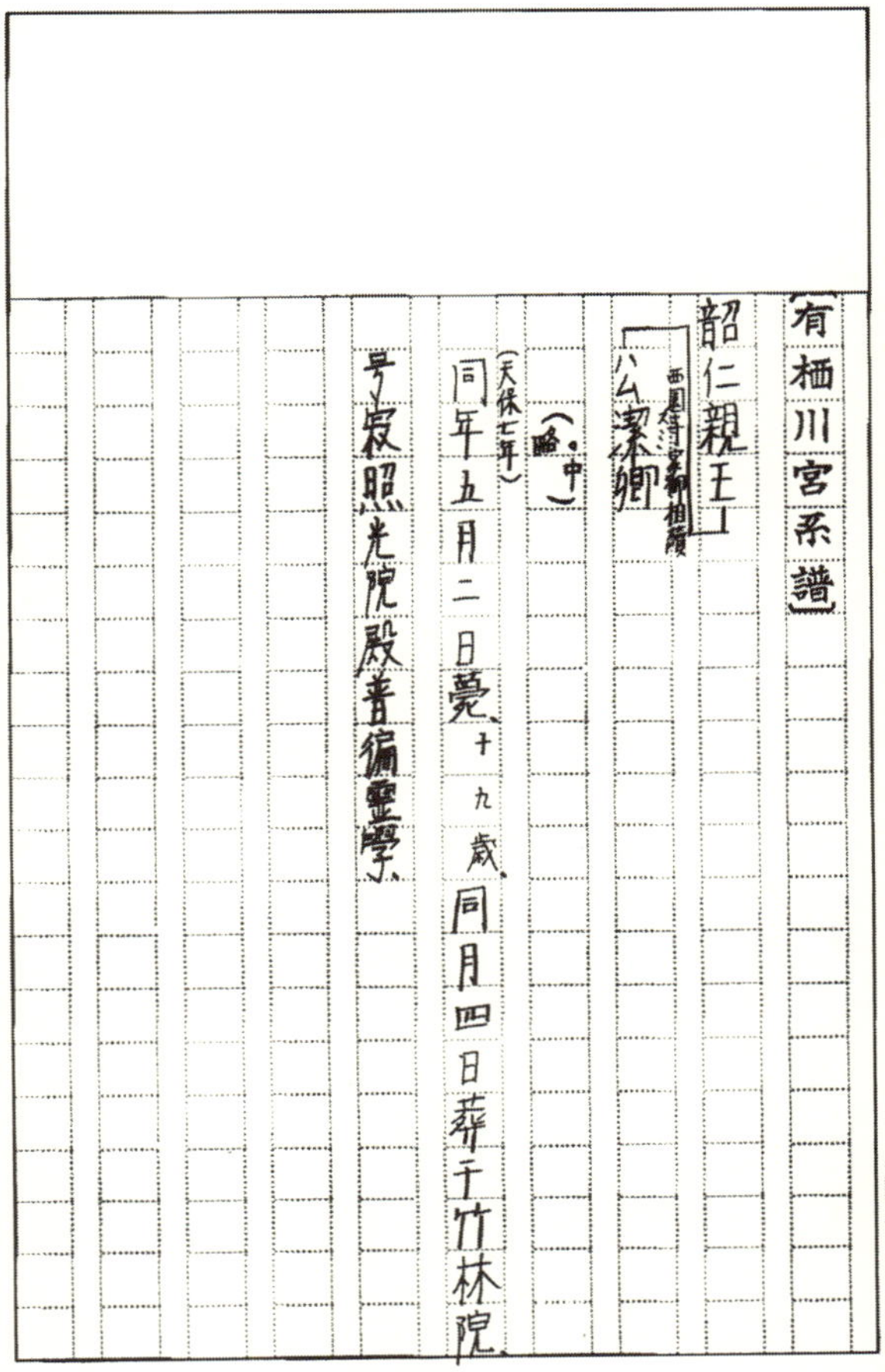

（有栖川宮系譜）

韶仁親王
　公潔卿（西園寺家相續）

（中略）

（天保七年）同年五月二日薨、十九歳、同月四日葬于竹林院、号寂照光院殿普徧靈學、

書陵部（三号）

有栖川宮実録　七四

韶仁親王実録　一五

有栖川宮實錄　七四

韶仁親王實錄　一五

有栖川宮實錄　七四

韶仁親王實錄

王女　某（遊亀宮）

王女　某（實種宮）

王女　韶子女王　有馬慶頼室

實録編修用紙

韶仁親王實録

王女　某（遊亀宮）

遊亀宮　有栖川宮日記

静性院　有栖川宮日記

韶仁親王ノ第二王女、母ハ閑院宮美仁親王ノ王女、宣子女王ナリ、文政四年十月二十一日誕生ス、尋イデ二十六日、産剃ノ儀ヲ行フ、

編修課

〔有栖川宮日記〕○高松宮家蔵

文政四年十月廿一日、戊戌、曇晴、

一亥刻姫宮御誕生、一統着麻上下、恐悦ハ甲斐守惣代として申上ル、

一亥半刻傳奏ヘ御届如左、

山科前大納言殿ヘ　御使　小岸司馬

覺

實枝宮御方今廿一日亥刻御安産姫宮御誕生候、依之中務卿宮被混御産穢候、仍而御届被仰入候、以上、

十月廿一日

書陵部（三号）

有栖川宮御内
粟津甲斐守

右落手之旨　両傳奏雑掌宛

一御新誕姫宮江羽二重呉服一重并御末廣一柄
依御嘉例ニ而被進之、　御使老女宮内卿、
但し御守刀被進候者宮様之御太刀又者御
脇指之類御袋ニ而被進置、則御新誕宮御枕
元ニ被置之、御守刀被進候後御取戻し被成
候事、

廿六日、癸卯、晴、

一御新誕姫宮御産髪御剃髪、吉刻巳、
御扶持千代演　御乳持、
老女宮内卿御側女中
着座　豊嶋越前守、衣躰服沙小袖麻上下、
御剃髪嶋津蔵人勤之、
但し内実産婆佐渡御色垂中上ル、
右御剃髪被為済候上御頭白菊綿上ル、
御白際御眉上ル、　宮内卿勤之、
右御剃髪目出度被為済候旨茂徴言上、

文政四年十月二十七日
七夜ノ祝儀ヲ行フ、乃チ韶仁親王ヨリ遊亀宮ノ
名字書及ビ産衣一重・守刀一腰ヲ贈ラル、

〔有栖川宮日記〕○高松宮家蔵
文政四年十月廿七日、甲辰、陰時雨、
一今日御七夜御新誕姫宮御方江御膳被進、
（○中略）　土器盛三方居、
御陪膳越前守、
右依御家例被進之、
一御新誕姫宮御方江御名被進、
遊亀　備中大鷹檀紙横三折、上包同紙、
御染筆、
するめ　一はこ　竪目録、
御七夜御祝儀被進物如左、
御うぶ着　一かさね

御守がたな　一こし
するめ　一はこ
右宮様ゟ御新誕遊亀宮様江、
するめ　一はこ
右八穂宮様ゟ御同所江、

〔有栖川宮系譜〕

韶仁親王
　女王
　　御母御息所
　　文政四年十月廿一日御誕生、号遊亀《ユキ》宮、

文政四年十月二十八日
胞衣ヲ中御靈社内雲水社ノ前ニ埋納ス、

編修課

〔有栖川宮日記〕○高松宮家蔵

文政四年十月廿八日、乙巳、時雨、
一遊亀宮御新誕姫宮御方御藏胞衣、吉刻巳、方角乙、
　兼日幸徳井ゟ勘進日時也、
　中御靈社之内雲水社之前南脇ノ方、右之場所ヘ藏早而松木壹本植之、鋤鍬用意之事、

文政四年十一月二十二日
忌明ニ依リ、裏御殿ヨリ初メテ表御殿ニ入リ、詔仁親王ニ對面ス、口祝ノ事アリ、

〔有栖川宮日記〕○高松宮家蔵
文政四年十一月廿二日、己巳、朝晴、昼後ゟ雨、
一遊亀宮御方御小忌明ニ付、御裏御殿ゟ御表江
被為成、御一統様御對面、宮様ゟ御口祝被進之、
余ハ御祝事無之、

文政五年閏正月二十一日
喰初ノ儀ヲ行フ、

〔有栖川宮日記〕○高松宮家蔵
文政五年閏正月十九日、乙未、雨、
一參上　幸徳井陰陽助
遊亀宮御方御箸初勘文差上ル如左、
御箸初日時、
今月廿一日、丁酉、時巳、
閏正月十九日　陰陽助保救
廿一日、丁酉、朝雪、曇天、
一遊亀宮御方依吉辰御喰始吉兆已、

文政五年十二月十六日
吉辰ニ依リ髪置ノ儀ヲ行フ。

編修課

〔有栖川宮日記〕〇高松宮家蔵
文政五年十二月十六日、丙辰、曇、
一八穂宮御方御下帯初、一統小袖服紗ノ麻上下着、
菊宮御方御深曽木御着袴、
遊亀宮御方御髪置、
右御祝儀依吉辰被催、
御座舗如左、
〔略〕
御座其儘ニ而
遊亀宮御髪置、

書陵部（三号）

主人令着御座給、
次遊亀宮着御座給、〔朱書〕「女房扶持」
次老女参進、
次若年寄煉粉臺居持参
渡老女、老女進御前、
次若年寄白髪綿〔朱書〕「松橋添給」
持参、
次主人進于遊亀宮前給煉粉ヲ取令押復座給、
次老女令着白髪綿、〔朱書〕「手面煉粉、白髪綿次第撤」
次遊亀宮令入簾中給、

書陵部（三号）

次主人令入簾中給、
右御式被為濟候上中務卿宮撤御座、

書陵部（三号）

文政六年二月二十九日
遊亀宮ノユキノ訓ミヲユクニ改ム、

〔有栖川宮日記〕○高松宮家蔵
文政六年二月廿九日、己巳、晴、
一遊亀《ユキ》宮御事御唱方被改遊亀《ユク》宮ト被称候旨被
仰出、
右一統江相達之事、

文政六年七月五日
六月下旬發熱シ、爾来病勢一進一退、是ノ日、終ニ
薨ズ、年三、喪ヲ秘シ、遺體ヲ大德寺龍光院ニ移シ
テ入棺アリ、引續キ龍光院内ノ有栖川宮墓地ニ
密葬ス、追號ヲ靜性院ト曰フ、翌六日、喪ヲ發ス、

〔有栖川宮日記〕○高松宮家蔵
文政六年七月五日、辛未、晴、
一遊亀宮御方今暁丑刻被為及御大切候ニ付御
内非番之輩一統出殿之義申遣ス、且未勤之輩
江も為窺御機嫌出仕之義申遣ス、
遊亀宮様御容躰書如左、
六月廿九日御發熱御驚癇之御容躰被為在、
御執匕太田肥後守幼々新書鈎藤散調進仕
候、朔日御同様之所兎角御勝レ不被遊候御
容躰ニ付、前方ニ代赭石乳香役（ママ）薬大黄加味

調進仕候、高階安藝守御同様奉相伺、二日御
發熱强有之、前方者大黄、其餘加味如前兼用
辰砂六一散調進仕候、其後福井丹波守御同
様ニ奉相伺、三日御同様、先御静被為在候所、
亥刻俄ニ御差込、御微播角弓反張被為在候
ニ付、一味熊膽御用、前方鈎藤散御用、以夜中
時々御差込御發候、四日御同様被為在候得
共御疲労相重り、未刻頃ゟ御發播御差込強
り熊膽泊夫藍等御用、以先御静ニ被為在、戌
刻頃ゟ微々御發播御差込不為相止、熊膽生

姜汁御用、以亥刻頃ゟ御痰喘御差起、參膽竹
瀝姜汁并風引湯等御用、以子刻頃被為及御
大切奉恐入候、以上、

福井丹波守
太田肥後守
高階安藝守
中山廣安法眼
福井近江守
岡　一安
森田主一郎

後藤左一良
鎌田硯庵
太田主膳
久野玄昌
一幸徳井江　御使鎌田清記
右者勘文之儀申遣し候処、則差上ル、
御養生下日時、
今月五日辛未　時戌　陰陽助保救
七月四日
御密葬日時

今月五日辛未　時亥
七月四日　陰
御葬送日時
今月六日壬申　時酉
七月四日　陰
右三通差上ル、甲斐守ゟ言上之上、右之通ニ
御治定、但シ御葬送六日と申は名斗ニ而、更
ニ表向同夜御葬式者不被為在候事、
一御大切ニ付、今五日酉刻為御養生御下り之支
表川御屋敷内清心院宅江、尤右宅御本所ニ

相成、彼方ニ而御中陰相勤候事、
但し内實者直ニ寺門江被為成候事、
一遊亀宮御方御法號勘進認上候様申遣し候処、
兼而龍光院ゟ差上置、
静性院宮　尊儀
右ニ御治定也、
一遊亀宮為御養生御本所清心院宅江被為入、但し内実者直ニ龍光院江被為成候事、其已前諸大夫始御近習迄何れも麻上下着用ニ而御見送申上候事、

右御方ゟ北御輿寄迄御敷蒲團并御かい巻等御床之儘甲斐守始手舁ニ而出、同所上之間ニ而御包輿ニ為召候也、
右甲斐守、近江守、越前守、肥後守、筑後守右京進其外女中成就院等御介抱申上ル、
御守刀、天児、犬張子其外御守、御人形之類等入ル、

宮御方實枝宮御方登美宮御方等同所上之間迄御見送御暇乞被遊、但し八穂宮御方蘭宮御方等者已前ニ御暇乞被為済、其御場所江者不被為成、女中何れも同所ニ而御暇乞申上ル、

（中略）

戌刻過御寺江御着、御輿之儘龍光院客殿西北之間江舁入、各守護シ御香ヲ焼、夫ゟ同所ニ而御入棺、御手ニ数珠被為持之、客殿東ノ方江御棺ヲ薄ヘリ之上ニ居、夫ゟ御蒲團之儘御尊骸ヲ女中并摂津介太田勘ケ由山名民部等舁之、奉納メ御納物天児犬張子御人形其外御手遊物、宮御方御染筆之尊勝陀羅尼、御臍之緒等也、

右御棺上ヲ白布ニテ覆ひ荒薦ニ而縫、但し今晩参り居候女中仕立之、
一（頭書）御棺之蓋千切メ石ニ而打込候事、
右御入棺相済候上御懸り摂津介山名民部并御附女中ミね、御乳持等御棺ヲ三度左リ江廻リ拝礼御焼香等致ス、右御棺上ニ御守刀ヲ置、正面上ニ御位牌一躰居、御棺前ニ机香炉燈明御水向茶碗御花等設之、右相済役者江案内申入候上先内見有之、夫ゟ
御棺前ニ而諷経大悲神呪

當輪番孤蓬庵大鼎座元
外ニ平僧両三口出席
南之方北向ニ摂津介民部等着座北之方南向
ニ女中着座右相済候上輪住江摂津介始及挨
拶
御棺蓋ニ書附竜光院役者認之
有栖川二品中務卿韶仁親王第二女王游亀宮
静性院宮尊骸
文政四辛巳年十月廿一日誕生
同六癸未年七月六日薨

右御棺之外竪ノ方御足向ノ方ニ前之文字
書之
右相済無程御密葬之御設也先御棺有之候間
江御轅之基ヲ取寄御棺載ル夫ゟ御近習青士
等手舁ニ而客殿正面椽ニ居置尤御前ヲ北江
向ル御棺前ニ香炉ヲ居焚香御棺両脇ニ御供
之御近習麻上下着用相詰ル右御棺之上ニ置
候御守刀者当院江被納尤御懸リゟ役者江相
渡客殿西ノ間東面二畳目ニ着座摂津介麻上
下西之方椽側ニ御見送之輩并居夫ゟ御葬式

催之鐘ヲ打ヽ追ヽ衆僧参集讀経引導導師孤
蓬庵焼香等相済役者依案内
宮御方實枝宮登美宮八穂宮御始ゟ之御代香
摂津介勤之
閑院御一統様ゟ御代香
右済而自分焼香拝礼摂津介始参勤之輩相済
御見送拝参之輩等焼香万端相済右之内誦経
行堂等相済僧衆引取夫ゟ御廟所江御葬送平
僧四五口前立掩土諷経歩行ヽヽ相勤ル大悲
神咒

御行列
（〇次第行列略）
御廟所例之壇ゟ昇ル御葬御場所ニ松木篝
ヲ焚置手傳方設之夫ゟ土中江奉納メ馬柱立ニ
大縄ヲ懸釣ヲ口ニ御棺ヲ御槨内江納御棺
槨之間江炭ノ粉詰御槨ノ蓋釘ニ而打付夫
ゟ手傳方土ヲ入築固メ右半頃ゟ於客殿
御安牌諷経　光明真言　随求陀羅尼　大悲神咒
此時客殿西南之間ニ摂津介着座勘解由民部
等者御葬御場所見分篤与地面築固メ都而地

面土盛上ヶ白砂壱荷敷之御仮屋根建ル、正面
ニ御位牌、御後手ニ塔婆建、四方江白布幕ヲ打
正面ニ而紋り上ル、御前机、御水向之茶腕二ツ、
敷輪竹花筒二ツ、しきミ等當院ゟ差出ス、御前
ニ香炉居置
御廟諷経　大悲神咒、
右済而摂津介民部、御附女中等拝礼焼香済而
御廟所引取、

（有栖川宮系譜）

韶仁親王
　└女王

（中略。）

文政四年十月廿一日御誕生号遊《ユキ》亀宮、

（中略。）

（文政六年）同年七月六日薨、實五日、葬于龍光院、号静性
院宮、

（陵墓要覧）

霊元天皇
皇玄孫女遊《ユウ》亀宮墓
京都府京都市北区紫野大徳寺町、大徳寺中龍
光院内有栖川宮墓地
寶篋印塔　静性院宮
文政六、七、五薨

韶仁親王實錄

王女　某（實種宮）

實種宮　有栖川宮日記

眞種院　有栖川宮日記

韶仁親王ノ第三王女、母ハ閑院宮美仁親王ノ王女宣子女王ナリ、文政五年十一月十七日誕生ス、尋イデ十九日、胞衣ヲ下御靈社内八幡社ノ後ニ埋納シ、二十二日、産剃ノ儀ヲ行フ、

〔有栖川宮日記〕○高松宮家蔵

文政五年十一月十七日、丁亥、晴、

一今暁寅刻實枝宮御方御安産姫宮御誕生、〔中略〕

一統着麻上下、恐悦ハ肥後守惣代とし申上ル、

十九日、己丑、晴、

一御新誕姫宮御蔵胞衣（吉刻辰、方角宜、）

兼日幸徳井ゟ勘文有之、

下御靈社地内三社ノ内八幡社之後ニ蔵、

廿二日、壬辰、晴、

一御新誕姫宮（御産髪）御剃髪、吉刻巳、

御扶持

老女宮内卿御側女中御乳持等

着座　山本肥後守（衣躰服紗麻上下）

御剃髪　太田勘ヶ由勤之、

但シ内実ハ産婦佐渡御毛垂申上ル、

右剃髪後御頭白菊綿上ル、

御白際御眉上ル宮内卿勤之、

右御剃髪目出度被為済旨容顕言上、

〔有栖川宮系譜〕

韶仁親王 ── 女王

御母御息所

文政五年十一月十七日御誕生、号實種宮、

同月十九日納御胞衣于下御靈社内三社八幡宮後、

文政五年十一月二十三日
七夜ノ祝儀ヲ行フ、乃チ韶仁親王ヨリ實種《ミス》宮ノ名字書及ビ産着一重・守刀一腰ヲ贈ラル、

〔有栖川宮日記〕 ○高松宮家蔵
文政五年十一月廿三日、癸巳、晴、
一御新誕姫宮今日御七夜御祝儀、
但シ昨巳年（文政四）十月廿一日御息所御平産姫宮
御誕生被遊亀宮御方十月廿七日、右御嫡
産之御事故、万事今日之御七夜御祝儀
御取扱被為減候事、
一今日御七夜
御新誕姫宮御方御膳被進之、
（○御膳図等略）

一御新誕姫宮御方江御名被進、
備中大鷹檀紙横三ッ折、
實種《ミス》
上包紙同様、
御染筆、
するめ　一はこ　竪目録
右御使老女宮内御勤之、
但シ御名被進候後直ニ御沙汰有之、越前守
○右御名小奉書四ッ折ニ書之、
實種《ミス》宮
一御七夜御祝儀被進物如左、

御うぶ着　一かさね
御守かたな　一こし
するめ　一はこ
〔竪〕目録中鷹紙
右宮様○御新誕実種宮様江、御使老女、

文政六年三月十八日

吉辰ニ依リ、喰初ノ儀ヲ行フ、

〔有栖川宮日記〕○高松宮家蔵

文政六年三月十八日、丁亥、雨降、

一実種宮御方依吉辰御喰初、

於北御殿御床間御南面、御配膳肥後守、麻上下着

御三方金頭ニふくめ　青石ニ　御箸　耳土器

菱鰑　赤小豆御飯

右為御祝御一統様へ御祝酒御吸物肴御重肴

三種等上ル、

文政六年六月七日

去月二十四日ヨリ暑氣ニ當リテ熱ヲ發シ、是ノ日、終ニ薨ズ、年二、喪ヲ秘ス、尋イデ八日、遺體ヲ大德寺龍光院ニ移シテ戌刻薨去ノ旨披露シ、入棺ノ儀アリ、追號ヲ眞種院ト曰フ、

〔有栖川宮日記〕○高松宮家蔵

文政六年六月七日、甲辰、晴、

一實種宮御方御違例今朝ゟ次第ニ御勝不被為成、御匕太田肥後守始詰合之醫師一統色々御尞〔療〕治申上候得共、午刻比御直睍御差重リ、午下刻終御大切ニ被為及候、其中近江守越前守肥後守等御側ニ相詰候事、

御容躰書左之通、

實種宮様御容躰去月廿四日ゟ暑邪ニ被為感御発熱、御吐乳被為在候、全く御滞乳之御

容躰ニ相伺候ニ付、御薬加味五苓散調進仕
候、其後御熱気も被為醒、御吐乳も御間遠ニ
被為成候得共、六月朔日ニ至尚又御吐乳被
為在、御顔色も不御爽、御胎御発動之御容躰
ニ相伺候付、御薬洗心散調進仕候、其後御大
便御通も被為在候得共、御胸膈御煩満不被
為止、度々御吐乳も被為在候ニ付、四日御薬
涼膈散調進仕候、同日夜ゟ又々御中暑御容
躰ニ而御発熱、御煩渇強被為在ニ付、五日朝
御薬龍胆湯調進、其後白虎湯加人参黄連調

進仕候、同日午刻後御癇搐被為発候ニ付、熊
膽姜汁調進仕候、同日申半刻比ニ至御発搐
漸御緩被遊、御熱勢も被為減、御煩渇も被為
止候而暫時御熟睡被遊、少々御啼声も被為
発、御乳汁も被召上候得共、御精神御昏冒、御
胸満御微搐不被為止候ニ付、六日御薬釣藤
領子調進仕候、其後御同様被為在候処、七日
朝ゟ尚又御癇搐被為発、御毒気御逆満之御
容躰ニ付、豁胸湯紫雪〔湯ニ〕一差上候得共、追々御
毒気御上冲御容躰ニ而御薬御効験も不被

為在、午刻被及御大切奉恐入候、以上、

六月七日

太田肥後守
高階安藝守
中山廣如法眼
岡一安
石田東純
森田主一郎
後藤左一郎
鎌田碩安〔庵ヵ〕
太田主善

一、右御大切ニ付、明八日晩為御養生御下り之事
御治定、
夷川御屋敷内中川河内守宅江、
但し内実ハ直ニ寺門へ被為成候事、
八日、乙巳、晴、
一幸徳井陰陽助江御使　杉岡多聞
右者實種宮御方為御養生、今酉刻中川河内
守宅江御下り、実者直ニ龍光院江被為入、彼
方ニ而薨去之御披露有之、其後寺門ゟ御葬
送ニ可相成之処、今日者日柄不宜候旨ヂウ

日ゟ申俗ニ嫌ひ候得共、何茂子細無之事哉、
明九日者友引日故、是又不宜、左候ハゝ明後
十日にても候半哉、何分早々勘進候様申遣
ス、然ル所別紙之通書附弐通差上ル、如左、

御入棺日時
今月十日丁未、時酉、
六月八日　陰陽助保救

御葬送日時
今月十日丁未、時戌、
六、――――　――――

右之趣甲斐守ゟ及言上、十日ニ御治定、夫々
江申達ス、但し内実者今夜於寺門御入棺、尤
蓋者不〆切明置、来ル十日夜打付候事、
一實種宮御方為御養生御本所中川河内守宅江
被為入、但し内実者直ニ龍光院江被為成候事、
北御輿寄上之間ニ而御包輿ニ為召、御蒲團
御かい巻等御床之侭入ル、
右　甲斐守　近江守　肥後守
筑後守　右京進　摂津介
其外女中等御介抱申上ル、外ニ信楽院
殿、成就院等同上、
御守刀、天兒、犬張子、其外御守并御小文匣之
類入ル、
宮御方實枝宮御方等御見送り御暇乞被遊候、
其後御近習御輿舁出ス、
右御出門酉刻過、御供青士三人、小岸外記、坂部
左近、越前守各衣躰服紗麻上下、外ニ御医師鎌
田碩庵等供奉也、御輿之者四人、箱挑燈四張、自
分紋、同一張、手明壹人、押同人等也、戌半刻頃御
寺江御着、

（中略）

一右乍御違例中無御別条御着被為在候注進青
士方相勤候振合、其後御養生不被為叶戌刻薨
去御届之振合ニ申談し置取斗、
御輿之侭龍光院客殿西北之間江舁入、各守護
シ御香ヲ焼、夫ゟ同間ニ而御船ニ為召候事、但
し内実者仮ニ御入棺、尤蓋不〆切明置候事、
御棺蓋裏ニ書附　役者認之、
有栖川二品中務卿韶仁親王第三女王實種宮
真種院宮尊骸

文政五壬午年十一月十七日誕生、
同　六癸未年六月八日薨、
右御棺ノ外竪ノ方御足向ソ方ニ前之文字書
之、
御尊骸御入棺、御手ニ数珠被為持之、客殿東之方江御棺
ヲ薄ヘリ之上ニ居、夫ゟ御蒲團之侭御尊骸ヲ
女中并越前守、坂部左近等舁之奉納メ、御納物
天兒、犬張子其外御手遊物、御臍之緒等也、右相
濟御棺上ヲ白布ニ而覆荒芋ニ而縫、但し今晩
参り居候
女中仕立之、

右御棺上ニ御守刀ヲ置、正面上ニ御位牌一躰
居置、御棺前ニ机香炉燈明御水向茶碗御花等
設之、各拝礼御焼香、尤右間間ニ燭臺弐三本用
意為致置、
右濟而役者江案内申入候上、先内見有之、夫
ゟ
御棺前ニ而諷經　大悲神咒、
當輪番　孤蓬庵大鼎座元、
外ニ平僧　両三日出席、
南之方北向ニ越前守、左近、玄蕃等着座、

北之方南向ニ女中讃岐始着座、右濟候上輪
住江越前守始及挨拶、
右為守護越前守、左近、玄蕃、外記等四人之内両
人ツヽ終夜同間椽側ニ相詰居、跡両人者休息
且女中茂讃岐、石見、ひさ、御乳持、登起等四人之
内申合両人ツヽ御棺側ニ終夜相詰候事、尤御
葬送迄之処昼夜諸大夫御近習壹人ツヽ朝晩
交代ニ而罷越、御出事掛り両人ゟ都合四人申
合両人ツヽ致守護候事、尤女中向も老女、若年
寄之内ゟ壹人ツヽ朝晩交代罷越、御懸り女中

ゟ申合四人之内両人ツヽ昼夜御棺前ニ相詰
候事、
一實種宮御法號龍光院ニ而認、差越、兼而差上置
眞種院宮　尊儀
右御法號者思召ニ而被為附候事、

文政六年六月十日
大徳寺龍光院ニ於テ葬送ヲ行ヒ、龍光院内ノ有
栖川宮墓地ニ葬ル、

〔有栖川宮日記〕○高松宮家蔵
文政六年六月十日、丁未、晴、
一今酉剋御入棺被為濟御追号御中陰書寺門ヘ
差上候旨右京少進ヲ申上ル、
右書付者一昨日之所ニ記し有之故略之、
此注進者表向之次才也、
一戌半剋頃右京少進ヲ眞種院宮御葬式万端無
滞被為濟旨御注進申上ル、近江守及言上、伺御
機嫌惣代ヲ以申上ル、
一御棺客殿正面椽ニ居、尤御前を北江向居、
御香爐等設之、着座右京少進麻上下、
御棺両脇ニ御供之御近習両人麻上下ニ而
着座、至剋限衆僧参集、讀經引導導師大鼎座元、
焼香等相濟、役者依案内
（○香華各宮代略）
右濟而自分焼香拜礼右京少進初参勤之輩相
濟、御見送拜参之輩中山廣安岡一安石田東純
森田主一郎後藤左一郎、焼香一万端相濟御廟所
江御葬送、平僧前立諷經有之、
（○列次中略）

〔有栖川宮系譜〕
韶仁親王
女王
（○中略）
文政五年十一月十七日御誕生、号實種宮、
（○中略）
文政六年六月八日薨、實七日、同月十日葬于
龍光院、号眞種院宮、

［陵墓要覧］

靈元天皇

皇玄孫女實種《ミス》宮墓

京都府京都市北区紫野大徳寺町、大徳寺中龍
光院内有栖川宮墓地

寶篋印塔　眞種院宮

文政六・六・八薨

韶仁親王實錄

王女　韶子女王

精宮　有栖川宮日記

精姫君　有栖川宮日記　徳川實紀

精蓮院進譽韶意大姉　有馬家過去帳

韶仁親王ノ第四王女、母ハ閑院宮美仁親王ノ王女宣子女王ナリ、文政八年五月十九日誕生ス、父親王ノ配慮ニ依リ、北御殿ニ於ル生母トノ同居

ヲ止メ、書院一ノ間ヲ區劃シテ居間ト爲ス、尋イデ二十三日、胞衣ヲ梶井宮天滿宮社地ニ埋納ス、

〔有栖川宮日記〕○高松宮家蔵

文政八年五月十九日、乙巳、

一実枝宮御方今朝辰上刻御安産姫宮御誕生、

一福井丹丹波守父子三人之内参殿候様申遣候処、

丹波守参上、大舎人頭面會ニ而、此度御新誕姫

宮御預ケ被為成候旨申達候所御請申上候事、

内実御薬者中山廣安調進之旨也、

一御新誕姫宮江羽二重呉服一重ね、御末廣壹柄

御嘉例ニ付被進之、御使老女、

但御守刀者御七夜ニ被進之、夫迄ハ父宮御

太刀御枕元ニ上置候事、

一御新誕姫宮今度者思召有之、北御殿御同居ヲ

被止、御書院第一之間仕切候而御別郭之形チ

ニ仕立御座之間ニ相成候事、掛リ女中左之通

〔アキママ〕

被仰付、

右之輩別火之事、

一御乳付栗津図書頭女山本従吉妻江被仰付、今

夕奥向江参上乳差上候事、

廿三日、己酉、晴、

依吉辰御新誕姫宮御蔵胞衣、

兼日幸徳井勧〔勘〕進、吉刻辰、方角震、

梶井宮天満宮社内、尤社之後ヘ蔵、如例松壹本

植之、

文政八年五月二十五日

七夜ノ儀ヲ行ヒ、精宮ト称セラル、名字ハ鷹司政

煕出家シテ楽山ト號ス、ノ撰進スル所ナリ、尋イデ二十六

日、産剃ノ儀ヲ行フ、

〔有栖川宮日記〕○高松宮家蔵

文政八年五月廿五日、辛亥、晴、

一 御新誕姫宮今日御七夜御祝儀、

一 御新誕宮御七夜御祝膳、

（○図等略）

一 御新誕姫宮御方江御名

精宮 備中大鷹檀紙、横三ツ折、上包同紙、書奥、

別紙中奉書横四ツ折ニ出生書、上包大直紙、

精 書経大禹謨惟精惟一

賜 一箱添

右者鷹司入道准后殿（政煕）江兼而御頼ニ付、今日以御使牧治部権少輔目出度被進之候、

但し於伺公ノ間御祝酒吸物蛤、土器肴ニ而被下之、挨拶御近習、御返答ハ西市正出ル、為

御引金百疋被下之候、

附記、是迄御名御祖父宮又者御父宮ゟ被進之候得共、今度者兼而入道准后殿江御直ニ御願被成置、今日被進之候、

右及言上候後、御名精宮与被称候旨被仰出、

精宮 小奉書四ツ折ニ書之、

右之通被称候旨、御用人并御近習等江申渡ス、御内青士初仲番下ゝ迄も一統江申渡し伝達有之候事、

一 御七夜御祝儀被進物如左、御臺へ袖量ニ而乗ル、

御うふ着 一 かさね、白ねりの御袷二重羽ニ御下重、

御守かたな 一 こし、赤地宝尽し錦袋入、

するめ 一 はこ、紐紅絹箱ニ入銀蔵金、菊野紐白縁揉糸、

右宮様ゟ御新誕精宮様江、御使老女、

廿六日、壬子、晴陰、

一 精宮御方御産髪御剃髪、吉刻巳、

御扶持老女、外ニ女中御乳持、

文政八年九月二十二日
喰初ノ儀ヲ行フ、

編修課

〔有栖川宮日記〕○高松宮家蔵
文政八年九月廿二日、丙午、晴、
一精宮御方御喰初ニ付御祝御膳、
小豆御飯高盛、ぼんぼり高盛、鱚高盛、金頭、御焼
物何付、青石、御箸　耳土器来、
右御三方来、
御配膳　圖書頭
御手長　左近　各座下着
老女　着座
右ニ付御一統様江御祝酒御吸物、蛤、御重

書陵部（三号）

肴三種差上之、

書陵部（三号）

文政九年十二月二十五日
髮置ノ儀ヲ行フ、

編修課

〔有栖川宮日記〕○高松宮家蔵

文政九年十二月二日、己酉、晴、
一参上　　　　　　　　　幸徳井陰陽助
　如例年雑事勘文献上、外ニ精宮御方御髪置
　日時勘文献上、
　　精宮御方御髪置日時
　　今月廿五日壬申、時巳、
　　十二月二日　　　陰陽助保救
廿五日、壬申、晴、
一朱精宮御方御髪置御祝被為在、御載ニ、

　　精宮御方御髪置
　　十二月廿五日、時巳、
（御座設。図略）
　　御次第
　主人令着御座給、
　次精宮着御座給、女房扶持、
　次老女参進、
　次若年寄煉粉臺居、持参渡老女、老女進御前、
　次若年寄白髪綿持参、松、橘添耜、
　次主人進于精宮前給取煉粉令押復座給、

　次老女令着白髪綿于両次第ニ撤煉粉白髪綿
　次精宮令入簾中給、
　次主人令入簾中給、
　　右御成相済候上
　主人撤御座、
　　御献如左、
　先折鋪
　次折櫃物　二合
　次御盃　亰雉　御銚子
　次御盃　鰭物　御銚子

　次御盃　一ツ物御銚子
　　　　　　　　御配膳　因幡
　　　　　　　　御手長　長濱
　　亰雉三献色目
　一献　鯛小指　亰雉　御箸一双居耳土器
　　　　扳茎
　二献　海老　鰭物　同
　　　　大根
　三献　一ツ物鯉
　　右折櫃物亰雉等御献方ゟ調進、
一御祝儀被進被下物等如左、
　宮御方

実枝宮御方江
昆布　一箱
干鯛　一箱宛
赤飯　一蓋
上総宮御方
登美宮御方江
干鯛　一箱
赤飯　一蓋宛
菊宮御方
他宮御方江

赤飯　一蓋
（略下）
一御髪置御祝御祝酒蛤御吸物御重肴三種上ル、
表奥壹統土器肴ニ而被下之中番下部江も干
肴ニ而御酒被下、
常信院殿江蛤吸物紙數有ニ而御酒被下、
一同上ニ付御到来如左
宮御方ゟ
御扇子ほんほり　二柄
干鯛　一箱

実枝宮御方ゟ
御衣　壹
干鯛　一箱
上総宮御方御姫宮〻御方ゟ
干鯛　一箱
（略下）

文政十年十二月二十五日
吉辰ニ依リ、色直ノ儀ヲ行フ、

〔有栖川宮日記〕○高松宮家蔵

文政十年十二月朔日、壬申、晴、

一精宮御方御色直被催ニ付宰徳井江日時勘進

被仰付候処如左勘進、

精宮御方御色直日時

今月廿五日丙申、時辰

十二月一日　陰陽助保救

廿五日、丙申、晴、

一依吉辰如左御祝被催、

精宮御方御色直シ、時辰、

（略中）

御餅搗如例、

右御祝之御式、其外奥記之、

一時辰於御小書院精宮御方御色直し御式如左、

先折鋪

次折櫃物　二合

次御盃　烹雑　御銚子

次御盃　鰭献　御銚子

次御盃　一ツ物　御銚子

精宮着御（住吉御服、尤弐帖畳之御板画、御後屏風二双、）

御配膳　難波

御手長　長濱

撤出し　宮崎縫殿、長上下、

烹雑三献色目

一献　鯛板芝小指　烹雑　御肴二ツ居　哥土器

二献　海苔大根　鰭物　同

三献　一ツ物　鯉

右折櫃物烹雑等御献方ゟ調進せり、

右御式相済、御祝儀として如左被下候、

南鐐一片　難波江、

銀壹両　長濱江、

銀壹両　御附

いよ江、

同三匁　御乳持ぬい江

天保二年十一月二十八日
吉辰ニ依リ、深曽木ノ儀ヲ行フ、

編修課

〔有栖川宮日記〕○高松宮家蔵
天保二年十一月廿五日、癸酉、陰、
一、精宮御方御深曽木日時勘文如左、小鷹四折、
御深曽木日時
今月廿八日、丙子、時辰、
御吉方離、
十一月廿五日　陰陽助保救
右日時御治定被仰出、
廿八日、丙子、曇、
一、精宮御方御深曽木

書陵部（三一号）

右御祝儀依吉辰被催、
御座諸如左、
（○略。図）
精宮御吉方離之方御向イ、父宮御方ト御対座也、
御深曽木之次第
主人令着御座給、
次精宮令着御座給、（朱書）扶持之女房左右候ス、老女、」
次上臈参進「一ノ間敷居際」
次諸大夫参進、泔器持参、上臈渡進テ精宮御
座左傍、

書陵部（三一号）

次唐櫛匣、「内ニ筆・刀・笄子・櫛ニツ・橘・薮柑子也、山菅ひかけの事か・海松・根付之小松、」
次柳筥「檀紙ヲ居御鬢包紙也、御筆ニ而左右御記」
次碁盤「碁盤ハ御前、唐櫛匣ハ左、柳筥ハ右」
次精宮令立盤上給、
「令向生気給、令踏青石、女房扶持之、」
次主人進精宮御後給、
次主人令理御髪給、
「其儀先以櫛令撫御髪給、次以鋏令除御髪給、
左右三度、中橘山菅海松等挟而給、
上臈以檀紙受御髪、」
次取櫛令撫御鬢給之後復座、

書陵部（三一号）

次精宮徒盤上向吉方令下給、扶持之人徒之上
次精宮令入簾中給、
次主人令入簾中給、
次撤盤以下物、
中務卿宮着御御袍御指貫御単、
精宮着御御呉服、
右御式被為済候上中務卿宮御座ヲ撤精宮
御座被為附、
御座南面、
先打鋪

次折櫃物貳合
次御盃　烹雉　御銚子、
次御盃　鰭献　御銚子、
次御盃　鯉献　御銚子、
右御式済而被為入
御配膳　上臈代　遠江守
役送　雅楽少允、
操出し　御献方　武藤釆女
右萬端被為済候上於御小書院御方〻様〻諸
大夫初席〻恐悦申上ル、

一、御深曽木ニ付被進物
御呉ふく　一重、
ひたい　一はこ、
右父宮御方ゟ精宮江
御引はかま　一具
ひたい　一はこ、
右実枝宮御方ゟ精宮江、
右御使老女、
一、精宮御方ゟ被進物
昆布　一箱

干鯛　一箱
赤飯　一蓋
右父宮御方江
こんふ　一はこ
ひたい　一はこ
赤飯　一ふた
右実枝宮御方江
ひたい　一はこ
赤飯　一ふた
右上総宮御方江

ひたい　一はこ
赤飯　一ふた
右他宮御方江

天保四年十一月二十八日
吉辰ニ依リ、紐直ノ儀ヲ行フ、

〔有栖川宮日記〕○高松宮家蔵
天保四年十一月十日、丙子、
一、幸徳井陰陽助江精宮御方御紐直日時勘文之
義申遣、
則勘文調進、奥江差上、
来ル廿八日、時巳、
廿八日、甲午、雪雨、
一、精宮御方御紐直シ御祝儀依吉辰被催御座設
御書院一ノ間厚帖御板茵、御後屏風西面一二
ノ間ノ間斗翠簾二ノ間西北之方壱間巻簾

御献
先折櫃物二合
次烹雉　御盃御銚子
次鰭献　同　同
次鯉献　同　同
右御配膳上﨟代左衛門
役送老女代長濵
御手長　田中舎人長熨斗目上下
右被為済於御小書院御對面壹統恐悦申上ル、但し両宮御方實枝宮御方江者長経惣代

編修課

ヲ以御祝詞申上ル、
一、於御小書院御祝御式、先赤飯御吸物御紙數次
ニ御祝御膳壱汁五飪、後段御祝酒御吸物弐ツ、
御肴五種菓子右御壱統様江差上ル、
一、於御庭御備御酒洗米干魚八足ニ而御備、
鎮守社、人丸社、天満宮、梅本社、願照明神、上下
御霊木嶋社、
於其清殿御備、御酒洗米昆布、
天満宮、辨才天、金比羅、
右御代拝松浦内膳勤之、

一、内侍所江　　御使岡多仲
精宮御方御祝ニ付御鈴料青銅三拾疋御備、
則御供米上ル、
一、上御霊江　　御代参松浦内膳
同断ニ付青銅拾疋御備、御札受ル、
一、精宮御方江御祝儀被進物、
宮御方より
ひたい　一はこ
御もし　一ツ
實枝宮御方より

ひたい　一はこ
御もし　一、
上総宮御方より
ひたい　一はこ、
一、精宮御方より被進被下如左、
宮御方、實枝宮御方、上総宮御方江赤飯壱蓋ツ
ヘ、

天保八年三月十四日
年齢十三ニ達セルヲ以テ、法輪寺ノ虚空藏菩薩
ニ参詣ス、韶仁親王・同妃宣子女王等亦同道参詣
ス、

〔有栖川宮日記〕○高松宮家蔵
天保八年三月十四日、辛卯、曇、巳刻頃ゟ雨、
一精宮御方御十三歳ニ被為成候ニ付法輪寺虚空蔵 江御参詣、右ニ付御一統様御出門卯刻、嵐山 江御成、宮御方（○供略）御次實枝宮御方（○供略）御次ニ上総宮御方（○供略）御次ニ精宮御方（○供略）還御亥刻過、
御先詰宮崎縫殿、田中舎人
御成次第中立賣通千本下立賣天神御旅所ニ而御小休、夫ゟ太秦廣隆寺太子 江御参詣

夫ゟ御一同御歩行ニ而大石兵庫宅 江被為成、御茶御菓子等献上之、暫時御休足、尤大石兵庫西村主税其外家内御對面被仰付、夫ゟ御一統様御輿ニ而嵯峨三軒屋小林次右衛門亭 江被為成、御休、夫ゟ御歩行ニ而法輪寺虚空蔵 へ御参詣、御下山、次右衛門亭ニ而御晝御膳御酒差上ル、其後御乗船大瀬辺迄御逍遥、尤御船中ニ而御提重可差上之處雨儀ニ付止之、御茶御菓子ニ而已さし上ル、未半刻頃次右衛門亭 江還御、夫ゟ御酒御夜食等差上、右者大

石兵庫献上也、御供方 江も諸酒等出之相済、戌半刻頃ゟ還御、
（○中略）
大覺寺宮臨期三軒屋 江被為成候ニ付御酒
御夜食等被進之、

天保八年九月二十六日
韶仁親王ヨリ名ヲ韶子ト命ゼラル、是ノ日、又和
歌稽古ノ爲、父親王ニ入門シ、歌題ヲ贈ラル、

〔有栖川宮日記〕○高松宮家蔵

天保八年九月廿六日、己丑、晴、

一精宮御方御諱韶子与御治定、父宮御方ゟ被進、

此度和歌御門入ニ付御題被進之、御式者来ル

廿八日之事、

右依御沙汰書記候事、

〔按〕有栖川宮日記是ノ月二十八日條ニ精宮

ノ和歌入門ノ記事ナシ、

天保九年三月十六日

吉辰ニ依リ、鐵漿始ノ儀ヲ行フ、

〔有栖川宮日記〕○高松宮家蔵

天保九年三月七日、己卯、陰晴、

一、幸德井陰陽助江勘文之義被仰下、則勘進如左、

精宮御方御鉄漿始日時

今月十六日、戊子、時辰、

三月七日　　陰陽助保救

右壱通

（○中略）

右之趣御治定ニ付被仰出、其旨一統江申達

ス、

十六日、戊子、晴、

一、今日就吉辰宮〻御方御祝、

精宮御方御鉄漿初、吉剋辰、

歓宮御方御髪置御色直シ、吉剋巳、

線宮御方同上、同上、

楽宮御方同上、同上、

御式

御書院一之間御床式幅對懸物、卓香炉

違棚打敷、三方簾二之

間三方簾、一之間厚帖二畳、御板茵、御後屏風

西面

精宮御方御着座、
先折櫃物二合
次烹雉　御盃　御銚子、三献
次鰭献、　御盃、　御銚子
次鯉献　御盃　御銚子
右御配膳上﨟代讃岐、
御手長老女代長濱、
精宮御方着御紫波雲立涌菊之御縫御取袴
濃
歓宮御方　着御住吉呉服御三方共、

線宮御方、染宮御方御式御同間江而御同様、
御一方ツヽ追〻ニ御祝式有之、
御配膳御手長同上、
一、今日御祝ニ付御一統様江御七方
御祝赤飯　御向附、干魚 御香物
御祝酒　御吸物、蛤
紙敷肴三種
御祝御膳ニ汁五菜、御中酒、御吸物、御重肴、
惣御菓子、
右之外後段御酒、御吸物、三、御肴、九種、
但シ右後段者、此度西丸焼失之次第ニ付

御遠慮ニ而被止、猶後日可差上旨也、
一、宮御方、実枝宮御方、上総宮御方江
赤飯一ふたツヽ、
右精宮御方、歓宮御方、線宮御方、染宮御方へ、
御束ニ而、
一、精宮御方、歓宮御方、線宮御方、染宮御方江
干たい一はこツヽ、
右宮御方、実枝宮御方、上総宮御方へ、
一、御鉄漿御所望之ヶ所
鷹司政所殿　伏見宮織君殿　近衛殿

久我就君殿　御内御両親様
粟津図書頭　藤木木工頭
右七ヶ所也、依而為御祝義赤飯壱蓋ツヽ被
進被下之、

天保十一年六月十六日
月見ノ祝儀ヲ行フ、乃チ叔父仁和寺宮濟仁・梶井宮承眞・知恩院宮尊超三親王ヲ招請シテ祝宴ヲ催シ、囃子・半能ノ慰アリ、

〔有栖川宮日記〕○高松宮家蔵
天保十一年六月十六日、甲戌、晴、
一精宮御方御月見御祝被為在、
御式、依手判巳刻、
御小書院一ノ間正中西御面御厚疊二、御褥茵、
御後御屏風、
一供三献、
但シ別ニ
御月見饅頭者不差上、
此壹献之饅頭直ニ奥向ニ上ケ置、入夜月御覽有之、

御配膳女房
上﨟代老女勤之
御手長老女代若年寄勤之
一御月見ニ付被進物被下并如左、
仙洞御所江
御使　岡多仲
御文ゝの内　壹臺
此御文ゝの内ハ御月見ニ付被進候ニ而者無之別段物也、
御さかな　五種　御封中添
実枝宮御方ゟ被進之叓、
但シ表向ハ実枝〔宮〕御方ゟ之御使ニ候得共、内実ハ宮様、実枝宮様ゟ被進候事、
同御所ゟ

精宮御方江御拝領如左、
御交肴　七種
御文ゝの内
晒一疋、御角取一、御袖あかし弐、御かんさし大小三本、御盃弐、御盃猪口三ツ
一精宮御方御月見御祝ニ付御招請、
仁和寺宮（濟仁親王）　梶井宮（承眞親王）　知恩院宮（尊超親王）
巳刻比ゟ追々ニ被為成、但シ大覚寺宮依御歓楽御断、
先御小書院江御通、両宮御初御挨拶被遊後御
祝、（○御祝膳詳細略）
夫ゟ奥御座間江御通之事、其後御晝御膳ニ汁

五菜、御中酒、吸物、重肴、御菓子、蒸饅頭、御薄茶、右御配膳ハ表方ゟ相勤、其後者奥女中向ニ而之御會釈也、後段御酒御吸物二ツ、御肴七種、御夜食壹汁五菜、但｜御慰御囃子并能之節別ニ御饍御間之物并御酒等奥向ニ而用意差上ケ候事、

一御月見ニ付御内御一統様江御祝并御膳後段御酒等差上ル、御八方様也、

一御月見ニ付御慰御囃子并能等被催、

天保十二年八月三十日

三室戸能光ヨリ茶道ヲ習フ、乃チ能光、兼日ノ約束ニ依リ參邸セルヲ以テ、初メテ對面シ、稽古ヲ受ク、

〔有栖川宮日記〕○高松宮家蔵

天保十二年八月晦〔三十〕日、辛亥、快晴、

一三室戸(能光)前中納言殿御參、辰半刻、今日御參者兼日ゟ依御約束精宮御方有樂流為茶道御稽古御參也、兩宮御方於御小書院御對面、其後精宮御方初而御對面、御挨拶之上、一ノ間ニ而茶道御稽古、相濟同所ニ而御膳并御酒肴等被出、惣而女中向ニ而取扱也、御菓子等給之、退散之節

中務卿宮ゟ　備前焼花生　一箱

精宮御方ゟ　白紗綾　一反

御包物等被為進候事、

御退出暮前也、

天保十二年十二月二十七日
将軍徳川家慶、所司代牧野忠雅守備前ヲ以テ、女王ヲ養女ト為サンガ為、先ヅ江戸ニ下向スベキ旨ノ内意ヲ韶仁親王ニ申入レシム、乃チ親王、参内仁孝シテ叡慮ヲ候シ、勅許ヲ拝セル後、領掌セル旨忠雅ニ返答ス、

〔有栖川宮日記〕○高松宮家蔵
天保十二年十二月廿七日、丁未、雨、
一牧野備前守役亭江御使　岩井数馬
依招罷出候處、備前守殿面會ニ而達書弐通被
相渡如左、
有栖川宮御息女精宮御事、公方様（徳川家慶）御養女可
被仰出御内意ニ候、依之精宮御事先関東江
下向被在之候様思召候、右之趣有栖川宮江
可御達置旨、年寄共より申来候事、
十二月

書陵部（三号）

編修課

精宮御事下向之儀諸事軽ク御近例𠮷君、東
明宮下向之趣ニ而萬端御手軽ニ御取扱之
思召ニ候、
此段我家司江為心得可相達置候、
右歸殿及言上、直様牧野備前守役亭江御使圖
書頭　常服麻上下、
前件之趣被聞召御満足ニ思召候、此御方ニ
者御承知之御事ニ被為在候得共、禁中御伺
之上猶又御承知之段可被仰進候、此段関東
江宜御通達頼思召候事、

書陵部（三号）

但ゝ備前守殿面會ニ而申述、

書陵部（三号）

一宮御方御出門申刻御参内、（中略）（供）還御亥刻、右者
精宮御下向之義御伺也、於禁中議奏廣橋中納
言殿を以御伺之處何之思召茂不被為在候由、
目出度被思召候旨御答被仰出、
一御方〻様江恐悦一統申上候事、

〔有栖川宮系譜〕

韶仁親王
韶子女王　大将軍家慶公御養女
（中略）
天保十二年十二月廿六日大将軍家慶公御養
御内意十七、

天保十三年七月二十一日
是ヨリ先二月二十一日、幕府ヨリ今年九月下旬
江戸ニ下向スベキ旨ノ通知ヲ受ク、仍リテ是ノ
日、首途トシテ御池通御所八幡宮ニ参詣ス、

編修課

〔有栖川宮日記〕　○高松宮家蔵

天保十三年二月廿一日、庚子、晴、
一牧野備前守殿（忠雅）役亭江御使美濃守
依招罷出候処、公用人面會ニ而達書弐通被相
渡如左、
有栖川宮御息女精宮御事、下向時節之儀當
九月下旬御本丸御廣敷江下向被在之候様
有栖川宮江可被相達候、右之趣年寄共より
申越候事、
二月

精宮御事、御近例充君東明宮下向之趣ニ而
萬端御手輕之儀ニ者可有之候得共、充君東
明宮御事者關東着、引續婚姻之儀ニ而、此度
者右之御振合与茂違ひ、關東下向一通り之
儀ニ付、猶又御支度其外其諸事可成丈ヶ御
手輕ニ被成下向被在之候樣可被相達候、右
之趣、年寄共より申越候事、
二月
右歸殿夂言上、

〔有栖川宮日記〕　○高松宮家蔵
天保十三年七月廿一日、丁卯、陰、午後雨、
一今日依吉辰、精宮御方御池通御所八幡社江御
首途御參社、御吉方離、御出門卯半刻、吉刻辰刻
也
一番　拍子木　御供揃、　二番　同　御供廻り、
三番　拍子木　御出門、
（中略）
御備　白銀壹枚、竪足臺　御下ヶ札　精宮御方、
右左衛門ゟ社僧江相渡候事、

還御辰刻過、御道筋初之通、
右還御後、一統席ゝ罷出恐悦申上候事、
一還御後、精宮樣江御祝御膳壹汁三菜差上ル、
御一統樣江御祝酒御吸物、三種御肴差上ル、

〔有栖川宮家諸雜記〕　○高松宮家蔵
（外題）
精宮御方御下向日記
（天保十三年）
七月十日、
一、幸徳井陰陽助江　御使吉田齋
當九月精宮御方關東御下向ニ付、御發輿日
時并御首途勘進之儀被仰遣候処、左之通、
御首途勘文
精宮御方御首途日時
今月廿一日、丁卯、時辰、
御吉方離戌坤

七月十日　　　　陰陽助保救

（○御發輿日時勘文略）

右弐通被差上、右ニ付御首途方位南之方ニ而御池通御所八幡宮江御社参御治定之事、

但當時御時節柄表向御首途之儀万端御省略ニ而、御内〻御社参之御模様ニ相成候事、

天保十三年七月二十六日

母宣子女王、北御殿ニ於テ送別ノ宴ヲ催ス、乃チ之レニ臨ミ、餞別ノ品ヲ贈ラル、

〔有栖川宮家諸雑記〕○高松宮家蔵

（外題）
精宮御方御下向日記

（天保十三年）
七月廿六日

一、精宮御方江於北御殿実枝宮御方ゟ御暇御料理被進如左、

御本膳、二汁五菜、

（○以下御料理種〻略ス）

一、実枝宮様ゟ精宮様江被進物、

御袴濃　　一腰、

呉服　　一重、

御かるた　　一箱、

御内〻
御納戸硯　　一はこ、

御文庫之内

御かうかい一本、

水亀
御かんさし〻

しぎ蛤
御かんさし〻

杜丹打こミ
御かんさし〻

地赤
御ふくさ　壱

御あふき　御繪日の出之繪、弐本

御帯　　　　二すし
御歌書　　　二さつ
御ふくさ　　一ツ
御掛物如是観院宮御短尺御詠　一幅
御水指　　　一箱
御茶入　　　一箱
御茶椀　　　二はこ
御香合　　　一はこ
御小蕈筍
以上

天保十三年八月二日

御暇乞ノ為、母宣子女王ニ伴ハレテ参内、天皇仁孝ヨリ八景手鑑一箱・紅白紗綾五巻・香包三組ヲ拝領シ、又、皇太子統仁親王ヨリ三部抄一箱・紅白紗綾三巻ヲ賜ハル、

〔有栖川宮日記〕○高松宮家蔵

天保十三年八月二日、戊寅、晴、

一禁裏御所江今日精宮御方御暇乞御参、御水門

未刻、（御供略）

実枝宮御方御同伴ニ而御参、（御供略）御還御亥半刻、

一今日御参ニ付御献物并被下物等如左、

但シ御参已前奏者所江御先廻ー相成、尤長

橋局江上﨟より文添、

禁裏御所江

一御卓　一はこ

御香炉　一はこ

生たい　一みり

東宮御所江

一御花生

生たい　一みり

御花臺　一はこ

（以下略）

一禁裏御所より御拝領物左之通、

八景御手鏡　一はこ、金物雪笹表紙大和錦 批色見返ー蒲萄花鳥泥引、

さあや紅白、　五まき、
御香つゝみ　三組、
（〇八景和歌筆者略）
一、東宮御所御拝領物左之通、
三部抄　一はこ、表紙萌黄大和錦、
さあや紅白、　三まき、
（〇三部抄筆者略）

天保十三年八月九日
将軍家使者トシテ奥女中姉小路并ニ岩田両名参邸シ、将軍徳川家慶ヨリノ祝品ヲ上ル、仍リテ小書院ニ於テ韶仁親王・同妃宣子女王等ト倶ニ之レヲ引見ス、

編修課

〔有栖川宮日記〕〇高松宮家蔵
天保十三年八月九日、乙酉、陰、
一今日姉小路岩田関東為御使参上、巳刻、
右ニ付附添之添番伊賀御小人、御下男等参上、
御會釋有之、
一辰刻頃呉服所千代参上、被進之御品附添持
参、（〇中略）
所司代牧野備前守殿使者仙田弥一郎御玄関
江参上、右ニ付御廣敷添番木崎橙之助、伊賀者
水本龍大夫等参殿、所司代使者ゟ御品物添番

ヘ引渡、右使者直ニ退出、其後添番ゟ御品物岡
多仲出會ニ而請取、其後御品類御廣殿一之間
ヘ飾附、
被進物如左、
公方様ゟ
有栖川宮江
羽二重　十疋、
干鯛　一箱、
実枝宮江
りん子紅白　五反、

上総宮江
羽二重　三疋、
精宮江
とん子　三巻、
右大将様〻
有栖川宮江、
羽二重　五疋、
干鯛　一箱、
実枝宮江
縮緬　紅白　三反

上総宮江
羽二重　五疋、
精宮江
りん子　五反、
（以下略）
一今午刻姉小路岩田為御使参上、右参上以前使
番（両人）ごさかな、之、参上、（中略）御小書院江案内、
御小書院設（四方巻簾、屏風等取揃）而御間内御襖御障子
御出座　宮御方（御一ノ間南面御茵設之、）実枝宮御方
上総宮御方　精宮御方

（中略）
御使姉小路ニノ間式居内ニ而中座御挨拶、御
會釋有之、一ノ間御前江進まれ御口上申述、
但シ此時岩田ニノ間張附際ニ進ミ平伏扣
居、
御銘々様江御口上申述、此時御茵〻御下り、相
済一ノ間ニ猶豫之内老女讃岐御前へ進ミ御
進物之御目録披露、中老御目録進ゝ持参、引替
披露相済、
（中略）

右御挨拶有之、両人共引退、老女先立誘引御客
間ニ而休足、茶多葉粉盆出、此時ニ甲斐守、美濃守、右衛門尉、中山佐渡介、武藤左衛
門、田中舍人面會（挨拶、表使取合せ、）及前段御雑煮、御祝酒、吸物すま
し蛤、紙敷肴三種、引續御料理二汁七菜中酒吸物
重肴二種、蒸菓子、濃茶、干菓子、薄茶、
（中略）
右相済休足、身仕舞着用替之上御小書院江被
召、若年寄長濱案内、宮御方実枝宮御方、上総宮
御方精宮御方御出座、御茵なし、
但し御茶煙草盆以前より上置、

二ノ間南手中程ニ姉小路着座、引續岩田着座、
茶出ス、煙草盆出、
先ツ御四方樣江御吸物上ル、（中略。）次ニ兩人江
御吸物出ル、（中略。）
右ニ而御酒御取ニ相成皆〻撤之、其後御前江
姉小路被召、御口上被仰含、御方〻御同樣ニノ
間江姉小路引退着座之上自分江之御挨拶被
為在、其後岩田江も御挨拶有之、
次拜領物　御方〻樣ゟ被下之、
（中略。）

萬端相濟候上、老女初一統暇乞有之、侯揃中出
相揃候上宜敷旨表使ゟ申入、若年寄長濱案内
ニ而北新建御間設之席江通ス、此所ニ而長濱
菅浦・花岡其外暇乞、夫ゟ表使三人先立案内御
次衆兩人送出ル、御輿寄にて乘輿退出、

天保十三年九月二日
京ヲ發シ、江戸下向ノ途ニ就ク、是ノ日、石山寺ニ
參詣、夫ヨリ東海道ヲ下リ、二十一日、江戸城本丸
大奥ニ著シ、將軍德川家慶ニ對面ス、

編修課

〔有栖川宮日記〕　○高松宮家藏
天保十三年九月二日、辛未、曇、
一精宮御方今日御發輿之事、
右ニ付表御門丑刻前ゟ開置、四脚御門卯刻前
開置、御門前江臺提灯弐張、御玄関前江弐張、平
重御門江弐張、北御輿寄江弐張、中御門江弐張、
御臺所前江弐張、中ノ口局門其外見斗駒提灯
夫〻江設置、
但一表御門御臺所前等者前晩ゟ、其外見斗
通用門前夜ゟ〆切、都而表御門ゟ出入為致候

事、
一寅半刻姉小路始一同參上、姉小路岩田御書院
江案内休足、茶煙草盆出ス、老女始面會挨拶、其
後御小書院江若年寄誘引、時ニ宮御方実枝宮
御方上総宮御方御揃ニ而御對面、関東江之御
言傳被爲在、尤精宮御方ニ茂御出座、姉小路岩
田江御挨拶、御暇乞等有之、老女着座等都而先
日參上之節通り、仍略之、萬端相濟姉小路岩た
御書院江引退、此時御祝赤飯、御祝酒、吸物蛤、肴
數肴三種被下之、其後老女并若年寄其外共追

〻ニ暇乞挨拶有之、
一精宮御方江御祝赤飯、御祝酒、御吸物蛤、紙數御肴
二種、御料理御膳付一汁五菜ニ而差上ル、
但し依御便利御祝御祝酒者前晩差上候事、
一御發輿之手續之御次第如左、
先姉小路始番之頭已下不殘寅刻過參上、此時
壹番拍子木爲打置、姉小路岩田御對面相濟、御祝
御祝酒等被出、早而御乘輿、御場所姉小路内見
有之、其後御道具類書附太田左兵衛〃伊賀之
者相渡六藏江渡之、引續御廣殿縁側ニ而江戸

方持人江小頭之者江御長刀其外御列付之御
道具類不殘相渡、此時太田左兵衛椽座補ニ出
御、早而御供揃之旨奥向より申出ル、于時京方
御供上﨟初女中一同、又下女ニ至迄北御輿寄
新建ニ而來輿夫より表御門内ニ扣居、此時表
使岩田、御中﨟かし、使番こな、其外江戸方又下
女共召連御小休所迄御先出立、于時二番拍子
木爲打、表方御供一同御廣殿御庭江相廻ル、番
之頭御用達北面ニ列立、粟津甲斐守武藤左衛
門、中山佐渡介、田中舍人南面列立、添番一同北

面ニ列立、伊賀之者南面ニ列立、但し西之方ニ扣居、御供
方一同相揃候旨奥向江言上、御小書院新廊下
御設之御場所ニ而御乘輿、時ニ姉小路着座有
之、御輿御戸前老女讃岐役之ス、直ニ姉小路御
輿寄江相廻り乘輿、表御門内ニ被扣居、此時三
番拍子木爲打、于時御出輿宜旨近江守より甲
斐守へ目ス、同人より武藤左衛門江目ス、同人
より番之頭江目ス、其後添番御輿之者誘引き
た橋之下ニ扣居、此時御簾上ル、御近習毅之、直
ニ御出輿、但し南面也、御輿廻し御近習四人、青士三

人役之、仕丁之者江渡ス候事、
諸大夫初青士方迄新廊下際敷呉座設之所
江罷出平伏、御見送申上候事、
一御小書院新廊下不残翠簾、同所東之方ニ而御
乗輿、但ー御輿南北ニ居置、御乗輿相濟直ニ御
小書院入口御簾ヲ下ス、其後新廊下両方一間
御簾巻上御発輿也、
御道筋、
四脚御門ヲ東江、日御門通南江、清和院御門
ヲ東江、本町通南江、三条通東江、御発輿之事、

書陵部（三号）

一今日大津駅迄御見立被進物御使老女相勤候
先格之所、同駅御混雑ニも有之、御時節柄ニ付、
右御使之義此度ニおひてハ御止メ相成、尤此
義前以番之頭并姉小路江も掛合相濟有之、尤
同駅御見舞被進物者粟津甲斐守ヲ以大津御
本陣江被進、御品如左、
杉折
一重御菓子、
一重御茶、　一箱
但ー御目録大鷹紙、

書陵部（三号）

一御発輿後於花鳥之間御一同様御揃御祝御酒
宴被為在、右ニ付御吸物三ツ、御肴七種差上ル、
外ニ次肴弐種、吸物壹ツ、奥向江相廻ス、
但ー諸大夫初中奥迄御前江被召御酒被下之、

書陵部（三号）

〔有栖川宮日記〕　○高松宮家蔵
天保十三年九月三日、壬申、曇、
一草津駅ゟ注進状申刻到着如左、
一華洛上仕候、先以御勝被遊御機嫌克被為
成至恐悦奉存候、
精宮様益御機嫌克被遊御旅行、大津駅午半
刻過御発輿、石山江八ツ時頃御着、先世尊寺
江被為成、直ニ本堂江御参詣、堂下ニ而御下
乗輿ノリニ相成遊而所ゝ御遊覧ニ而再ひ
世尊寺江被為入御休息之上七ツ時過御発

書陵部（三号）

輿、六ツ時過草津駅ニ御着被遊候、（略）此先是
等之趣申上候、宜御沙汰可被下候、恐々謹言、
九月二日夜　武藤左衛門　名判
粟津甲斐守　同
藤木近江守様
中川壹岐守様
前川雅楽頭様
嶋岡右衛門大尉様
十八日、癸亥、晴、
一精宮様御旅中藤枝宿ゟ去ル十三日出之書面

着、
追而過ル十日ニハ本坂越無御滞御越、十一
日氣賀御関所御滞なく御通行、濱松驛ニ御
着御座候、誠ニ領主向ゟ段々御馳走叮嚀之
事共ニ御座候、其上天氣者今日迄日々晴ニ
而御都合之御事ニ御座候、今晩ゟ雨氣少々
相催候次第ニ御座候、宜荒増申上候、以上、
一筆致啓上候、秋冷之節益御機嫌能被為成
恐悦之到ニ奉存候、
精宮様益御機嫌克被為成、過日佐屋川御渡

後日々御都合能御旅行被遊、昨十二日昼前
天龍川無御滞御渡船、今十三日金谷駅昼前
御着、尤日光宮様ニも馬入川出水ニ而御支
ニ相成、其後今日金谷御昼之割ニ御座候処、
昨日御懸合ニ相成、御昼之処嶋田宿ニ准后
宮様御操替ニ而御見合、精宮様金谷御着之
注進有之候処ニ而日光宮様御先供ゟ操出
し金谷宿御返行被遊、其間精宮様暫御猶豫
御見合被遊候様ゟ之懸合ニ而、則昼後准后
様御通行相成候、後精宮様御出輿、大井川御

歩越無滞被為濟、嶋田宿御小休有之、藤枝宿
酉半刻過御着被遊、一統恐悦申上候、益御機
嫌能御沙汰之趣岩田面會ニ而敬承仕候、是
等之趣宜様御沙汰可被下候、此段可得御意
如此御座候、恐惶謹言、
九月十三日　粟津甲斐守　名判
藤木近江守殿
粟津美濃守殿
前川雅楽少允殿
嶋岡右衛門大尉殿

廿五日、庚午、

一 精宮御道中小田原駅ゟ去ル十八日出之書状到着、

一筆致啓上候、秋冷之節益御機嫌克被為成恐悦之到奉存候、精宮様益御機嫌克被遊御旅行、去ル十五日藤川未之半刻無御滞被遊御渡船、日々天気御都合宜候処、今日者昨夜ゟ風雨ニて終日降続候得共、今暁七時御出輿ニ而箱根江四半時御着、御昼休ミ相済、関所無御滞御通行、尤女中等戸前無構、男子向乗輿戸前引罷通候、吉田口等ゟ御供列着候、尤乗輿之侭致通行候、畑湯本御小屋休ニ而六時前小田原駅江御着、早速御本陣江参上御機嫌相伺候処、何之御申分も不被為在、至極御機嫌ニ被為在候、且又姉小路殿初江山川御祝儀被下之候、京方甲斐守始メ江茂同様被下之難有頂戴仕候、右御礼も申上候、是等之趣宜御沙汰可被下候、奉願候、恐惶謹言、

九月十七日

武藤左衛門 名判

粟津甲斐守 名判

藤木近江守殿

粟津美濃守殿

前川雅楽少允殿

嶋田左衛門大尉殿

廿九日、甲戌、晴、

一 田村伊勢守役宅江依招往向 岩井数馬、

達書壹通請取帰ル、如左、

精宮御事道中無恙当月廿一日江戸御着、其外上下共無異義到着之事ニ候旨、年寄衆より申来候間、得其意有栖川宮家司江可被相達候、

九月

右之趣牧野備前守より申越候ニ付、此段相達候、

九月廿九日　田村伊勢守

［有栖川宮日記］　○高松宮家蔵

天保十三年十月二日、丁丑、雨、
一在府粟津圖書頭ゟ九月廿一日附之書面今日
到着、
一筆啓上候、秋冷相増候所益御機嫌克被為
成奉恐悦候、精宮様益御機嫌克被遊御旅行、
去ル十八日後日ゝ天氣續宜く、品川駅江廿
日七ツ時過御着、段ゝ御次弟有之、江戸表よ
り奥向江者使番両三人御迎参居、表方者一
位様附使守山主水正被参、番之頭大岡源右

衛門為御迎入夜四ツ時頃御本陣麻上下ニ
而罷出候様申来、甲斐守、左衛門、佐渡介参上
御前江被召出、京都江之御言傳被為在候、其
外色ゝ御懇之御咄し伺候御事ニ而、女中京
方斗詰居、色ゝ咄し合御暇乞等相濟退出致
候、翌廿一日ニ者姉小路面會ニ而暇乞致君
田へも面會同様義御座候、廿一日天氣宜く
品川辰半刻御發輿、御本丸江午刻前御着城
被遊、甲斐守、左衛門、佐渡介等平川御門ゟ御
輿後ニ従、御玄関よリ御後ニ従、御錠口内ニ

而御見送申上、其後着用麻上下ニ相改恐悦
申上、御料理御菓子等頂戴、一位様ゟ御餘多
御酒、御吸物、御肴物頂戴仕冥加至極難有仕
合奉存候、右御礼申上度、且御機嫌克御着被
遊候御事共申上候、宜御沙汰可被下奉願候、
御供方一同不難ニ着府仕候段申上候、是等
之趣御注進迄得御意度如斯御座候、恐ゝ謹言、

九月廿一日

粟津甲斐守　名判

藤木近江守殿

中川壹岐守殿
前川雅樂允殿
嶋岡左衛門尉殿
追而御着城之次弟誠ニ晴成御事、御三階御
矢倉ゟ上覧、増立院義園院御供ニ被召連拜
見之趣、且其後御輿被為出候所御透見、公方
様無程御對面被遊候、色ゝ御進物被為在、其
外様ゟも御進物被為在誠ニ御評判宜く一
同大難有ニ御座候、御廣敷みゐて昼半頃只
今御對面被為濟候趣伺、八ツ時下条廻勤等

相仕舞、八ッ半時頃桑地本坊旅宿江着仕候、
先此段荒増申上度早々、以上、

（有栖川宮家諸雑記）〇高松宮家蔵

（外題）
精宮御方御下向日記
（天保十三年八月）

廿一日
一、河合与左衛門千田兵蔵ゟ御道中御列帳并〻御休泊割書付到来、尤御列書者去ル七月十一日到来之書付と同様ニ付略是、
御休泊割如左、
御休泊割
京都より
九月一日
一奴茶屋　御小休
一大津　御昼休
一石山寺　御小休
一草津　御泊
道法六里弐十四町
三日
一梅之木　御小休
一石部　御昼休
一田川　御小休
一水口　御泊
道法六里十七町
四日
一大野村　御小休
一土山　御昼休
一坂之下　御小休
一関　御泊
道法六里三十壹町
八日
一鳴海　御小休
一池鯉鮒　御昼休
一宇頭茶屋村　御小休
一岡崎　御泊
道法八里十壹町
九日
一藤川　御小休

五日
一亀山　御小休
一庄野　御小休
一石薬師　御昼休
一追分　御小休
一四日市　御泊
道法六里三十四町
六日
一冨田村　御小休
一桑名　御昼休
是ゟ船路三里
一佐屋　御泊
道法六里八町
七日
一神守　御小休
一萬場　御昼休
同所川船渡御小休無之
一熱田　御泊
道法六里
十一日天龍川船渡
一池田村　御小休
一見付　御昼休
一袋井　御小休
一掛川　御泊
道法八里五町
十二日
一日坂　御小休

一赤坂　御昼休
一伊奈村薬庄　御小休
一吉田　御泊
道法七里
十日
一嵩山　御昼休
本坂越難所御休
所無之峠之内先
例領主ゟ茶屋取
建御休ニ相成
一三ヶ日　御泊
道法五里弐十町

一金谷　御昼休
大井川
一嶋田　御小休
一藤枝　御泊
道法六里弐十五町
十四日
一岡部　御小休
一丸子　御昼休
一府中　御小休
一江尻　御泊
道法七里三十壱町

書陵部（三号）

十一日
一氣賀　御昼休
御関所落合川船
渡御休所無之、先
例大山村地追分
ト申所ニ領主ゟ
茶屋取建御休所
ニ相成
一濱松　御泊
道法七里八町
十六日
一柏原新田　御小休
一原　御昼休
一沼津　御小休
一三嶋　御泊

十五日
一興津　御小休
一油比　御小休
一蒲原　御昼休
一岩渕　御小休
富士川船渡
一吉原　御泊
道法七里八町
廿日
一生麦村　御小休
一川崎　御昼休
一大森　御小休
一品川　御泊

書陵部（三号）

道法六里余
十七日
一山中新田　御小休
一箱根　御昼休
御関所
一畑　御小休
一湯本　御小休
一小田原　御泊
道法八里
十八日
一梅沢　御小休
一大磯　御昼休
一南湖　御小休

道法五里
合十九御泊、
道法都合百弐拾九里三十五丁余
右之通御休泊割伺
済ニ御座候事、
廿一日
御着城

書陵部（三号）

一藤沢　御泊
道法八里九丁
一戸塚　御昼休
一保土ヶ谷　御小休
一神奈川　御泊
道法五里半

書陵部（三号）

〔有栖川宮系譜〕

韶仁親王

　天将軍家慶公御養女
　韶子女王

（中略）

天保十三年九月二日御発輿御下向、同月廿一日御着府、入御本丸、十八

天保十三年十一月五日

将軍徳川家慶ノ養女ト為ル、爾後精姫君ト称セラル、

〔有栖川宮日記〕○高松宮家蔵

天保十三年十一月十三日、丁巳、曇、

一所司代牧野備前守亭江　御使　雅楽少允（帯刀麻上下）

依招往向、則備前守於書院面会、切紙壹通渡如左、

　精宮御事、去五日御養女被仰出、精姫君様与奉称候旨有栖川宮江御達可申段、年寄共より申来候事、

　十一月十三日

右請取帰殿、圖書頭及言上、其後所司代亭江御承知書被差出、且不取敢御祝詞等被仰入、

十六日、庚申、晴、

一精宮御事此度大樹様御養女被仰出、精姫君様与被称候、

〔徳川實紀〕慎徳院殿御實紀

天保十三年十一月五日、有栖川宮息女精宮御事、御養女に仰せ出されしによて、眞田信濃守御使して尾張大納言のもとに仰せつかはさる、大納言御祝ひとしてまうのぼられ御對面あり、

〔有栖川宮系譜〕

韶仁親王

　韶子女王　大将軍家慶公御養女

（中略。）

（天保十三年）同年十一月五日御養女被仰出、被称精姫君、

弘化三年十二月二十五日

久留米藩主有馬慶頼後頼咸ト縁組約定ス、

〔徳川實紀〕慎徳院殿御實紀

弘化三年十二月廿五日、精姫君御事、有馬中務大輔に縁結びたまふにより、三家のかたぐ〜へ宿老御使す、

廿七日、有馬中務大輔御縁結ばるゝ事によりまうのぼる、黒木書院にて見えたてまつり、御盃に備前國利光の御刀を賜ふ、

〔有栖川宮日記〕○高松宮家蔵

弘化三年十二月二十五日、丙子晴、

一酒井若狭守亭江　　　羅出宮崎頼母

昨日招ニ付罷出候処達書三通被相渡、尤若狭守面会ニ而可被渡之処所労ニ付、伊奈遠江守面会ニ而被相渡候事、

精姫君様御事、有馬中務大輔江御縁組可被仰出候、此段先御内意可申達旨被仰出候、此由有栖川宮江御達可申段、年寄共より申来候事、

十二月廿五日

（○以下線宮ニ係ハル達書二通ヲ省略ス）

右三通請取帰リ、則言上之上夫々申渡ス、今日調印ニ付、一統惣参ニ付、席々罷出恐悦申上ル、

〔有栖川宮系譜〕

韶仁親王
　韶子女王　大将軍家慶公御養女

中略

弘化三年十二月廿五日久留米城主有馬中務大輔慶頼朝臣江御縁約、二十二、

〔有馬家系譜〕

頼咸十二代

称赤松孝五郎、後改有馬、初名頼多、改慶頼、又改頼慶、後改今名、頼徳之御七子也、所生側室立石氏、文政六年癸未七月十七日生于久留米城、継兄頼永、立為中務大輔、

〔有馬家系譜〕系譜別録

頼咸初名頼多、稱赤松孝五郎、後改有馬頼徳之第七子、所生側室立石氏、文政六年癸未七月十七日生于久留米城、（略○中）十二月十一日將軍加首服于殿上、與諱字因名曰慶頼、是日、叙從四位下、任侍從、為中務大輔、（略○中）二十五日、將軍有中旨以女妻頼咸、二十七日、頼咸參營、謝婚娶之、

嘉永二年十二月四日

江戸城本丸大奥ヨリ久留米藩主有馬慶頼（後、頼咸）ノ三田邸ニ入輿、慶頼ト婚儀ヲ擧グ、

〔徳川實紀〕慎徳院殿御實紀

嘉永二年十二月四日、精姫君御引移りによて、有馬備後守御迎としてまうのぼり、奏者番石川日向守に謁す、辰刻に姫君大奥を御出輿ありて、有馬中務大輔が三田の邸にうつりて御婚儀あり、

〔有栖川宮日記〕○高松宮家蔵

嘉永二年十一月廿三日、丁巳、天陰、江

一所司代酒井若狹守役亭

御使　服紗麻上下　治部權少輔

仍招（昨日附武家ゟ来状、）罷出候所、若狹守出會、口達有之、

其後公用人ゟ書附一通渡之、如左、

精姫君樣御事、來月四日御引移、即日御婚礼

御整可被為在旨被仰出候、此段有栖川宮江

御達可申上旨、年寄共ゟ申來候事、

十一月

右受取帰参、及言上、

十二月四日、丁卯、晴、

一、今日就吉辰、従御城精姫君様有馬家江御引移、即日御婚禮被為整候ニ付、御内詰合之輩麻上下着用ニ而御方〻様江恐悦申上ル、非番之輩ハ出勤之節勝手ニ申上之事、

〔有栖川宮日記〕　○高松宮家蔵

嘉永三年二月十八日、辛巳、晴、

一今日有馬家〳〵御婚礼済ニ付御祝儀之使者参殿

一有馬中務大輔殿〳〵　使者　小林賢治　のしめ長上下　大坂在番留守居

附添　前田郡八　のしめ半上下　京屋鋪住居之者

進上物如左

覽

宮様江

御太刀　一腰

御馬　一疋　代銀弐枚

縮緬　五巻　下札代銀五百三拾目

干鯛　一箱

昆布　一箱

鯣　一箱

御樽　二荷

帥宮様江

御太刀　一腰

御馬　一疋　代銀壹枚

縮緬　二巻　下札代銀弐百拾弐匁

干鯛　一箱

昆布　一箱

御樽　一荷　代金三百疋

妙勝定院宮様

紗あや　二まき　下札代百五拾目

こんぶ　一はこ

御樽　一荷　代金三百疋

岸君様江

干鯛　一はこ

御たる　一荷　代金三百疋

織宮様江
するめ　一はこ
右中務大輔より

宮様江
長わた　五ゆい　下札代金千ひき
ひたい　一はこ
こんふ　一はこ
御たる　一か　代金三百疋

帥宮様江
ひたい　一はこ

御たる　一か　代金弐百ひき

妙勝定院宮様江
こんふ　一はこ
御たる　一か　代金弐百ひき
右晴雲院より
以上
二月十八日

〔有馬家系譜〕系譜別録

頼咸、（中略）嘉永二年己酉、頼咸例當歸國、將軍命留江戸、以婚娶之期在近也、十二月四日、將軍使參政本多越中守忠徳來送女、是日、成婚、夫人名精、實有栖川韶仁親王女、將軍養爲子、

〔有栖川宮系譜〕

韶仁親王
└韶子女王　大将軍家慶公御養女

（中略）

嘉永二年十二月四日御入輿、御婚姻、二十五、

嘉永六年四月一日
男子追號ヲ眞光院ト日フヲ早産ス、

〔有馬家系譜〕

頼咸
某

所生夫人徳川氏、嘉永六年癸丑四月朔、不及臨月墮胎、葬目黒祐天寺、法名眞光院、

嘉永七年十月二十一日
男子追號ヲ玉峯院ト日フヲ早産ス、

〔有馬家系譜〕

頼咸
某

所生夫人徳川氏、嘉永七年甲寅十月二十一日、不及臨月墮胎葬祐天寺、法名玉峯院、

萬延二年正月二十六日
男子追號ヲ瑞林院ト曰スヲ早産ス、

〔有馬家系譜〕
賴咸
某
所生夫人德川氏、萬延二年辛酉正月二十六
日、不及臨月墮胎、葬東海寺中高源院、法名瑞
林院、

編修課
書陵部（三号）

慶應四年四月五日
朝廷ニ奏請シテ、德川家慶ノ養女ヲ止メ、有栖川
宮ノ王女ニ復シテ精宮ト稱ス、

〔有栖川宮日記〕○高松宮家蔵
御親征御隨從日記
慶應四年四月五日、
一、有馬中務大輔殿屋敷江御使左兵衛権大尉、
手扣書左之通り、
薄暑之節弥無御障被成御在坂珍重思食
候、抑過日御参之砌御直談御座候與方様
御儀德川氏之養女御取消、姫君之御称号
廃止、更ニ被称精〔精カ〕宮、以後御直縁之姿ニ被
成候、依而此段此段御使ヲ以被仰入候事、

編修課
書陵部（三号）

有栖川宮御使　松――

右中川大炊へ面會被差出候處落手、

（有栖川宮日記）○高松宮家藏

慶應四年四月二十日、

一、太政官辨事傳達所へ　御使同人（紀伊守）

大直紙四ツ折三紙上包、扣箋も持參、

此御方御妹精宮御事、嘉永二年十二月德川家慶為養女有馬中務大輔へ御縁組之處、今般右養女之儀被取消、更ニ御直縁ニ被成候、此段御届被仰上候間、宜敷御沙汰賴思召候、以上、

四月二十日　有栖川宮御內　中川紀伊守

（有馬家系譜）系譜別録

賴咸（○中略）（慶應四年四月）二十五日、請於朝廷改德川氏養女、復有（韶淳女王）栖川親王之女、

大正二年六月六日

昨五日、脳溢血ニ罹リ、是ノ日、東京橋場ノ邸ニ於テ死去ス、年八十九、尋イデ十一日、天皇皇后皇太后ヨリ祭資トシテ金七百圓ヲ下賜アラセラル、法名ヲ精蓮院進譽韶意大姉ト曰ヒ、東京麻布ノ祥雲寺ニ葬ル、

編修課

華族諸届録　宗秩寮　大正二年

死亡届

養母　韶子

文政八年五月貳拾五日生

右ハ病氣ノ處養生不相叶、本月六日午前十時死亡候間、別紙医師診断書相添、此段及御届候也、

大正貳年六月六日

伯爵　有馬頼萬　㊞

宮内大臣　伯爵　渡邊千秋殿

死亡診断書

一、氏名	有馬韶子
二、男女ノ別	女
三、出生ノ年月日	文政八年五月貳拾五日
四、職業	死亡者無職、家計無職
五、病死自殺其他変死ノ別	病死
六、病名	脳溢血
七、発病ノ年月日	大正二年六月五日
八、死亡ノ年月日	大正二年六月六日午前拾時〇分
九、死亡ノ場所	東京市浅草区橋場町参拾番地

右證明候也、

東京市下谷区上野櫻木町壹番地

高松病院

大正貳年六月六日

醫師　高松凌雲　㊞

恩賜録　總務課　大正二年

立案 大正二年六月　日

故従三位有馬頼咸室

有馬韶子

一金七百圓

右薨去ニ付聖上皇后両陛下、皇太后陛下ヨリ思召ヲ以テ祭資トシテ下賜可相成哉

（欄外）下六月十一日親族松平直之出張拝受」

宮内省省報　大正二年七月彙報

恩賜

祭資下賜　（中略）伯爵有馬頼萬養母韶子逝去ニ付キ金七百圓ヲ天皇・皇后・皇太后三陛下ヨリ孰レモ祭資トシテ下賜セラレタリ、

有馬家過去帳　○有馬頼央所蔵

大正二年六月六日

精蓮院殿進譽韶意大姉　韶子

墓所ハ麻布祥雲寺

四《し》親王《しんのう》家《け》実録《じつろく》 43

有栖川宮実録《ありすがわのみやじつろく》　第十七巻　韶仁親王実録《つなひとしんのうじつろく》（三）

二〇一九年九月十五日　印刷
二〇一九年九月二十五日　発行

監　修　吉岡眞之《よしおかまさゆき》　藤井讓治《ふじいじょうじ》　岩壁義光《いわかべよしみつ》
発行者　鈴木一行
発行所　株式会社ゆまに書房
〒一〇一—〇〇四七　東京都千代田区内神田二—七—六
電話　〇三（五二九六）〇四九一（代表）
印　刷　株式会社平河工業社
製　本　東和製本株式会社
組　版　有限会社ぷりんてぃあ第二

韶仁親王実録（有栖川宮実録第十五巻～第十七巻）
全三巻揃定価　本体七五、〇〇〇円＋税（分売不可）
落丁・乱丁本はお取替致します。

ISBN978-4-8433-5323-3　C3321